高等职业教育物流管理专业精品教材
"互联网+"新形态立体化教学资源特色教材

智慧物流与智慧供应链管理

主　编　庄小将　吕现伟
副主编　张艳艳　郭　蕊　段洪阳

中国轻工业出版社

图书在版编目（CIP）数据

智慧物流与智慧供应链管理 / 庄小将，吕现伟主编.
北京：中国轻工业出版社，2025.3. -- （高等职业教
育物流管理专业精品教材）. -- ISBN 978-7-5184-5184-5
Ⅰ.F252-39
中国国家版本馆CIP数据核字第2024R5V627号

责任编辑：刘　晶　　　　责任终审：李建华　　　　设计制作：锋尚设计
策划编辑：张文佳　李金慧　责任校对：朱　慧　朱燕春　责任监印：张　可

出版发行：中国轻工业出版社（北京鲁谷东街5号，邮编：100040）

印　　刷：三河市国英印务有限公司

经　　销：各地新华书店

版　　次：2025年3月第1版第1次印刷

开　　本：787×1092　1/16　印张：15.5

字　　数：360千字

书　　号：ISBN 978-7-5184-5184-5　定价：49.80元

邮购电话：010-85119873

发行电话：010-85119832　010-85119912

网　　址：http://www.chlip.com.cn

Email：club@chlip.com.cn

版权所有　侵权必究

如发现图书残缺请与我社邮购联系调换

240678J2X101ZBW

前言

随着全球经济的深度融合与科学技术的飞速进步,物流与供应链管理作为现代商业运作的核心要素,正经历一场深刻而前所未有的转型。智慧物流与智慧供应链凭借其显著的优势与先进性,已然成为驱动行业发展的新引擎,它们不仅颠覆了传统物流与供应链的管理模式,更为产业结构的优化与升级提供了强大动能。

相较于传统模式在信息处理、货物追踪及资源配置等方面的局限性,尤其是在全球经济一体化、市场需求多元化及客户对服务效率与质量日益提升的背景下,智慧物流与智慧供应链通过深度融合大数据、云计算、物联网、人工智能等前沿技术,实现了信息的即时共享、资源的高效配置以及流程的自动化管控,显著提升了物流效率与供应链管理的精确度。这一根本性变革不仅重塑了行业的运作模式,更为企业开辟了崭新的商业机遇与竞争优势。然而,这也对物流与供应链管理专业人才提出了更高的要求,物流行业亟须具备扎实专业知识、跨学科视野、创新思维及实践能力的综合型人才,以灵活运用现代信息技术解决领域内的复杂问题,持续推动物流与供应链的创新发展。

鉴于此,本教材应运而生,旨在满足高职院校物流管理、供应链管理、电子商务等相关专业学生的学习需求,同时也非常适合作为从事物流与供应链管理工作的在职人员的培训教材或参考书。在教材的编写过程中,编者注重理论与实践的紧密结合,充分融合了物流与供应链管理的前沿理念与实际案例,力求呈现出以下鲜明特色。

1. 前沿性与时效性并重

智慧物流与智慧供应链管理是一个快速发展的领域,新的技术和理念层出不穷。为了保持教材的时效性和前沿性,我们及时跟踪和更新了研究成果和实践案例,确保教材内容能够紧跟时代发展的步伐。同时,我们还特别关注新兴技术的发展趋势和应用前景,如物联网、大数据、人工智能等,在教材中进行了深入的探讨和分析。

2. 系统性与逻辑性兼备

本教材在构建智慧物流与智慧供应链管理知识体系时,特别强调了系统性与逻辑性。本教材按照智慧物流与智慧供应链领域的核心知识体系进行精心编排,确保了内容的结构化与条理清晰。从阐述基础理论开始,逐步深入到实践应用的探讨,这样的设计使得教材内容层层递进,方便学生按照由浅入深的顺序进行学习。

3. 跨学科融合，多角度解析

本教材融合了物流管理、信息技术、风险管理等多个学科的知识，为读者提供了全方位、多角度的解析。这种跨学科的融合有助于读者更全面地理解智慧物流与智慧供应链管理的内涵和外延，提升解决实际问题的能力。

本教材采用项目式编写方式，共分九个项目，内容涵盖了智慧物流与智慧供应链的概论、系统构成、运行机制、关键技术，以及在不同行业中的应用、运作模式、风险管理和绿色可持续发展等方面。每一个项目与任务都经过精心设计和编排，力求做到深入浅出，既注重理论知识的阐述，又强调实践应用的分析。本教材由江苏商贸职业学院庄小将和吕现伟担任主编，青岛恒星科技学院张艳艳、郭蕊，山东经贸职业学院段洪阳担任副主编。具体编写分工如下：庄小将负责编写项目一和项目三，吕现伟负责编写项目二和项目九，张艳艳负责编写项目四和项目五，郭蕊负责编写项目六和项目七，段洪阳负责编写项目八。

随着新时代背景下"一带一路"建设的深入推进，全球经济与文化的交流日益频繁，物流与供应链作为连接各国、各地区的重要桥梁，其重要性日益凸显。在编撰过程中，我们广泛参阅了大量教科书、专著、期刊和网络资料，力求站在国际视野的高度，为广大学子和从业人员提供一本系统、前沿、实用的教材。在此，我们要向所有为我们提供资料和启示的作者表示衷心的感谢，其中要特别感谢马来西亚思特雅大学的Eugene Aw Cheng Xi教授和Garry Tan Wei Han教授，以及澳大利亚莫纳什大学的Omkar Prabhakar Dastane教授。他们不仅为我们提供了国际前沿的智慧物流与智慧供应链技术应用与发展的宝贵资料，还给予了我们许多宝贵的建议和意见，使本教材更加完善。当然，由于我们的水平有限，教材中难免存在不当或遗漏之处。我们诚挚地邀请广大读者批评、指正，并进一步完善教材，推动智慧物流与智慧供应链领域的发展。

编　者

目录

项目一　智慧物流与智慧供应链概论

学习目标 1
案例导入 2

任务一　智慧物流的定义与功能 3
　　一、物流与智慧物流的概念 3
　　二、智慧物流的特点 4
　　三、智慧物流的功能 6

任务二　智慧供应链的概念与构成 7
　　一、供应链与智慧供应链的概念 7
　　二、智慧供应链的特点 8
　　三、智慧供应链的构成 9

任务三　智慧物流与智慧供应链的关系 10
　　一、物流与智慧物流的关系 10
　　二、供应链与智慧供应链的关系 12

任务四　智慧物流与智慧供应链的发展 15
　　一、智慧物流的发展 15
　　二、智慧供应链的发展 17

项目小结 17
关键概念 18
思考题 18
案例分析 18
实训演练 20

项目二　智慧物流系统与智慧供应链系统构成

学习目标 21
案例导入 22

任务一 智慧物流系统的功能与特征 23
  一、智慧物流系统的主要功能 23
  二、智慧物流系统的特征 25
任务二 智慧物流系统的组成 26
  一、智慧订单管理子系统 27
  二、智慧运输管理子系统 27
  三、智慧仓储管理子系统 28
  四、智慧加工配送管理子系统 29
  五、智慧物流信息子系统 30
任务三 智慧供应链系统的协同与层次结构 31
  一、从智慧物流到智慧供应链的协同思想 31
  二、智慧供应链系统的层次结构 34
任务四 智慧供应链系统的功能与组成 35
  一、智慧供应链系统的协同功能 35
  二、智慧供应链系统的组成 36
项目小结 37
关键概念 38
思考题 38
案例分析 38
实训演练 39

项目三　智慧物流与智慧供应链的运行机制

学习目标 41
案例导入 41

任务一 智慧物流与智慧供应链的运行机制 42
  一、智慧物流和智慧供应链系统的关键特征 42
  二、智慧物流的运行机制 43
  三、智慧供应链的运行机制 44
任务二 智慧物流与智慧供应链的组织管理机制 45
  一、组织管理机制的内涵与特征 45
  二、智慧物流的组织管理机制 45
  三、智慧供应链的组织管理机制 47

| 任务三 | 智慧物流与智慧供应链的创新机制 ... 49
  一、智慧物流与智慧供应链创新的基本要素 ... 49
  二、智慧物流的创新机制 ... 51
  三、智慧供应链的创新机制 ... 53
| 任务四 | 智慧物流与智慧供应链的风险机制 ... 54
  一、智慧物流风险机制 ... 54
  二、智慧供应链风险机制 ... 57

项目小结 ... 59
关键概念 ... 59
思考题 ... 59
案例分析 ... 59
实训演练 ... 60

项目四 智慧物流与智慧供应链的关键技术

学习目标 ... 62
案例导入 ... 63

| 任务一 | 物联网及其在智慧物流与智慧供应链中的应用 ... 64
  一、物联网概述 ... 64
  二、物联网在智慧物流与智慧供应链各环节中的应用 ... 65
  三、基于物联网的智慧物流与智慧供应链体系构建 ... 67
| 任务二 | 移动互联网及其在智慧物流与智慧供应链中的应用 ... 67
  一、移动互联网概述 ... 67
  二、移动互联网在智慧物流与智慧供应链中的典型应用 ... 69
| 任务三 | 5G技术及其在智慧物流与智慧供应链中的应用 ... 70
  一、5G技术概述 ... 70
  二、5G技术在智慧物流与智慧供应链中的应用 ... 71
| 任务四 | 云计算及其在智慧物流与智慧供应链中的应用 ... 75
  一、云计算基本概述 ... 75
  二、云计算技术在智慧物流与智慧供应链中的应用 ... 77
| 任务五 | 大数据技术及其在智慧物流与智慧供应链中的应用 ... 78
  一、大数据技术概述 ... 78
  二、大数据在智慧物流与智慧供应链中的应用 ... 82

| 任务六 | 区块链及其在智慧物流与智慧供应链中的应用 84
  一、区块链概述 84
  二、区块链在智慧物流与智慧供应链中的应用 86
| 任务七 | 人工智能及其在智慧物流与智慧供应链中的应用 89
  一、人工智能概述 89
  二、人工智能技术在智慧物流与智慧供应链中的应用 90
项目小结 94
关键概念 94
思考题 94
案例分析 95
实训演练 96

项目五 智慧物流

学习目标 98
案例导入 99

| 任务一 | 智慧物流信息系统 99
  一、智慧物流信息系统概述 99
  二、智慧物流信息系统架构 102
| 任务二 | 智慧物流仓储 104
  一、智慧物流仓储概述 104
  二、智慧仓储的典型应用 107
| 任务三 | 智慧物流运输 108
  一、智慧物流运输概述 108
  二、智慧物流运输的典型应用模式 111
| 任务四 | 智慧物流配送 112
  一、智慧物流配送概述 112
  二、智慧物流配送的典型应用 116
| 任务五 | 智慧物流包装 118
  一、智慧物流包装概述 118
  二、物流包装作业智能化 120
  三、智慧物流包装的典型应用 121
| 任务六 | 智慧物流装卸搬运 126
  一、智慧装卸搬运概述 126

二、智慧装卸搬运的典型应用 129

项目小结 131
关键概念 131
思考题 131
案例分析 131
实训演练 133

项目六 智慧供应链

学习目标 134
案例导入 135

任务一 需求预测和管理 135
 一、预测及其分类 135
 二、预测管理 137
 三、智慧供应链预测管理的应用 137

任务二 库存策略与优化 139
 一、库存在智慧供应链管理中的地位和作用 139
 二、传统库存控制方法及其存在的问题 139
 三、智慧供应链管理环境下的库存控制策略 140

任务三 采购策略与供应商管理 143
 一、智慧供应链管理环境下采购的特点 143
 二、准时采购 144
 三、供应商关系管理 146

任务四 分销策略与销售管理 148
 一、分销管理概述 148
 二、订单处理 150
 三、配送管理 151

项目小结 155
关键概念 155
思考题 155
案例分析 156
实训演练 157

项目七 智慧物流与智慧供应链管理的运作模式

学习目标 159
案例导入 160

任务一 全球智慧物流与智慧供应链管理的发展现状 161
  一、全球智慧物流发展现状 161
  二、智慧物流未来发展新方向 162
  三、智慧供应链发展现状 164
  四、智慧供应链未来发展路径 164

任务二 农业智慧物流与智慧供应链运作模式 167
  一、智慧农业发展历程和趋势 167
  二、农业智慧物流与智慧供应链 168
  三、农业智慧物流的运作过程和典型模式 169

任务三 制造业智慧物流与智慧供应链运作模式 173
  一、智能制造发展历程与趋势 173
  二、制造业智慧物流与智慧供应链的主要特征 174
  三、制造业智慧物流与智慧供应链运作过程 176
  四、制造业智慧物流与智慧供应链发展措施 179

任务四 新零售智慧物流与智慧供应链运作模式 181
  一、新零售经营模式 181
  二、新零售智慧物流运作特点 182
  三、新零售智慧物流和智慧供应链优化措施 183

任务五 "走出去"企业的智慧物流与智慧供应链运作模式 184
  一、"走出去"企业发展历程与趋势 184
  二、"走出去"企业智慧物流与智慧供应链的主要特征 185
  三、"走出去"企业智慧物流的运作过程和典型模式 187
  四、"走出去"企业智慧供应链的运作过程与典型模式 190

任务六 领先的智慧物流与智慧供应链企业运营实践
    ——以京东为例 192
  一、京东智慧供应链的建设发展历程 192
  二、京东智慧物流与智慧供应链战略 193

项目小结 195
关键概念 195
思考题 195

案例分析 196
实训演练 197

项目八　智慧物流与智慧供应链的风险管理

学习目标 199
案例导入 199

任务一　**风险识别与评估方法** 200
一、风险识别的概念和风险来源 200
二、风险评估方法 203

任务二　**风险应对策略与措施设计** 204
一、风险识别与评估 204
二、风险应对策略 205
三、措施设计与实践应用 206

任务三　**风险监控与报告制度建立** 207
一、风险监控与报告制度概述 207
二、风险监控的基本原则 208
三、风险监控的关键环节 208
四、风险报告制度的建立与实施 208
五、风险监控与报告制度的实践应用建议 209

任务四　**实践案例：中国中铁智慧物流与智慧供应链**
　　　　　协同平台应用价值 210
一、单位简介 210
二、案例实践 211
三、创新应用 212

项目小结 213
关键概念 213
思考题 213
案例分析 213
实训演练 215

项目九　智慧物流与智慧供应链的绿色与可持续发展

学习目标 217
案例导入 217

任务一 绿色智慧物流的概念与实践 218
  一、绿色智慧物流的兴起背景 218
  二、绿色智慧物流的定义 219
  三、绿色智慧物流的核心理念 219
  四、低碳环境下城市绿色智慧物流的实现路径探析 219
  五、绿色智慧物流的实践 220
  六、绿色智慧物流的挑战与对策 222

任务二 绿色智慧供应链的概念与实践 223
  一、绿色智慧供应链的概念 223
  二、绿色智慧供应链的特点 223
  三、绿色智慧供应链的实践 224
  四、绿色智慧供应链管理的挑战与对策 225

任务三 智慧物流与智慧供应链的可持续发展战略与实践 226
  一、智慧物流与智慧供应链的可持续发展战略背景 226
  二、可持续发展的内涵与要求 227
  三、智慧物流与智慧供应链的可持续发展战略 227
  四、智慧物流与智慧供应链在可持续发展中的作用与价值 228
  五、智慧物流与智慧供应链的实践应用 229

任务四 环境和社会责任在智慧物流与智慧供应链中的体现 230
  一、环境责任在智慧物流与智慧供应链中的体现 230
  二、社会责任在智慧物流与智慧供应链中的体现 230

项目小结 233
关键概念 233
思考题 233
案例分析 233
实训演练 234

参考文献 236

项目一
智慧物流与智慧供应链概论

学习目标

1. 知识目标

掌握智慧物流的基本定义,能够准确阐述智慧物流的核心特征和关键要素。

理解智慧物流在现代物流体系中的功能与作用,包括其对提高物流效率、降低物流成本的影响。

熟悉智慧供应链的概念及基本构成,了解智慧供应链中各环节之间的相互关系。

探究智慧物流与智慧供应链之间的内在联系与区别,能够分析二者在促进产业发展中的协同作用。

2. 技能目标

能够运用所学知识,分析具体企业实施智慧物流的可行性及潜在挑战,并提出合理化建议。

培养运用智慧供应链管理的理念和方法,优化供应链流程,提升供应链响应速度和灵活性。

锻炼利用现代信息技术手段,如大数据分析、物联网应用等,推动智慧物流与智慧供应链的创新实践。

3. 素养目标

培养创新思维和开放视野,关注智慧物流与智慧供应链领域的最新动态和技术进展。

增强团队协作意识和沟通能力,以便更好地在智慧物流与智慧供应链管理中发挥协同作用。

塑造职业道德和社会责任感,在推动智慧物流与智慧供应链发展中注重可持续发展和社会效益。

案例导入

"智慧物流"时代，快递怎样送

如今，高度自动化的无人仓库里，单件商品拣货时间仅需10秒，拣选准确率可达99%。传感器、自动分拣、射频识别、定位系统等先进技术日新月异，智能仓储迎来无限可能。

打开数字化物流平台，上千辆货车的实时行车轨迹一目了然；全自动分拣线上，一件件快递飞速闪过，系统自动抓取面单信息；包裹"乘坐"无人配送小车，根据系统提示的门牌号，自动来到你家门前……智慧物流时代，科技为生活开启了无限可能。

2023年6月16日至21日，由商务部、海关总署、河北省政府主办的2023中国·廊坊国际经济贸易洽谈会在河北廊坊举办。作为一届以商贸物流为主题的展会，大会期间各种现代物流新装备、新场景悉数亮相，惹人关注。

一、平台数字化

"平台显示，目前在外运输货车1300辆，暂时熄火380辆，空车待返回210辆……"本次洽谈会期间，一家企业展示了这套数字化物流平台，系统内实时更新的货车运行数据让企业随时了解车辆信息，及时指挥调度。

曾经车辆调度主要靠人，不仅费时费力，还面临货车空载率高等问题。与会企业代表表示，随着数字化物流平台的广泛使用，手写记录、电话协调、现场派车早已成为过去式，如今从接单派车到运费结算，通过在线平台就能全部完成。

二、仓储自动化

智能仓库内，自动导引运输车搭载几百千克货物自如"行走"；出仓前，货物拣选不再靠人举着单据、围着货架满场跑，而是由机器人参与完成；快递卸下后，全自动分拣线上的条码识别计算程序启动，称重、读码、分拣由设备自动完成。

随着科技的发展，智能机器人在各领域的应用越来越广泛。大会上，搬运机器人、智能穿梭车机器人、配送机器人……各类智能机器人纷纷登场，成为一道夺目的风景。

"研究发现，自动立库、自动导引运输车、自主移动机器人、工业级无人驾驶成为近十年最火的物流装备。"京东物流智能园区专家刘滨说，智慧物流正由简单室内场景转向室外复杂场景，依靠多设备协同实现全局无人化。

三、配送智能化

一个身高不足1米、黑白相间的"小家伙"，搭载着快递，以1.5米/秒的速度自主行驶，遇到行人、障碍物自动刹车避让，到达电梯口会自己"按电梯"……大会上，顺丰展示的一台楼宇配送机器人吸引了很多人的目光。

受人力、交通、政策等因素的影响，"最后一公里"一直是物流配送的难题。有资料显示，"最后一公里"末端配送成本几乎占整个物流成本的30%，偏远山区往往更高。

在本届大会室外展厅,摆放着一架1∶3缩比的大型无人货运飞机模型(图1-1)。它最大载重5吨,最远航线2600千米,能广泛应用于快递、生鲜等高端物流运输,为山区物流和应急配送提供便利。

专家表示,物流末端服务运营模式不断创新,无人配送成为新趋势。无人车、无人机、快递塔、智能柜、菜鸟小盒等"黑科技"推陈出新,物流业正面临前所未有的深刻变革,正在由"汗水型"向"智慧型"转变。

图1-1　大型无人货运飞机模型

资料来源:"智慧物流"时代,快递怎样送. 网易号[EB/OL].(2023-06-25)[2024-10-18]. https://www.163.com/dy/article/I83HTOPE05507HPG.html.

> **问题**
>
> 结合案例分析,智慧物流未来发展具备什么价值和意义?

任务一　智慧物流的定义与功能

一、物流与智慧物流的概念

(一)物流

"物流"的概念最早出现于20世纪初,此后这一概念随着研究内容和实践的丰富不断更新,但物流的定义目前并没有一个统一的表述,专家、学者对其也有不同的解释。

智慧物流的定义与功能

根据供应链管理专业协会的定义,物流是供应链的重要组成部分,是为了满足消费者需求,有效地计划、管理和控制原材料、中间库存、最终产品及相关信息从起始点到消费地的流动过程。

中华人民共和国国家标准《物流术语》(GB/T 18354—2021)对物流的定义为"根据实际需要,将运输、储存、装卸、搬运、包装、流通加工、配送、回收、信息处理等基本功能实施有机结合,使物品从供应地向接收地进行实体流动的过程。"

(二)智慧物流

进入21世纪,随着物联网、大数据、互联网和云计算等技术的兴起,物流行业迎来了智慧化的契机。2009年,IBM首次提出了"智慧供应链"概念,同年12月,中国物流技术协会信息中心、华夏物联网、《物流技术与应用》编辑部联合提出了"智慧物流"概念，标志着智慧物流理念在中国的正式确立。

本书收集了部分目前国内关于智慧物流的定义，如表1-1所示。

表1-1 国内关于智慧物流的定义

年份	来源	定义
2017年	中国物流与采购联合会与京东物流联合发布的《中国智慧物流2025应用展望》	智慧物流是以信息化为依托并广泛应用物联网、人工智能、大数据、云计算等技术工具，在物流价值链上的7项基本环节（运输、仓储、包装、装卸搬运、流通加工、配送、信息服务）实现系统感知和数据采集的现代综合智能型物流系统
2021年	王继祥	智慧物流是基于物联网技术应用，实现互联网向物理世界延伸、互联网与物流实体网络融合创新，实现物流系统的状态感知、实时分析、科学决策与精准执行，进一步达到自主决策和学习提升，拥有一定智慧能力的现代物流体系
2024年	王之泰	智慧物流是将互联网与新一代信息技术和现代管理应用于物流业，实现物流的自动化、可视化、可控化、智能化、信息化、网络化的创新形态

纵观各位学者专家对智慧物流的理解，发现所有概念都紧紧围绕着"智能技术""智能系统""迅速灵活""感知学习"等关键词，可见智慧物流的核心即是利用智能技术提高物流系统的能力与水平，以便更加正确灵活地解决各种物流问题，实现对物流活动降本增效的目标。

因此，本教材将智慧物流定义为：智慧物流是借助大数据、云计算等智能技术，使物流系统能够模仿人的智能，具备思维、学习、感知、推理判断、解决问题等能力，以提高物流系统的智能化水平，实现物流活动降本增效。

二、智慧物流的特点

智慧物流是物流业与互联网高度融合的产物，它的出现顺应了物流行业的发展潮流，也更进一步推动了物流业和各种智能技术的发展革新。从宏观视角来看，智慧物流相关的政策环境逐步改善、物流互联网逐步形成与完善、物流大数据逐渐得到广泛应用、物流云服务强化了物流活动的保障、协同共享助推物流活动的模式创新以及人工智能技术的快速发展。借助上述客观环境优势，智慧物流在各个方面独有的特点正在逐步形成，具体可从以下三个不同视角进行分析。

（一）物流系统的视角

从物流系统的角度出发，智慧物流系统区别于传统物流系统的典型特征是柔性化、社会化、一体化及智能化。

（1）柔性化 基于"以顾客为中心"的理念，智慧物流系统可以根据顾客需求提供可靠、灵活化、多样化的服务。

（2）社会化是物流活动的国际化、物流技术的全球化以及物流服务的全面化的结果，在推动货物国际流动和交换的过程中，一个社会化的智慧物流体系正在逐步形成。

（3）一体化是指智慧物流以智慧物流管理为核心，将物流过程中的诸多环节集成一体，具有整体性和系统性。

（4）智能化是指利用人工智能、机器学习等先进技术对物流数据进行深度挖掘和分析，为物流决策提供科学依据。智能化还体现在物流设备的自主性和智能性上，如无人驾驶车辆、无人机配送等，这些设备能够自主完成物流任务，提高物流作业的效率和准确性。

（二）物流运作的视角

从物流运作的层面上看，智慧物流具有如下特征。

（1）互联互通，数据驱动。物流要素实现互联互通，物流数据业务化，物流业务数字化。物流系统全过程透明可追溯，借助数据驱动物流活动的决策与执行，为物流生态系统赋能。

（2）深度协同，高效执行。跨集团、跨企业、跨组织深度协同，以物流系统全局优化的智能算法为基础，高效调度物流系统中的各个实体分工协作。

（3）自主决策，学习提升。利用软件驱动物流过程实现自主决策，推动物流系统程控化和自动化的发展；通过大数据、云计算与人工智能构建物流大脑，在感知中决策，在执行中学习，在学习中优化，在实际物流运作中不断升级。

（三）技术实践的视角

基于技术实践的视角，智慧物流具有自动感知、自我判断、智慧决策、自动执行等特点。

（1）自动感知使物流网技术实现了物流活动中数据信息的自动感知、传输和存储，智慧物流网与实体网达到实时互联互通。

（2）自我判断是智慧物流系统能够实时监测物流活动，根据预设的逻辑和规则及时发现物流过程中的薄弱环节或漏洞，并能预测问题的潜在影响。

（3）智慧决策是基于数据信息的分析，根据约束条件提出应对方法、措施和方案，实现物流系统程控化与自动化发展。

（4）自动执行是以人工授权为前提，在可控范围内，由数据驱动决策实施与执行，降低风险并减少人工干预。

知识拓展

中国智慧物流五大新发展理念

在新经济时代的背景下，中国智慧物流行业正在以前所未有的速度发展壮大，我们可以清晰地看到这个行业正在秉持着五大新发展理念推动着物流行业的转型升级，为经济社会发展注入新的活力。

首先是"创新",它如同一场春风吹拂着物流领域的每一个角落,激发着无限的活力与潜能。智慧物流不再仅是货物的搬运,而是通过技术创新实现了物流的智能化、自动化,使得物流效率大大提升,成本大大降低,客户体验大大改善。

其次是"协调",它如同一条纽带,将物流的各个环节紧密相连,使得物流不再是孤立的个体,而是一个协同高效的系统。无论是物流与制造的融合,还是物流与城市的和谐共生,协调都发挥着至关重要的作用。

然后是"绿色",它如同一片绿洲,为物流行业提供了可持续发展的方向。通过环保的包装材料,优化的运输路线,高效的装载技术,智慧物流让环保不再是口号,而是实实在在的行动。

接下来是"开放",它如同一座桥梁连接着中国与世界,使得物流行业不再是封闭的体系,而是开放的网络,国际化的物流企业和全球化的物流网络开放让物流行业拥有了更广阔的舞台。

最后是"共享",它如同一道光芒照亮了物流行业的未来。通过物流信息平台的建设,大数据的应用共享,让物流资源得到了最优化的配置,让物流服务更加高效,让物流成果更加公平。

这五大新发展理念为中国智慧物流行业的发展提供了科学的指导,描绘了美好的发展前景,在未来的发展中,我们期待看到中国智慧物流行业实现更高质量、更高水平的发展。

三、智慧物流的功能

智慧物流是指通过智能软硬件、物联网、大数据等智慧化技术手段,实现物流各环节精细化、动态化、可视化管理,提高物流系统智能化分析决策和自动化操作执行能力,提升物流运作效率的现代化物流模式,其功能主要包括以下几个方面。

(1)实时数据收集与分析。运用各种先进技术,实时收集并分析运送、仓储、包装、装卸搬运、流转加工、配送、信息服务等各个环节的信息,使各方能精确把握货物、车辆和库房等信息,实现实时感知。

(2)数据归档与智能决策。把收集的信息通过网络传输到数据中心,用于数据归档。之后分门别类地加入新数据,使各类数据按要求规整,实现数据的联络性、开放性及动态性。通过对数据和流程的标准化,推动跨网络的体系整合。借助大数据分析和预测技术,还能提高物流运作的精准度和效率。

(3)自动化操作。利用自动化设备和技术,如自动化立体仓库、自动化分拣系统、无人搬运车、无人叉车、货物自动跟踪系统等,实现物流流程的自动化和智能化操作,减少人为干预，提高生产效率。

（4）可视化监控与管理。通过数据可视化和信息共享平台，让各个环节的物流运作清晰可见，方便监控和管理。这包括实时物流追踪、智能仓储管理、供应链可视化和协同管理等。

任务二 智慧供应链的概念与构成

一、供应链与智慧供应链的概念

（一）供应链

供应链的概念源于20世纪80年代迈克尔·波特（Michael E. Porter）提出的价值链概念，1996年，贝恩德·朔尔茨-瑞特（Bernd Scholz-Reiter）基于价值链和价值流的思想，首次提出了供应链的定义，即供应链是一个实体的网络，产品和服务通过这一网络传递到特定的顾客市场。

智慧供应链的概念与构成

在国内，有两种供应链的概念应用较为广泛。一是中华人民共和国国家标准《物流术语》（GB/T 18354—2021）中的定义，供应链是"生产及流通过程中，围绕核心企业的核心产品或服务，由所涉及的原材料供应商、制造商、分销商、零售商直到最终用户等形成的网链结构。"二是华中科技大学马士华教授编著的《供应链管理》一书对供应链概念的阐述："供应链是围绕核心企业，通过对信息流、物流、资金流的控制，从采购原材料开始，制成中间产品及最终产品，最后由销售网络把产品送到消费者手中的，将供应商、制造商、分销商、零售商，直到最终用户连成一个整体的功能网链结构模式。"

通过学者对于供应链的描述可以发现，供应链是社会化大生产的产物，是一种重要的流通组织形式，它将商品的生产、流通以及消费有机联结，并起到导向性作用。

（二）智慧供应链

智慧供应链的概念起源于21世纪初，随着信息技术的飞速发展和全球市场竞争的日益激烈，传统供应链管理模式逐渐显现出效率低下、响应缓慢等问题。为解决这些问题，企业开始探索将现代信息技术应用于供应链管理，以实现供应链的智能化、高效化和敏捷化。在此背景下，智慧供应链应运而生。

智慧供应链的发展经历了从初步探索到深入应用的过程。早期，企业主要通过引入物联网技术、射频识别技术等实现对供应链各环节的实时监控和数据采集。随着大数据、云计算、人工智能等技术的不断成熟，智慧供应链逐渐实现了对供应链数据的深度挖掘和智能分析，为供应链的优化决策提供了有力支持。如今，智慧供应链已成为企业提升竞争力、实现可持续发展的关键手段。

综上，本教材对智慧供应链采用如下定义：智慧供应链是以互联网和大数据为依托，以提升客户价值为导向，通过协同、共享、创新的运作模式和人工智能等先进技术，实现产品设计、采购、生产、销售、服务等全过程高效协同的组织形态。

知识拓展

2024年，推动供应链成功的5大趋势

随着科技的飞速进步和全球经济的深度融合，供应链管理正迎来前所未有的变革。

一、数字化转型加速，智能供应链崛起

数字化转型已经成为各行各业的共同选择，供应链领域也不例外。随着大数据、云计算、人工智能等技术的深入应用，供应链将变得更加智能、高效和灵活。企业将通过数字化手段，实现供应链全过程的可视化和智能化管理，提高运营效率和响应速度。同时，智能合约、区块链等新兴技术也将为供应链的安全性和可信度提供有力保障。

二、大数据驱动决策，精准优化供应链

大数据正在成为供应链管理的核心驱动力。通过对海量数据的收集、分析和挖掘，企业可以更加精准地了解市场需求、库存状况、运输情况等关键信息，从而制定出更加科学的供应链策略。大数据的应用将帮助企业实现库存水平的优化、运输路线的规划、需求预测的准确性提升等多个方面的改进，进一步降低成本，提高效益。

三、供应链本地化与区域化趋势明显

近年来，供应链的本地化和区域化趋势日益明显。越来越多的企业开始将供应链重心向本土或邻近区域转移，以减少对单一市场的依赖，降低风险。这种趋势将有助于增强供应链的韧性和稳定性，应对不确定性因素带来的挑战。

资料来源：2024年，推动供应链成功的5大趋势. 网易［BE/OL］.（2024-05-21）［2024-10-18］. https://www.163.com/dy/article/J2NHGA470553WDUU.html.

二、智慧供应链的特点

智慧供应链比传统供应链具有更多市场要素、技术要素以及服务要素，体现出区别于传统供应链的如下特点。

（一）技术渗透性更强

智慧供应链要求其管理者与运营者能够借助包括物联网、互联网、大数据以及人工智能在内的各种科技手段，展开对客户需求全过程的精准分析与有效管理，并主动调整管理过程以适应引入新技术带来的变化。

(二)可视化、移动化特征更明显

智慧供应链倾向于使用可视化手段来表现数据,利用移动互联网或者物联网技术来收集或访问数据。可视性增强后,共享会变得更容易,这就意味着智慧供应链中的对象(而非人员)将承担更多的信息报告和共享工作。值得注意的是,制约可视性的因素不再是信息太少而是信息太多,因此智慧供应链会利用智能建模、分析和模拟功能来获知并规划一切信息。

(三)协作性更强、协同配合更高效

智慧供应链注重供应链上各个环节的协同与配合,在高度整合的信息机制下,供应链内部企业能更好地掌握来自供应链内部和外部的信息,并及时地完成数据交换和共享,以针对变化随时与上下游企业联系并做出适当调整,进行更有效的协作,从而提高供应链的绩效。

(四)可延展性更强

智慧供应链基于智慧信息网络,借助先进信息集成以实现信息共享,企业之间可随时沟通,供应链绩效不会因供应链层级的递增而明显下降,延展性也会大大增强。

三、智慧供应链的构成

智慧供应链的构成主要包括以下几个要素。

(一)技术与数据层

物联网技术:利用射频识别(radio frequency identification,RFID)、电子产品代码(electronic product code,EPC)等技术自动识别记录供应链各流程的信息,为供应链提供实时数据,帮助生产商和供应商实现更精确的预测和库存管理。

大数据技术:对海量数据进行存储、处理和分析,以发现供应链中的潜在规律和风险。

云计算技术:为数据处理和存储提供弹性、可扩展的计算资源,确保供应链系统的稳定运行。

人工智能和机器学习技术:对供应链数据进行深度挖掘,实现智能决策和优化。

(二)智能决策系统

智能决策系统是智慧供应链的核心,它基于技术与数据层提供的数据,利用先进的算法和模型,对供应链中的各个环节进行智能分析和决策。这包括需求预测、库存管理、生产计划、物流配送等关键问题的优化决策,以实现库存水平的精确控制、生产计划的灵活调整以及物流配送的高效协同。

(三)智能执行系统

智能执行系统负责将智能决策系统的决策结果转化为具体的执行指令,并监控执行过程,确保供应链的顺畅运行。这包括自动化订单处理、库存管理、生产计划和物流操作等,以提高效率、降低成本并减少错误。

(四)协同平台与标准体系

智慧供应链的实现需要一个统一的协同平台,用于整合供应链上的各类资源和信息,

实现各环节的无缝对接和协同作业。协同平台可以促进供应链各环节之间的信息共享和协作，确保产品在最短时间内流向市场，减少库存浪费和延误。同时，还需要建立一套完善的标准体系，包括数据交换标准、业务流程标准、信息安全标准等，以确保供应链各参与方之间的顺畅沟通和高效协作。

（五）服务模式与行业解决方案

智慧供应链的服务模式包括物流协同平台、采销协同平台、供应商管理平台等，提供丰富的系列产品覆盖所有工作流程。针对不同行业，智慧供应链还可以提供定制化的深度解决方案，如制造业的混合云解决方案、生鲜城市配送的智能调度方案等。这些解决方案旨在满足特定行业的需求，提高物流效率，节约成本。

任务三 智慧物流与智慧供应链的关系

一、物流与智慧物流的关系

（一）物流与智慧物流在功能及结构上的关系

智慧物流是在传统物流功能和经典管理理论基础上，通过智慧方法来提高物流运作效率乃至创造额外价值。传统物流与智慧物流的区别，就在于物流信息系统的智慧化水平，先进技术的应用与管理理念的结合让物流系统运作更加出色。

智慧物流与智慧供应链的关系

智慧物流是基于物联网技术在物流业的应用而提出的，因此智慧物流的架构遵循物联网的组成结构，即感知层、网络层和应用层。其中，应用层负责统计数据信息并深入分析应用。

感知层负责收集信息并初步处理，是智慧物流系统实现对物品、运作环境、物流设施设备感知的基础，也是智慧物流的底层出发点。其中的识别与信息追溯感知功能主要解决货物信息的数字化管理问题，跟踪定位感知功能主要解决货物运输过程的透明化问题，监测控制感知功能主要解决货物运输过程的安全问题。

网络层负责保障信息的传递交互，属于连接感知层与应用层的桥梁，其中包括接入网和传输网，分别实现接入功能和传输功能，即负责将感知层获取的信息安全可靠地传输到应用层，实现互联互通，为进一步信息处理提供基础。

应用层是智慧物流的后端运作系统，从网络层接收到感知层获取的信息，在应用层进行分析、决策和物流操作的执行。根据物流作业层次，应用层可划分为物流决策层、物流管理层和物流执行层。决策层面向物流高层决策人员，主要是以物流系统为应用背景，对物流系统进行智能化整合，为物流决策者提供有力支持。管理层由物流管理信息系统组成，主要针对具体物流活动进行管理和控制，如仓储管理系统、分拣管理系统、运输管理系统等。管理层负责承上启下，与上层决策管理系统通过应用流程集成平台进行集成，与各种物流设备控制器通过数据集成平台进行数据交换，从而管控具体物流活动。执行层由物流执行系统组成，主要进行数据交互和设备控制。该层通过数据集成平台接收管理层的调度控制指令，并及时反馈物流设备的指令执行情况和设备故障等信息。

应用层通常使用大数据技术、云计算技术、智能控制技术、数据挖掘技术、视频分析技术等先进科技来辅助分析数据信息、做出决策并最终利用智能设备落地执行。

（二）从物流功能视角看二者的关系与不同

结合先进科技及其应用，从物流功能视角分析总结传统物流与智慧物流的关系与不同，结果如表1-2所示。可见智慧物流是在传统物流的基础上补足缺陷、发展长处，并积极开拓新的增长点。

表1-2 从物流功能视角看传统物流与智慧物流的关系与不同

对比项目		传统物流	智慧物流
运输配送	感知层	对于货物、运输设备的定位追踪不够灵敏；缺乏监测信息，尤其是冷链运输中对温度、湿度的监控等	能够实时定位，即时反馈；对货物运输状态和运输设备情况等信息实时监控
	网络层	缺少稳定、迅速的信息传输方式，导致信息传递延迟，与其他环节协作困难	拥有高效便捷的通信网络，能够完成信息实时交互，便于监控和统一调度
	应用层	运用相关原则理论进行运输路线规划、运输方式选择等决策；规划确定后不易进行修改，只能让操作人员根据经验和能力进行调整；故障信息等难以反馈	基于传统物流的运输调度原理，通过大数据、云计算等先进科技进行智能规划，方便快捷；能够实时进行信息交互，便于根据实际情况重新规划调整，具有较强的灵活性和可靠性
仓储	感知层	货物体积重量、储存位置、仓库状态等信息不易收集、查找和更新，存取和盘点货物操作较为烦琐，货物储藏状态不易监测控制；货物所有权等信息记录不够清晰、调用不够简便，对仓单质押、供应商管理库存等模式应用造成阻碍；货物安全情况难以保证	先进检测设备进行自动化查验并记录信息；通过智能货架和管理信息系统实现信息数据方便快捷地收集和调用，有利于基础和增值业务开展；环境感知和视频监控设备保证货物安全妥善存放
	网络层	缺少稳定、迅速的信息传输方式，导致信息传递延迟，与其他环节协作困难；缺少不间断信息传递，货物安全情况难以确定	拥有高效便捷的通信网络，能够完成信息实时交互，也可以全天候联通，便于监测管控
	应用层	依照相关原则和规划理论进行仓位分配、存取货路径规划等；通过叉车、传送带等设备提高运作效率	在传统物流基础上利用先进算法和较高算力优化规划；应用无人机、无人货架、自动引导车（automated guided vehicle，AGV）等设备进一步提高运作效率

续表

对比项目		传统物流	智慧物流
流通加工与包装		人工检测判断，收集记录物料信息；包装缺少信息收集和传递功能	利用视觉分析等先进技术进行检测判断，并记录信息；包装增加二维码、传感器等，便于感知和追溯
装卸搬运	感知层	设备设施缺少感知功能，对于不同种类的货物不能灵敏感知并调整操作方式	设备设施智能化、自动化水平提高，能够自主判断并采用合适的方法进行装卸搬运
	网络层	信息传递不够通畅，不便整体统筹	方便、快捷、准确的信息传递，工业4.0智慧工厂等得以实施
	应用层	部分设施设备工作效率不够，甚至大量使用人工，成本较高；信息沟通不便，整体运作费力	机器人等高新技术设备智能高效；能够即时反馈信息并智能判断处理，运作便捷，节约资源
信息处理		传统方式下多采用单据、凭证等载体，手工记录、电话沟通、人工计算、邮寄或传真等方法，对物流信息进行采集、记录、处理、传递和反馈，极易出现差错、信息滞后，管理者对物资在流动过程中的各个环节难以统筹协调，不能系统控制，更无法实现系统优化和实时控制，从而造成效率低下和资源大量浪费	智慧物流拥有先进的设备设施和管理信息系统，实现无纸化，并利用AI等智能方法识别录入信息，规范信息格式并分类存储在系统中，同时能够利用智能算法等方式支持决策，同时也能够将收集到的信息进一步整合处理，发现更多改进点并给出相关建议

二、供应链与智慧供应链的关系

本质上，供应链相关理论与基础功能不变，所谓智慧供应链除了提升运作效率，更主要的是将供应链运作模式以及相关领域的商业模式进行创新与改革。因此，智慧供应链在传统供应链的主干上开花结果，也引领了各产业发展的方向。

（一）供应链企业利益联盟与生态圈的建立

供应链协同管理能够实现供应链企业利益联盟，乃至进一步构建产业生态圈，将各企业紧密联合，充分发挥供应链既有优势，智慧供应链无疑能够更好地实现这一目标。

从决策角度上，可以将供应链协同分为战略层、战术层及操作层：战略层协同位于供应链协同的最高层次，其工作的重点是通过运用概念模型及协同管理理论，为供应链协同制定长期战略；战术层协同位于供应链协同的中间层，它强调制订供应链上下游企业之间的协同计划，是确保供应链协同得以落地的重要环节；操作层协同位于供应链协同的最底层，它强调对企业开展协同活动时的各个细节进行精准控制，提高协同效率与质量，降低协同成本。

从协同的内容及运行流程角度上，可以将供应链协同分为物流协同、信息共享协同、供应链关系协同、供应链网链结构优化与参数优化协同等。物流协同系统旨在从全局角度协调供应链运作，涉及物流、信息流和资金流的流动等内容；信息共享协同涉及工作流协同建模、跨平台信息系统对接、客户需求协同预测等内容；供应链关系协同涉及渠道收益分配机制、契约机制、激励与保障机制、风险分担机制、信任与合作机制等内容；供应链网链结构优化与参数优化协同涉及供应链成员选择优化，供应链成员设施选址优化，采购、定价及库存策略优化等内容。

智慧供应链可以利用先进的技术，如物联网、大数据、云计算等，提供软硬件支持，一方面从实操层面对运作提供设备设施等基础；另一方面利用信息交互、数据分析等在利益分配等方面提供客观数据以便决策，为实现供应链协同管理的以上目标增加可行性。

（二）柔性供应链与创新商业模式

供应链管理柔性（supply chain management flexibility）是指供应链系统对于各环节需求变化的敏捷性或适应力。智慧供应链超强的感知能力与迅捷稳定的信息传递无疑能够为柔性供应链提供最重要的连接纽带，保证需求等信息的迅速准确传递，再加上物联网等技术应用下生产设施设备的高度智能化，使得供应链能够对变化迅速做出响应。

与此同时，这种灵敏高效的生产运作方式也为新的商业模式创造了条件，从被动响应市场需求的变化到主动利用需求差异性提供定制化服务，比如用户连接制造商（customer to manufacturer，C2M）商业模式在智慧供应链中获得了繁荣发展。C2M是一种新兴商业模式，其生产模式是将消费者需求和供应端直接连接起来，使得用户C端到制造M端信息互通，其影响范围包括制造业、电子商务、金融投资等诸多领域。以汽车行业为例，每个客户可以基于车企官网提供的大量多样化选择提出需求，这一需求随后被转化为数据，经过处理分解后送往车企一端。汽车企业再设定好生产工序和时间排期，将配件需求发送给上游的各个供应商和物流商，从而生产出满足客户需求的个性化产品，既解决了车企库存问题，也解决了供应链过往存在的长鞭效应问题，实现制造过程的精益化。

（三）区块链技术与供应链创新

区块链技术是一种去中介化的数据库，也是一种不可篡改、不可伪造的分布式账本，它实现了参与各方信息共享。在区块链系统中，所有交易都被贴上时间标签，并通过共识机制对交易进行验证。一个完整的区块链是由多个信息存储区块构成的，各区块记录了交易时间、交易金额、参与方身份等诸多信息。用户可以访问信息存储区块中所有此前和现有的关联区块，所以，区块链数据库可以实现对所有执行的资产和指令的完整记录，可靠性强。

在智慧供应链中，区块链技术的应用具有极大优势，不仅可以弥补传统供应链的缺陷，而且能够实现创新，开拓新的业务模式。具体来说，区块链技术摆脱了供应链参与者对可信中央组织的依赖性，各方可以直接开展认证的数据通信，基于实时验证供应链的透明性显著提升，同时也为供应链金融等业务模式提供发展壮大的坚实基础。

供应链运行中涉及的数量、批次、位置、日期、价格、质量等关键数据都能被各方实时获取，从而实现物料的全程可追溯，假冒伪劣、灰色交易、冷链中断等问题将得到有效解决，实现外包合同制造可视化，更加符合规范，降低流通成本，提高整个供应链的价值创造能力。

应用区块链技术的智慧供应链在食品安全、奢侈品防伪乃至慈善物资分配等领域都有极为显著的优势和应用价值，同时也为供应链金融等新型商业模式提供发展的基础，让传统供应链得以革新，而未来还会有更多领域受益。

知识拓展

区块链技术改变钻石供应链

钻石作为珍稀宝石价值极高，属于奢侈品，因此其品质、真伪等特性备受消费者关注。同时，售卖钻石的巨大获利空间也催生了仿冒、以次充好等商业欺诈现象，但传统供应链对此并不能够有效处理。

通过建立云区块链解决方案，智慧供应链可以实现对所有钻石的数字认证，有效解决假冒伪劣对各方造成的损失。世界范围内，钻石认证有着严格的标准，以便保障其来源的安全性、可靠性，但在巨大利益的诱惑下，不法分子会利用欺诈性文件来销售假冒伪劣商品或向保险机构骗保。如果使用云区块链解决方案，就可以使用颜色、硬度、清晰度等数十种甚至上百种钻石特征为每一颗钻石创建专属ID，为钻石供应商、认证机构等提供便捷化、统一化的认证工具，能够有效降低认证成本，提高交易安全，同时也可以增加开采流通过程中的中转节点记录，将物流信息保存在区块链中，方便消费者追溯查验。

英国区块链科技公司易葳录与钻石认证机构美国宝石学院及京东达成了一项合作，消费者可以从京东上购买到经过美国宝石学院认证的可溯源钻石。由于生产链条长，钻石从开采到切割打磨再到售卖往往是一个国际化的流程，其中难免出现信息流失和信息孤岛，导致信息记录错误。其次，以往的纸质化钻石鉴定证书，容易遭伪造或者篡改，钻石的价值证明会受到影响。

易葳录的解决方案是利用区块链不可篡改的特性，为每一颗钻石生成一个数字身份，邀请钻石供应链上的各方参与者将信息上链，参与钻石信息的记录，这个过程覆盖了钻石的开采、评级以及分类。之后，利用美国宝石学院的激光加密技术，将其报告通过激光加密打到钻石上，在需要时可以从钻石上读取出加密报告的编号。

利用这种方法，消费者可以通过钻石的编号进行报告查询，实现钻石评级证书的共享。供应链上的各方也不必承担纸质证书的保存和传递职责，从而提高运营效率。

任务四　智慧物流与智慧供应链的发展

一、智慧物流的发展

智慧物流的发展主要经历了电子化物流、智能物流、智慧物流三个阶段。

智慧物流与智慧
供应链的发展

（一）电子化物流

20世纪90年代中后期以来，以互联网在经济活动中的应用为主要表现形式的电子商务飞速发展。在客户需求的拉动、技术进步的推动及物流产业自身发展需要的驱动等多方面力量的作用下，现代物流业迎来了一个新的发展阶段——电子化物流阶段。在这个阶段，信息技术开始为物流行业助力，并成为持续推动物流行业快速发展的关键动力，最典型的两项信息技术是20世纪70年代诞生的条码技术和80年代诞生的电子数据交换（electronic data interchange，EDI）技术。EDI可以提供一套统一的标准进行数据交互和处理，减少了纸质票据的使用。EDI的应用范围可以覆盖物流各主要环节，如在线订货、库存管理、发送货管理、报关、支付等。

电子化物流时期的特点主要包括三点：第一，电子化物流需要借助互联网来开展业务运作；第二，电子化物流以满足客户对物流服务的需求为导向，让客户通过互联网参与物流运作过程，以更好地实现以客户为中心的物流服务发展目标；第三，电子化物流注重追求供应链整体的物流效果，供应链合作伙伴之间通过互联网建立起紧密的业务联系，共同为提高供应链物流的效率和效益及降低物流运作的总体成本和时间占用而努力，强调共存共荣、互惠互利、同舟共济。

（二）智能物流

21世纪是智能化的世纪，随着智能技术的发展，物流也自然朝着智能化方向发展，特别是随着智能标签、无线射频识别技术、电子数据交换技术、全球定位技术、地理信息系统、智能交通系统等应用的日益成熟，基于这些技术的各类智能物流应用相继出现，包括智能仓储物流管理、智能冷链物流管理、智能集装箱运输管理、智能危险品物流管理、智能电子商务物流等，智能物流日益被人们了解。基于以上背景，结合现代物流的发展过程，考虑到物流业是实现作业智能化、网络化和自动化的行业，2008年，德国不来梅大学LogDynamics实验室的迪特尔·乌克尔曼（Dieter Uckelman）归纳总结了智能物流的基本特征：智能化物流时期的物流运营呈现精确化、智能化、协同化的特点。精确化物流要求成本最小化和零浪费；物流系统需要智能化地采集实时信息，并利用物联网进行系统处理，为最终用户提供优质的信息和咨询服务，为物流企业提供最佳策略支持；协同化，是利用互联网平台协助，实现物流企业上下游之间的无缝连接。智能物流的重点在于智能技术和智能设施在物流实践中的应用，以及虚拟物流动态信息化的互联网管理体系的构建。

（三）智慧物流

智慧物流的概念源于智慧地球。2008年11月，IBM提出了智慧物流的概念，2009年

1月，美国公开肯定了IBM智慧物流的思路，并提出将智慧物流作为美国国家战略。我国于2009年8月7日提出了"感知中国"的理念，物联网被正式列为国家五大新兴战略性产业之一，此后被写入《政府工作报告》。2009年，国务院印发《物流业调整和振兴规划》提出，要积极推进企业物流管理信息化，促进信息技术的广泛应用；积极开发和利用全球导航卫星系统（global navigation satellite system，GNSS）、地理信息系统（geographic information system，GIS）、道路交通信息通信系统（vehicle information and communication system，VICS）、电子不停车收费系统（electronic toll collection，ETC）、智能交通系统（intelligent transportation system，ITS）等运输领域新技术，加强物流信息系统安全体系研究。在物流行业内部，很多先进的现代物流系统已经具备了信息化、网络化、集成化、智能化、柔性化、敏捷化、可视化、自动化等高技术特征；很多物流系统和网络也采用了最新的红外、激光、无线、编码、认址、自动识别、定位、无接触供电、光纤、数据库、传感器、射频识别、卫星定位等高新技术，这种集光、机、电、信息等技术于一体的新技术在物流系统的集成应用就是物联网技术在物流业应用的体现。

智慧物流具有智能化、透明化和便利化三个核心特征。智能化是指它的路径优化、装载优化、物流规划等；透明化是指全供应链实时可视化的系统是透明的；便利化是指系统、通信、传感器的大规模应用使得运作更加便利、更加快捷。

值得注意的是，智能技术的应用是智慧物流的一大特点，但智慧物流绝不等同于智能物流。智能物流的重点在于智能技术和智能设施在物流实践中的应用，以及虚拟物流动态信息化的互联网管理体系的构建。智慧物流则是将物联网、传感网以及互联网结合，运用科学精准的管理思想，构建一个自动智能、可视可控、系统化、网络化的社会物流体系，将参与物流活动的各方相互连接并协调成为一个有机整体，为实现提高物流活动效率、资源利用率以及生产力水平等共同目标而努力。智慧物流相较于智能物流具有更丰富的社会内涵。

表1-3给出了中国物流系统的发展情况，利用先进技术的中国物流系统发展可以分成四个发展阶段。

表1-3 利用先进技术的中国物流系统发展阶段

阶段	采用的技术、自动化设施、信息化程度等
起源阶段	1987年以前，物流功能主要通过货车、仓库人工管理等传统手段来完成，无自动化、信息化过程
机械化阶段	1987—2001年开始引入机械设备、电叉车、分拣设施等进行物流功能的实现，信息化建设开始启动
自动化、信息化阶段	2001—2012年，我国信息化、自动化技术快速发展，在仓储、运输及场站的物流活动中开始大规模应用诸如自动化作业、分拣、条码识别等先进技术
智慧化阶段	2012年至今，我国5G、物联网、大数据、人工智能等技术蓬勃发展，且数据中台、信息中台等思想在各行各业深入应用，持续推动物流业的降本增效

二、智慧供应链的发展

供应链的发展历程可以分为五个阶段：初级供应链、响应型供应链、可靠供应链、柔性供应链和智慧供应链。其不同发展阶段的特征如表1-4所示。

表1-4　供应链发展阶段及特征

发展阶段	特征
初级供应链	企业通常按照预算安排生产和交货，没有专职的供应链部门进行产销协调
响应型供应链	在注重直接成本的同时考虑客户交互，对客户订单进行快速响应，但是，这个阶段的供应链结构也造成了客户服务缺乏稳定性
可靠供应链	强调需求计划与执行业务的协同，关注终端客户需求、服务和满意度，全面展开需求预测及产销协同和跨部门协作
柔性供应链	是内部充分整合后的供应链，这种类型的供应链战略关注供应链整体成本，主张跨部门充分协同、柔性化和精益兼具的供应链能力，精益敏捷是其重要特征
智慧供应链	受需求驱动，是终端需求计划驱动扩展的端到端供应链运作。智慧供应链强调与客户及供应商的信息分享和互动协同，真正实现了通过需求感知形成需求计划

智慧供应链是供应链发展进程中的高级阶段，但就智慧供应链发展本身而言目前还处于上升期。以制造业供应链为例，在工业4.0以及中国制造2025等宏观发展趋势的推动下，必将朝着更加智慧的方向前进。随着全球经济进入供应链时代，企业与企业之间的竞争开始转化为各企业所处的供应链之间的竞争。在智能制造环境下，打造智慧、高效的供应链，是制造企业在市场竞争中获得优势的关键。

近年来，随着新一代物联网技术的广泛采用，尤其是人工智能、工业机器人、云计算等技术迅速发展，商流、信息流、资金流和物流"四流"得以高效连接，传统供应链进入智慧供应链的新阶段。智慧供应链与生产制造企业的生产系统相连接，通过供应链服务提供智能虚拟仓库和精准物流配送，生产企业可以专注于制造，不再需要实体仓库，这将根本改变制造业的运作流程，提高管理和生产效率。

项目小结

物流是供应链的重要组成部分，是为了满足消费者需求，有效地计划、管理和控制原材料、中间库存、最终产品及相关信息从起始点到消费地的流动过程。智慧物流的核心即是利用智能技术提高物流系统的能力与水平，以便更加正确灵活地解决各种物流问题，实现对物流活动降本增效的目标。

与传统物流系统相比，智慧物流系统更具柔性化、社会化、一体化及智能化，并具有自动感知、自我判断、智慧决策、自动执行等特点。智慧供应链与传统供应链相比，则具有更多市场要素、技术要素以及服务要素。

智慧物流遵循物联网感知层、网络层和应用层的技术架构，基于此从物流基本功能角度（如运输配送、流通加工、仓储、信息处理等）详细对比了传统物流与智慧物流的区别。

相较于传统物流与供应链管理，智慧物流与智慧供应链管理存在显著优势，能实现全流程的可视化、一体化的价值链以及创新性的管理模式，高效率地管理好供应链上下游企业运营中的各种资源并创造效益。

智慧物流与智慧供应链的发展使我国物流发展方式和商业模式发生了重大转型，优化了我国物流结构，并催生了一系列新的服务模式，但同时其发展也面临着巨大的挑战。

关键概念

物流　智慧物流　供应链　智慧供应链

思考题

1. 如何理解物流的概念？
2. 什么是智慧物流？
3. 相较于传统供应链，智慧供应链有哪些特点？
4. 构建智慧物流与智慧供应链系统有何作用？
5. 智慧物流与智慧供应链发展带来的变革与挑战体现在哪些方面？

案例分析

农业智慧共同体——京东农场

听说过五常大米吗？作为黑龙江乃至整个东北地区最著名的地域品牌，五常大米以其优良的品质驰名全国。五常大米口感绵软，芳香爽口，做成的米饭饭粒油亮饱满，剩饭不回生，是大米中的上好品种。然而作为传统农业的产物，再著名的大米也面临着利薄的窘境：五常大米采用相对传统的方式种植，产品以量贩装批发为主，综合价格16~20元/千克，利润极薄，渐渐地，"种水稻"也成了"没法挣大钱"的营生。另一方面，大米掺假事件层出不穷，市场上充斥着各式各样的"五常大米"，这些"假五常"价格高低不一，品质良莠不齐，消费者对五常大米的信任度逐渐降低。供应端的传统运作模式，需求端的假货信任问题，使得五常大米在竞争中处于劣势。

五常当地的农业企业也对上述问题头疼不已。自己建设智慧供应链，成本过高，又没有专门的技术人员，贸然尝试可能会导致本还可以维持运营的企业崩塌。京东×事业部抛出的橄榄枝成功解决了五常农业企业的困扰。2019年3月8日，京东集团携手五常市当地企业，在五常市民乐乡和安家镇两个五常大米核心产区建设了京东农场。京东农场首次亮相于2018年4月，由京东×事业部牵头，旨在与合作企业共同创建智慧农业共同体，通过建设现代化、标准化、智能化农场，结合京东物流与仓储的强大实力，实现直接从田间到餐桌的"京造"模式。回到前面的问题，京东将物联网、区块链、大数据等技术综合到一起，打造了现代化的农业智慧供应链。

京东将五常大米遇到的问题归结为"消费者如何能吃到保真且有品质的五常大米"，针对"保真""有品质"逐个击破。首先，制定适合五常大米的京东农场的生产和管理标准，从农场环境、种子育苗、化肥农药使用到加工仓储包装等全流程进行规范和标准，以保证农产品的安全和品质。京东农场借助京东物流的强大配送实力，实现"从农场到餐桌"的"一站式"销售，省去中间商赚差价，京东农场让农民真正实现了增收致富。其次，借助物联网设备建设全程可视化溯源系统，精准观测农业生产种植和加工仓储环节，实现对农业自然环境、农事行为和农业投入品的实时监管，促进农场生产可视化、流程透明化，进一步运用区块链技术把所有种植和生产关键环节完全呈现给消费者。

在需求端，京东的品牌为五常大米提供了背书，这与京东的日常品牌建设努力不可分割。在京东农场出品的农副产品包装上，消费者可以看到专属的"一物一码"，手机轻轻一扫即可获得全程溯源数据。此外，有京东农场监控和监管的农产品才可以进入京东线上专属平台销售，这种"限量"和"专属"让消费者买得放心，吃得放心。京东农场从供给和需求两侧解决了五常大米供应链面临的问题，实现了农业企业与消费者"双赢"的可喜局面。

京东农场不仅激活了黑龙江五常大米，还有内蒙古呼伦贝尔呼垦源芥花油、内蒙古蒙清小香米、河北辛集皇冠梨以及陕西黄陵桥山红苹果等优质农产品，针对我国当前农产品市场缺信任、缺标准、缺技术、缺品牌、缺销路的问题，运用智慧技术逐个击破，证明了智慧农业共同体是农产品供应链发展的必然趋势。

● **结合案例分析**
1. 京东农场的建设用到了哪些智慧型技术？
2. 京东农场是如何利用智慧供应链来帮助五常大米摆脱销售窘境的？
3. 查阅资料，举出一些其他利用智慧物流或智慧供应链解决企业发展困境的实例。

实训演练

1．实训目的

通过本次实训,能够深入理解智慧物流与智慧供应链管理的核心理念,掌握相关技术和工具在物流领域的应用,提升实际操作能力和问题解决能力。具体目标有以下几点。

(1)熟悉智慧物流系统的基本构成和运作流程。

(2)掌握智慧供应链管理中数据分析和优化的方法。

(3)培养在复杂物流环境中进行决策的能力。

(4)增进对物流行业发展趋势的认识。

2．实训方式

本次实训采用线上线下相结合的方式,通过案例分析、模拟操作、小组讨论与实地考察等多种形式进行。

线上部分:利用物流仿真软件进行模拟操作,学习数据分析工具的使用。

线下部分:参观智慧物流中心,实地了解现代物流运作,结合案例进行小组讨论。

3．实训内容及步骤

(1)线上模拟操作。

①引入智慧物流概念,介绍物流仿真软件的基本功能。

②学生分组,每组选定一个物流场景进行模拟设置。

③在软件中进行物流流程设计,包括订单处理、库存管理、配送规划等。

④运行模拟,收集数据,分析物流效率和成本。

⑤根据分析结果调整物流策略,优化模拟效果。

(2)线下实地考察与讨论。

①前往智慧物流中心,参观现代化仓储设施、自动化分拣系统等。

②听取企业专家关于智慧物流实际运作的讲解。

③分组讨论:对比模拟操作与实际物流中心的差异,探讨智慧物流的挑战与机遇。

④案例分析:选取近年物流行业的创新案例,分析其中的智慧供应链实践。

⑤小组汇报:总结讨论成果,提出改进建议或创新方案。

4．实训结果

通过本次实训,能够独立完成智慧物流系统的模拟设计与优化;对实际物流运作有直观的认识和深入的理解;能够运用所学知识分析物流问题,提出合理的解决方案;增强团队协作能力和沟通表达能力。

智慧物流系统与智慧供应链系统构成

学习目标

1. 知识目标

掌握智慧物流系统的主要功能和特征,能够准确区分传统物流与智慧物流。

深入了解智慧物流系统的各个组成部分,包括其硬件、软件及信息技术在物流运作中的具体作用。

理解智慧供应链系统的协同及层次结构,认识各层级之间的相互关系和影响。

熟悉智慧供应链系统的功能模块与构成要素,能够阐述各要素在提升供应链效率中的作用。

2. 技能目标

能够运用所学知识,分析具体企业物流系统中存在的问题,并提出基于智慧物流的解决方案。

具备配置和优化智慧物流系统的能力,包括选择合适的物流技术和设备,以提高物流运作效率。

掌握使用智慧供应链管理工具和方法,进行供应链协同管理和风险控制的技巧。

具备通过数据分析和信息技术手段,持续监测并改进智慧物流与智慧供应链性能的能力。

3. 素养目标

培养创新思维和学习能力,以适应智慧物流与智慧供应链领域的快速发展变化。

提升解决实际问题的能力,面对复杂问题时能够采取系统化、创新性的思维方式。

培养团队协作精神,在智慧物流与智慧供应链项目中能够与他人有效沟通与协作。

案例导入

智慧物流园区供应链系统解决方案：赋能物流运输行业供应链新模式

随着中国交通运输行业的不断发展，市场上可运输的产品类型和规模也在扩大，人们对于物流的需求与日俱增，由此，快捷、高效、可靠的物流运输成为关键，在日益数字化环境中，数字化转型和物联网兴起正在推动工业4.0，物流行业的发展也更需智能化。

一、智慧物流园区供应链管理系统：数智化赋能物流运输供应链新模式

数智化供应链作为未来十年的新基建，以人工智能、大数据、云计算、物联网等技术为代表的供应链数智化变革是当前最大的确定重塑物流运输行业的未来性与机遇。而核心的驱动力离不开技术的发展，技术作为驱动物流与供应链革新的第一要素，在调查研究物流运输产业链后，为企业带来智慧物流园区供应链管理系统，为企业供应链变革提供针对性解决方案。

1. 建设数字化集成平台，实现互联与协同

实现供应链数字化不只是引入一个数字化供应链系统，更重要的是上下游应用场景的配合。智慧物流供应链管理平台通过标准接口链接供应链上、下游系统，以集成化的园区物流供应链系统将仓储管理、订单管理、计划管理、物流结算管理等模块整合，供应链协同管理平台实现从采销、订单管理、仓储管理、运输管理、客户签收到运作、成本监管全流程的互联互通、智能协同，并将全流程的数据进行统一汇聚。

2. 双向机制交易体系，"一站式"交易闭环

降低成本和提高盈利能力至关重要。智能物流供应链平台将商品信息、在线询价管理、订单管理、支付管理、电子合同、评价体系等全流程数字化管理，园区物流供应链系统简化供采双方交易路径与实现交易智能化，帮助企业建立智慧物流供应链管理平台交易闭环，在保证运输效率的同时有效提质，降本增效。

二、数字化智慧物流园区供应链管理系统价值

1. 提升协作能力

智能物流供应链平台有效提升物流运输公司企业内部合作与外部协作能力。

2. 管理透明

园区物流供应链系统提升物流运输企业内部透明化的管理能力，执行过程与成本效益的管控。

3. 效率提升

智慧物流供应链管理平台促进企业业务流程梳理与优化，提升企业运行效率。

4. 全局掌控

智能物流供应链平台构建一体化库存服务体系，集中部署，全局视角，对物流企业管理各类业务实现全局掌握和局部协调。

物流运输行业供应链体系的数字化、智能化转型，可以解决企业物流管理难题，实现管理可视化、仓储智能运作、智能城配规划、客户可视化等功能，园区物流供应链系统让企业实现降本增效，助力业务创新、增强市场竞争力，智能物流供应链平台助力企业实现数字化、智能化转型，迈上高质量发展之路。

资料来源：智慧物流园区供应链系统解决方案：赋能物流运输行业供应链新模式. 数商云科技［EB/OL］.（2022-01-17）［2024-10-18］. https://baijiahao.baidu.com/s?id=1722168714099641629&wfr=spider&for=pc.

> **问题**
>
> 结合案例分析，有哪些途径可以进一步优化和提升智慧物流园区供应链系统？

任务一　智慧物流系统的功能与特征

智慧物流系统涉及大量先进的技术。技术在不断发展，智慧物流系统也随着计算机技术、信息技术、创新物流管理及其模式的发展而发展。基于此，本任务阐述智慧物流系统的主要功能和特征。

智慧物流系统的功能与特征

一、智慧物流系统的主要功能

如图2-1所示，智慧物流系统的功能包括七大部分，即运营感知功能、数据集成功能、分析模拟功能、决策优化功能、系统协调功能、自动反馈功能和及时修正功能。

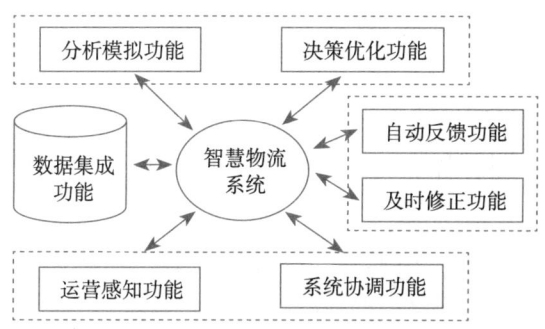

图2-1　智慧物流系统的功能

（一）运营感知功能

智慧物流系统在包括货物进出库、拣选、储存、搬运、运输、配送等运营环节采用先进信息技术对物流数据进行实时采集，以便管理者及时掌握物流货物、运输车辆、仓储、配送等工作状态，实现了智慧物流系统的自动获取。

（二）数据集成功能

基于智慧物流系统的网络层，将感知层获取的所有数据传输到数据中心或数据中台的各类数据库，依据物流业务场景和实现的业务功能对数据类型进行分类，并存储进入数据库，让各类数据按照需求进行集成。

当前物流企业都在致力于打造数据中台，数据中台就是一种物流企业进行数据与业务整合的调度运营中心，也就是把企业的所有共性物流需求进行集成抽象，建立形成平台化或组件化的集成系统能力，并以接口或组件等形式共享给企业物流业务各部门应用。数据中台的思想是一种运营的创新，是数据集成平台与业务功能的一种整合，具有柔性特征和扩展能力，能使物流数据的开放性、动态性和联系性全面实现，并帮助企业提高运营效率和创新能力。

（三）分析模拟功能

该功能就是应用各种智能分析工具、智能模拟仿真模型等来分析某个具体物流决策问题。比如，依据问题需求提出可能的诸如物流资源配置的优化方案，然后通过智能分析或实践验证方法，监测存在的问题，分析解决方案的优劣。基于数据集成平台中的历史数据支持，智能分析的模拟功能能够自动调用原有的历史经验数据，也可以根据实际需求调整，缩小与优化目标的偏差，及时查找物流作业中的瓶颈，得出适合的物流实施解决方案。

（四）决策优化功能

物流决策是指按照物流业务的预定目标，基于物流数据分析和一定的知识经验，根据相关联的客观条件、环境可能性等，确定出解决问题的若干方案，依据物流理论和优化方法从中选择一个满意的可行方案，对该方案的实施进行检查直到相关目标实现。

（五）系统协调功能

从智慧物流系统的层次架构可以看出，该系统是一个对物流运营过程进行全面集成的复杂系统。因为物流系统中各个业务功能及流程之间都是密切关联的，任何一个物流子系统或一部分物流业务都不会独立存在。因此，应考虑整个智慧物流系统的层次架构，根据物流系统的实际需求逐步整合各个子系统的智能化、智慧化过程，最终进行整体综合。

（六）自动反馈功能

物流系统中的业务不断实时更新，当运营过程中存在问题或出现意外情况时，系统会实现自动反馈，提醒管理者进行必要的控制与协调。因此，自动反馈功能在智慧物流系统的每一个环节都存在，并为物流系统各个层次的管理者提供相关的运营状态，是物流系统实现自我修正、自我完善的基础，也是及时发现问题、反馈问题和解决问题的一个重要步骤。

（七）及时修正功能

及时修正功能是指在智慧物流系统的运行过程中，系统能够自动监测并识别物流作业中的偏差或异常情况，随后依据预设的规则和智能算法，迅速制定并执行修正措施，以确保物流作业能够按照既定目标顺利进行的一种能力。

二、智慧物流系统的特征

智慧物流系统的主要特征如下。

（一）强大智能感知能力和智慧学习能力的结合

一方面，物流系统的活动涉及面很广，包括时间上、空间上的货物监控、跟踪和控制以及资源协调，这些活动都很复杂。尤其是随着现代物流系统的发展，物流数据量爆炸式增长，单凭早期的手工记录、凭证查找和处理信息的模式，是不可能适应目前快节奏物流管理系统的需求的。在智慧物流系统中，通过以物联网为基础的自动感知系统自动化地完成物流货物从接收、分类、分拣、装卸和配送等环节中的数据采集、接入和传输过程，大大提高了物流运作效率。

另一方面，物流系统是一种满足客户需求的服务型系统，物流运作过程就是客户需求的消费过程，因此，服务质量很重要，物流运营中的过程控制与资源整合调度需要格外关注。物流网络系统可能覆盖全国各个区域，也可能横跨全球五大洲，没有强大的信息网络系统是不可能实现监控和管理的。另外，依靠数据整合平台和大数据、云计算等先进技术，智慧物流系统不仅能够实现物流运营活动的可视化，还能实现数据的分析和预测功能。这里体现了在数据预测与分析支持下管理者、决策者的智慧能力。

（二）数据集成平台或数据中台的支持

物流管理信息系统中采集的所有数据，都要传递进入中央数据库，属于集中式数据管理。作业层中各个业务子系统都和中央数据库相连，能够及时地把基层运营中录入的或处理完的数据与其他子系统共享，同时系统分析人员也能把各个子系统发生的日常运营数据从中央数据库中按照各种需求进行实时查询提取。因为数据的格式可能不统一，例如，全球定位系统（global positioning system，GPS）和地理信息系统（geographic information system，GIS）采用空间数据，而订单处理、财务处理常采用平面数据，因此还需要进行格式转换和标准化处理，然后再进行统计汇总或进行复杂的数学计算，最后形成提供决策分析的数据。可见，数据管理功能是物流管理信息系统中的重要基础之一。

（三）全面集成性、交叉性学科的管理系统

智慧物流系统综合应用现代信息技术和现代物流管理思想，对物流设备的自动化、智能化过程应用有很大的作用。目前智慧物流系统中的很多创新管理模式与理念，都不仅是一个简单的手工业务自动化、智能化过程，而是一种基于先进信息技术的先进管理思想的实现过程。例如，计算机网络通信技术的支持可以实现信息的快速传递和共享，但物流系统实现对客户的有效快速反应，不但在于信息的快速传递和共享，更是获取信息后怎样能快速协调各个物流业务过程并进行快速反应的管理决策过程。因此，在智慧物流系统的实现与发展中结合物流业务融入创新的管理思想是必须的。

知识拓展

京东新专利揭示智能仓储未来，可显著提升效率

2024年11月13日，北京京东远升科技有限公司与北京京东乾石科技有限公司联合申请了一项名为"存取机构和仓储系统"的专利，这是京东在智能仓储领域的又一重要进展。专利的核心在于设计一种新型的存取机构与仓储系统，此系统旨在通过高效的存取方式，提高仓储作业效率，从而推动整个物流行业的发展。

根据专利文档的摘要，存取机构由安装座、安装件、挪箱机构和存取驱动机构组成。其中，挪箱机构的设计尤为突出，它包含挪箱件和支撑装置，这些组件允许在垂直方向上进行高效的货物操作。具体来说，存取驱动机构负责挪箱机构的运动，可以在两种状态之间自由切换，使得挪箱件在展开时可以靠近货箱，从而更方便地进行货物的存取，而在收起状态下则能避免与货箱发生干扰。这种灵活的设计极大地提升了仓储管理的自动化水平。

在用户体验方面，这一技术创新意味着在实际操作中，仓库工作人员与设备的互动将更加方便和智能化。现有的仓储系统往往因货物的堆放位置和设备的操作而导致效率低下，而京东的新专利通过精确的机械运动与智能化的控制系统，将减少人力成本和操作误差，提升整个仓库的运转效率。而且，这一系统的设计不仅适用于京东自家的物流配送，还可以适应其他企业的仓储需求，显示出广泛的市场潜力。

资料来源：京东新专利揭示智能仓储未来，可显著提升效率. 搜狐网［BE/OL］.（2024-11-13）［2024-11-17］. https://www.sohu.com/a/826263752_121924584.

任务二　智慧物流系统的组成

考虑到物流系统是客户服务需求的一个拉式系统，智慧物流系统的组成可以包括智慧订单管理子系统、智慧运输管理子系统、智慧仓储管理子系统、智慧加工配送管理子系统等几大部分，各部分最后靠智慧物流信息子系统进行集成。显然，这些子系统在智慧物流系统中不是独立存在的，而是相互衔接、相互协同、相互配合的，共同实现物流中货物的采购、出入库、库存、调拨、运输配载、配送等各个环节的无缝衔接管理，完成各运营环节之间的顺利调度与控制。

智慧物流系统的组成

下面按照智慧物流系统的组成，分别介绍智慧订单管理子系统、智慧运输管理子系统、智慧仓储管理子系统、智慧加工配送管理子系统和智慧物流信息子系统。

一、智慧订单管理子系统

智慧订单管理子系统的功能主要包括客户订单生成、订单处理、订单准备、按订单送货等。具体的业务运营过程是获取客户订单,录入信息,检查客户信用与货物情况,依据客户的信用和货物状况处理延迟订单或确认、修改、中止订单,同时确认运输工具、装运地点并生成运输单据或拣货单,将客户订单发送至仓储部门或配送部门,还需不断查询客户订单状态或处理退货业务。

在客户订单处理过程中,运营层会采用各类感知设备自动获取客户的信息,并同步连入网络传送至智慧物流系统。同时,传送至系统的客户订单的处理进度需要实时反馈给客户,保持信息的透明性,跟踪客户需求的可能变化,并随时与运输、仓储、配送等运营部门协调合作,实现高效的运输资源配置、货物情况检查及配送调度的监控与反馈修正。战术层借助各种与客户相关的数据库系统,对客户订单完成率、配送完成情况、订单延迟、退货情况等运作状态数据进行汇总、统计与分析。战略层则关注客户订单的需求分布趋势、客户信用检查、合同分析、完成订单所需的资源调度与资源使用情况等,这些借助于大数据、云计算等技术或算法来实现。表2-1是智慧订单管理子系统的应用分析。

表2-1 智慧订单管理子系统的应用分析

运营层应用	战术层应用	战略层应用	互联互通应用
订单生成 订单处理 订单准备 按订单送货	发货单审核 订单完成率 存货配送 延迟订单和退货	客户订单分析 客户信用检查 合同分析 订单资源调度与使用	与客户、运输部门(承运商)、仓储部门、财务部门等的信息交互

显然,客户的订单处理速度是很重要的,智慧订单管理子系统中及时获取数据、实时传递与共享信息可以有效压缩订单的处理时间。进一步对客户订单、客户信用及物流资源进行分析,制定出可行的、完善的订单资源完成方案,这样可以及时满足客户需求,大大提高客户服务水平。

二、智慧运输管理子系统

智慧运输管理子系统属于物流系统中的流动环节,会受到运输距离、运输方式、运输时间、运输成本及运输环节等各个要素的影响。智慧运输管理子系统的运营层主要包括运输需求感知、运输实时信息查询、运输调度安排、运输货物跟踪与运输费用结算等功能。货物借助各种运输工具在全国甚至全球各地流动,因此,需要北斗系统、地理信息系统、通信网络系统等联合作用,才能对运输工具状况、经过区域的交通状况、地理信息、货物信息、运载能力信息和费用信息等进行自动采集和传递。运输资源调度与安排是指通过对货物信息的来源地、所经地、目的地等进行查询,分析选择适合的运输工具,匹配所需运力,关注时间响应性,即货物运输开始的时间和到达时间等,同时,通过GPS、GIS等对在途的货物状态进行监督和控制,以应对紧急情况,避免损失。表2-2是智慧运输管理子系统的应用分析。

表 2-2 智慧运输管理子系统的应用分析

运营层应用	战术层应用	战略层应用	互联互通应用
运输需求感知 运输实时信息查询 运输调度安排 运输货物跟踪 运输费用结算	运输服务能力分析 运输配载计划分析 运输费率与成本分析 运输报警分析	承运商评价分析 运输合作联盟 运输网络系统 运输模式优化 运输成本效益分析	和承运人、采购部门或市场部门、仓储部门、客户及其支持服务商等的信息交互

从表2-2可以看出,智慧运输管理子系统中的战术层应用主要包括运输服务能力分析、运输配载计划分析、运输费率与成本分析等。这里的服务能力分析是指对承运商日常运营情况、服务水平的反馈和总结。运输配载计划分析主要针对货物流向,考虑货物的路线选择和各种运输工具的实载率情况进行货物合并和配载决策,以便进行货运配载计划的制订和相应运输效率的测定。运输报警分析对运输中出现的问题、突发事件和不合理运输等进行分析,平衡成本和服务质量,并通过运输统计分析、运输成本效益分析实时配备合适的运输能力,来不断提高运输管理的效率。战略层主要包括承运商评价分析、运输合作联盟、运输网络系统与运输模式优化等。事实上,运输模式选择决策要确定是自己运输还是外包、还是部分自己运输部分外包。显然,若选择外包(或者部分外包),对承运商的选择评价就是另一个重要决策。承运商的选择评价是指在企业决策物流运输外包后,选择承运商合作的高层决策过程,大的企业和承运商一般会形成企业联盟或合作伙伴关系。智慧运输管理子系统需要和外部承运商、企业内采购部门或市场部门、仓储部门、财务部门进行各类数据共享。

智慧运输管理子系统通过各种感知技术、信息传递技术等来生成运输过程中的所有相关信息,如运输单证、提货单、路径信息等,实现这些功能需要移动通信、GPS、GIS等的配合。

三、智慧仓储管理子系统

智慧仓储管理子系统的目标是掌握仓储中出入库、分拣、库存及库存量变化情况,同时还包括仓储作业记录、分类物资情况、库存管理、用户库存控制服务等,表2-3是智慧仓储管理子系统的应用分析。

表2-3　智慧仓储管理子系统的应用分析

运营层应用	战术层应用	战略层应用	互联互通应用
出入库管理 拣选处理 出库包装管理 仓储盘点管理	仓储调度管理 库存ABC分析 库存管理 库存成本控制	库存服务水平分析 库存需求预测分析 仓储模式设计 库存周转率分析	和采购、市场、运输等部门的信息交互；与生产运营部门、销售、配送等部门的计划协调

战术层涉及的应用包括仓储调度管理，即一定仓储面积情况下仓容的利用率决策问题，储货方式有多种，如分类储存、按照货物的订单体积指数（cube-per-order index，COI）原则储存等。其中COI指储存货物的进库、出库数量和其储存空间的比值。合理的储存方式和储存定位方式，可以有效节约存取、查找和存放货物的时间，提高运作生产率，降低成本。另外，合理的储存需要对存货按照货物价值和数量进行ABC分析，对重要存货实施连续性的监控和管理，对次要存货实施周期性的监控和管理等。库存管理就是决策订货策略、补货方式、最低库存量和最高库存量、安全库存量及库存盘点控制。所有控制与管理活动都是为实现库存成本的合理化，采用智慧仓储控制系统可以自动实现仓储中一旦发生货物的进、出、存等活动，就能自动进行数据获取、传递、统计与反馈和控制的过程。

战略层的应用包括库存服务水平分析，这是面向外部衡量管理水平的一个标准，包括产品服务水平、订单服务水平和周期服务水平，用于评价库存系统在满足客户需求方面的性能。这些指标的测量都是对下层作业系统和中层状态控制的数据进行汇总分析、预测得出的。尤其是诸如京东这类零售仓储，因为市场波动，需求常常是不确定的，库存量的预测、订货点的确定及在一定客户服务水平基础上安全库存量的确定，都需要进行分析和预测。进一步，面向企业内部的高层决策首先是仓储模式的设计，也就是决策自建仓储还是外包、仓库的定位和布局、仓储的经营模式是集中还是分散等。库存周转率分析是库存内部管理人员衡量其管理水平的一种标准，库存周转率越高，说明资金周转越快，管理水平越高。同时，库存周转率也常用来比较同行业不同企业之间的库存管理水平，高的库存周转率往往意味着高的库存投资回报。

仓储作业需要频繁地处理大量数据，如货物数据、存放货架数据、进出货物调度数据等，因此，基于物联网的自动感知技术（如条形码、射频技术、传感器等）对加速数据输入输出处理起到很重要的作用。同时，基于智能设备的库存控制、分析和调度决策在库存优化中也至关重要。

四、智慧加工配送管理子系统

智慧加工配送管理子系统常常具有智慧仓储管理子系统的功能，且随着功能的不断拓展，在配送中心还实现一些简单加工等功能。因此，本任务把加工与配送集成在一起来阐述。表2-4介绍了智慧加工配送管理子系统的应用分析。

表2-4 智慧加工配送管理子系统的应用分析

运营层应用	战术层应用	战略层应用	互联互通应用
订货处理	订货管理	订货预测分析	和供应链上游的联系
货物进出处理	供需匹配分析	联盟合作分析	和供应链下游的沟通
货物分拣处理	配送运营计划	管理流程设计	和第三方物流承运商、
货物加工处理	配送调度与控制	配送网络设计	外部其他组织等的沟通
货物配送处理	配送成本控制	成本战略分析	

智慧加工配送管理子系统的运营层应用主要根据客户的需求提供订货处理、货物进出处理、货物分拣处理、货物加工处理与货物配送处理等功能。这里的订货处理主要解决配送中心和其上游生产商或供需链上销售商的关系；货物的进出处理类似于智慧仓储管理子系统的相关功能，因为进入配送中心的货物一般都需要通过分拣设备，按照产品流向或产品类别送至配送区或加工区。进入加工区的货物要根据加工要求（例如，要求是产品包装）、加工时间限制，通过一系列的加工流程来完成加工处理的任务，然后再进入配送区。进入配送区的货物根据配送目的地和承运工具、送达时间等条件来进行配载派车。

战术层上的订货管理是指在决策支持需求中的订货预测分析基础上，根据实际约束实施配送中心的补货控制决策，即什么时候订货、订多少货物，以便实现供需匹配。配送运营计划与调度管理针对的是配送中心已经设计的作业流程，根据实际货物到达量，制订配送运营计划，分配调度资源。配送中心作业量大，时间要求严格，灵活地进行作业调度是必须的。配送是供需链上一个重要的周转环节，目标就是降低货物运输流动的成本。因此，智慧加工配送管理子系统中的中层控制是很重要的。战略层上的订货预测分析、联盟合作分析都涉及与上游供货商的协同战略，管理流程设计、配送网络设计与成本战略分析等都是企业内部的长期决策。为了实现这些战略目标，需要实时监控配送中心每一时间周期内货物进出、储存、加工、配送等各个环节的成本，以便实现资源配置的最优化。

智慧加工配送子系统有很多类型，如零售业配送中心、制造业配送中心、区域型配送中心或者流通中转配送中心等，不同类型的配送中心其可能的业务流程、运作方式和运作目标均不一样，但需要感知、采集、传递及分析的基本信息、控制信息和决策信息基本相似，都需要强大的智慧物流信息子系统来支持。

五、智慧物流信息子系统

智慧物流信息子系统是智慧物流系统的重要组成部分，它将前面各个子系统，如订单、运输、仓储、加工配送等物流活动连接起来，即各种物流信息支持着各个子系统中各项功能活动，将对所获取的信息、数据与分析得出的知识加以处理和利用，贯穿于物流各子系统业务活动中,进而进行优化和决策。因此,智慧物流信息子系统不是一般的信息系统,它是把物流、资金流集成为一体的具有智能的神经系统,是智慧物流系统中"遍布全身"的神经元系统。也就是,智慧物流信息子系统依靠射频识别技术、条码技术等感知信息技术获得物流系统中各作业环节的数据,然后通过网络进行数据传递及发布(信息传递),运用大数据、人工智能等处理数据给出各种优化实施方案。同时,还借助自动跟踪技术实现对产品从生产、运输、配送直至消费的全过程监控,以便及时发现问题,进行反馈与修正。

图2-2给出了一个全面集成的智慧物流信息子系统概念模型。从这个概念模型可以看出一个全面集成的智慧物流信息子系统从水平视角应集成物流系统中各个不同运营功能的信息流,包括客户订单、运输、仓储、加工与配送及其客户管理、上下游合作管理等。

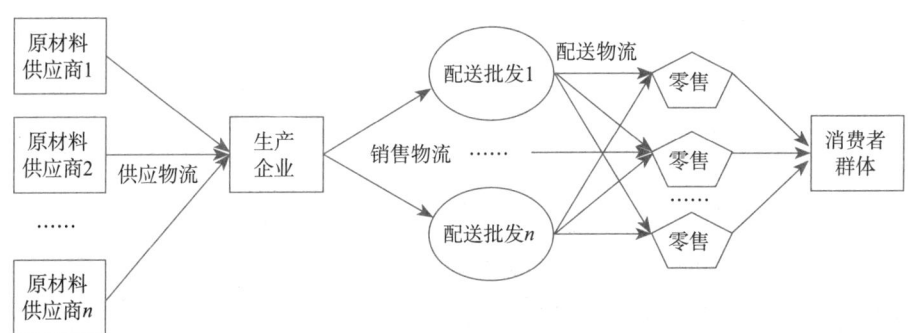

图2-2 全面集成的智慧物流信息子系统概念模型

任务三 智慧供应链系统的协同与层次结构

物流是供应链的一部分,物流系统就是供应链系统中的一条大动脉。从理论视角来看,供应链系统是物流系统的拓展;从实践视角来看,供应链系统是物流系统的进一步集成化。任何一个企业或组织都存在于一个或多个供应链系统中,与链上其他成员存在物流、信息流、资金流等活动。本任务基于智慧物流系统的体系架构,阐述智慧供应链系统的协同及层次结构。

智慧供应链系统的协同与层次结构

一、从智慧物流到智慧供应链的协同思想

供应链上的成员通常有多个上游和下游,这就使得供应链的链式结构互相关联与交错组成了供应链网络。这种网络结构内部包含物流系统的各个功能要素,如运输、仓储、配送等,这些功能同处在一个大物流系统中,各个企业都有各自不同的利益。虽然它们在物流全过程中都需要通过获得利润而生存,但这些物流功能要素之间往往存在效益背反的现象,即各物流功能之间会存在各种利益冲突,这就需要物流决策者在这些相互联系的主要

功能要素之间权衡利弊，协调关系。

由此可知，供应链管理是在物流系统功能实施基础上的协同管理，其最早的实践是宝洁公司在20世纪80年代开发出一套自动补货系统，来满足一家超市中尿布的补货需求。该补货系统在超市试用后效果显著，宝洁公司又与沃尔玛公司、凯马特公司合作打造了一套协同规划、预测和补货（collaborative planning forecasting and replenishment，CPFR）系统。随后，很多企业意识到市场需求剧烈波动，实现供应链的自动补货管理很有必要，保证供应链各环节协同作业非常重要。因此，供应链的自动管理系统开始大量推广。

显然，在市场激烈竞争与跨界融合频繁发生的现状下，企业单兵作战很难取得优势。供应链系统中的企业为了应对激烈的市场竞争和快速变化的消费需求，必须和上下游企业构建长期、密切的联盟合作关系，戴尔、惠普等电子产品企业在实施供应链协同方面就是典范，它们和上游企业共享相关的生产计划、技术、资金等来满足客户的需求。因此，供应链系统上越来越多的企业认识到，目前的竞争不再是企业间的竞争，而是链与链之间的竞争。以消费者为核心的供应链不可能以牺牲产品本身的质量、生产过程等为代价来降低成本，而是应该通过供应链系统的协同来强化上下游企业之间的协作能力，从而降低交易成本，提高客户的满意度。

供应链系统的协同是指供应链系统的上下游企业间协调制订且实施相关计划，共担风险来保证合作各方协同配合，以提高价值共创能力。也可以是，供应链系统中两个或多个企业为了实现统一的战略目标，建立战略网络联合体。可以看出，要实现供应链系统的协同需要通过先进信息技术的支持，协调链上各方企业的步调，以便减少库存，降低供应链成本，提高客户满意度，取得市场竞争的优势，达到"双赢"或"多赢"的效果。

然而，供应链系统庞大且复杂，链上每个企业都有自己的相对独立性，都以追求自身利益最大化为目标。在上下游合作过程中，它们可能为了自己的利益而不顾链上整体利益，影响整个供应链系统的运作与绩效。

影响链上整体利益的因素主要有以下几个方面。

1. 供应链上的信息共享问题

牛鞭效应是供应链管理理论提出的基础，因此，供应链协同的最基础保障就是链上企业之间的信息共享。例如，在供应链的牛鞭效应下，制造商仅仅能够获得下游批发商、零售商的产品订货信息，但不能了解市场的销售信息、链上各个环节的库存信息及消费者信息等，则其在生产计划、生产调度及其排产和满足消费者需求等方面就会出现很大的偏差，导致供应链上各个节点库存积压风险，使得供应链成本大大增加。宝洁公司最早开发的自动补货系统可以实现供应链上制造商（宝洁公司）直接获取下游企业的零售信息、库存信息等，保证了企业间信息的透明化与可视化，这样就能帮助宝洁公司等制造企业合理安排生产，提高库存周转率，为整体供应链系统中的企业带来更高的绩效回报。

2. 供应链上面临的不确定性问题

目前环境变化很快，如需求不确定性、供应不确定性或不可抗力的不确定性等，这些给供应链系统中不同企业之间的协同带来挑战。一个供应链系统中存在很多不同类型的企业。例如，位于中国厦门的戴尔工厂，其上游的供应商分别位于全球不同的国家，芯片来自美国的AMD或英特尔公司，显示器来自日本，键盘来自中国广东等，从这些位于全球不同地理位置的供应商处订购零部件，订购提前期有的长达一个月，有的需要一周，而从广东运输键盘仅需一天。协调这些不同供应商及它们之间的不同运营模式，还可能存在很多不确定性，例如，海运中的产品破损、台风等，协调的难度会大大提升。

3. 供应链上不同主体的利益冲突问题

供应链上不同的企业是独立的个体，都有自己的利益最大化目标。在供应链协同中，发生利益冲突，从而导致供应链协同断裂是常见的现象。因此，供应链上的企业需要从长期发展、战略发展的视角出发，考虑链上的利润关系、合作关系，这样在小的得失面前才能放下个体利益，实现供应链的协同。

事实上，实现供应链的协同需要构建智慧供应链系统，即构建自动化、信息化与智能化的信息系统，构建强大的数据系统，引入先进的网络设施与自动化设备等。显然，先进信息技术在供应链协同中具有关键的支撑作用，然而，也不是说强大的信息技术、智能技术就一定能让供应链的上下游企业实现协同运作，这只是一个技术支撑，还需要考虑供应链上利益分配与协调机制的作用，才能实现协同目标。

知识拓展

新质引领　链创未来

2024年7月10日至11日，由中国物流与采购联合会（以下简称"中物联"）主办，中物联公共采购分会、中物联采购与供应链管理专业委员会共同承办的"第五届国有企业数智化采购与智慧供应链论坛"在北京成功召开。

中国能源建设股份有限公司（以下简称"中国能建"）供应链管理部采购管理处相关负责人表示，中国能建全面贯彻国家政策，制定"'十四五'供应链发展规划"，推动供应链管理数智化转型。采用标准、数据、架构、应用、管理"五统一"的设计理念，运用"云、大、物、移、智、链"技术，基于公司"一张网、一朵云"信息高速公路建设了包含能建客商、能建云采、能建云商、能建云造、能建云运、能建云仓、供应链运营中心等平台的"6P1中心"供应链管理一体化平台，实现对供应商、需求和采购计划、招标采购、合同、订单及履约、结算、供应链金融、物流、仓储、催交、监造、执行监控和分析等供应链模块"一站式"管理，穿透式、融合式管理。

资料来源：新质引领　链创未来——第五届国有企业数智化采购与智慧供应链论坛在京召开. 华盛通［BE/OL］.（2024-07-12）［2024-11-18］. https://www.hstong.com/news/detail/24071223162785574.

二、智慧供应链系统的层次结构

智慧供应链系统主要包括三个层次。底层是以自动化为基础的运营层，中层是以数字化为基础的战术层，顶层是以智慧化为基础的战略层。

（一）自动化的运营层

智慧供应链的运营层事实上也就是智慧物流系统应用层中的感知层。该层次主要是基于物联网、智能感知技术、数据获取技术、自动物流设施等完成物流活动中最基本的业务活动，包括货物的出入库、仓储拣选、上架、库存、理货与盘点、简单加工、运输与配送等一系列物流运营功能，其中各种自动化设备、互接互联网络等可实现货物的自动识别、传递与监控、追溯等功能，另外，通过本层次各种自动化的数据获取与传递，可以获取到物流活动中的基本数据及运营数据，从而构建出各种各样的物流信息系统数据库，如仓储数据库、运输调度数据库、零售订单数据库等，它们是战术层和战略层进行分析与协调调度的数据基础。

（二）数字化的战术层

数字化的战术层，由把底层运营层相关一系列物流功能进行信息集成的物流信息系统组成，如制造业的企业资源计划（enterprise resource planning，ERP）系统、订单管理系统（order management system，OMS）、仓储管理系统（warehouse management system，WMS）、运输管理系统（transportation management system，TMS）等。这些系统在供应链上的一个局部范围内进行纵横方向的信息集成，例如，WMS可以全面集成一个仓储中心内的所有物流运作信息，并与上游供货商、下游零售商之间建立关于订货、配送等相关信息交换。在智慧供应链系统中，为了实现供应链的协同，以前独立的各个信息系统开始进行集成，例如，宝洁公司的信息系统与沃尔玛公司的订货系统进行连接，实现自动补货功能。因此，通过这些物流信息系统的互联与信息协同，可以实现订单自动驱动转入仓储中心，实现仓储的自动分拣；也可以实现订单自动进入制造企业，实现智能排产与生产计划的优化；还可以自动针对运输的资源进行动态调度，实现配送路径的优化。总之，这些物流信息系统支持下的供应链协同可以很好地满足消费者的个性化需求，一方面实现快速响应，另外一方面为企业降低成本。

（三）智慧化的战略层

智慧供应链系统的最上层是战略层，该层次的主要应用对象是企业的高层管理者，故智慧供应链的支持主要表现在预测分析、决策规划、模拟分析、供应链联盟等方面。采用大数据、云计算、人工智能、机器学习等技术一方面对物流链上所有流动的原材料、半成品、产成品，物流资源如运载工具、场站、各种自动化设备等进行可视化识别，实现信息透明化、信息共享与快速准确的跟踪监控；另一方面基于下面两层采集的数据与二手数据，从智慧采购、智慧制造、智慧运输、智慧仓储与智慧信息平台控制等方面实现物流资源调配、模拟分析与数据中台的协调控制及资源利用的预测与计划等。

任务四　智慧供应链系统的功能与组成

一、智慧供应链系统的协同功能

智慧供应链系统的协同功能可以分别从运营层、战术层和战略层三个层次来阐述，如图2-3所示，其中最下面一层是运营层的协同，该层针对物流系统中的各项物流活动，如运输、仓储、配送、流通加工等进行精准控制与协调，提高物流的效率，降低成本，提高客户服务水平。第二层是战术层的协同，主要作用是上通下达，充分贯彻战略层的战略方针，制订出使得供应链上下游各个企业之间协调一致的计划，通过计划、调度与控制充分利用各类资源，实现利润最大化目标。最上面是战略层的协同，站在长期发展的角度，制定具有长远规划的供应链协同战略，如实现供应联盟、资源协作联盟等，目标是实现供应链企业多赢。

智慧供应链系统的功能与组成

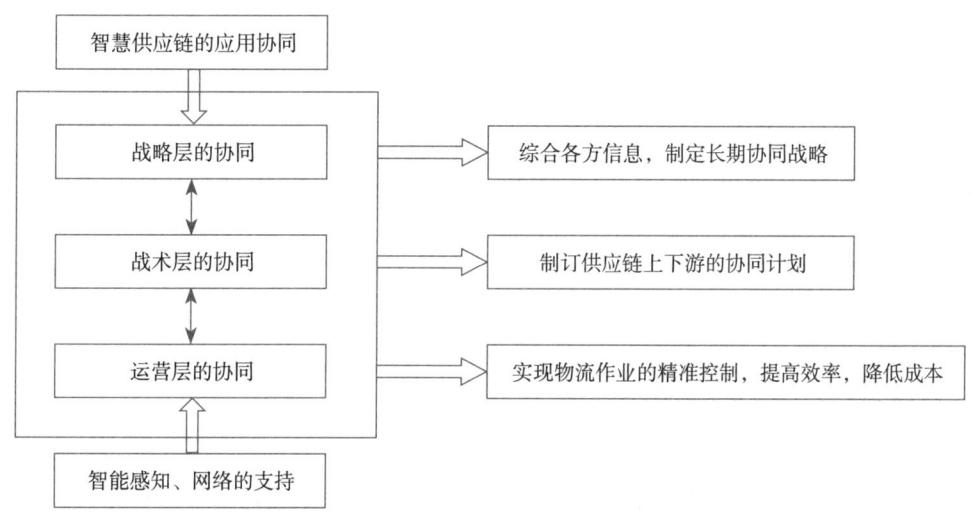

图2-3　智慧供应链系统的协同功能

智慧供应链系统中的协同要素，主要有以下几个方面。

（1）供应链结构规划的协同。供应链结构规划就是构建供应链的网络，包括链上都有哪些成员，成员之间的链接关系及链接的复杂程度等链长、链宽的结构设计。

（2）供应链网络参数优化的协同。供应链网络中包括设施选址优化、干线及支线的布局、仓储设施的布局优化及库存采购策略优化等。

（3）供应链企业间关系的协同。供应链企业间关系协同包括链上交易的各个企业之间或渠道之间的收益分配机制、激励与风险分担机制、契约机制与保障机制、信任与合作机制等问题的协同。

（4）物流功能活动的流程协同。物流功能活动的流程协同就是各个物流活动之间的无缝衔接，包括物流订单接收、调度、配送及自动补货、产能配置、拣选与库存等问题的协同。

（5）供应链信息系统的协同。供应链上涉及很多企业内部信息系统和跨企业的信息系统，这些信息系统通过链上企业之间的工作流协同建模、商业交易信息的互联互通及消费者需求预测的信息分享等进行协同。

事实上，基于人工智能、大数据等先进技术的智慧供应链系统就可以更好地实现链上各方的协同，这种协同对供应链上企业具有以下作用。

（1）快速响应个性化、多元化的客户需求。目前电子商务飞速发展，电子商务销售产品的长尾特性使得消费者的选择面很宽，但产品之间的竞争也越来越激烈，导致产品的更新换代周期大大缩短。智慧供应链系统中，通过各种智能技术的深入应用，能够获取大量消费者的需求数据、个性化或多元化的偏好数据。通过供应链中台在链上及时共享消费者的需求数据，实现供应链协同，可以快速响应消费者的需求，降低成本。

（2）实时监控以提高服务水平。在智慧供应链系统的数据中台上，可以实现对产品的原材料采购、设计研发与制造生产、促销与销售、订单支付、产品配送与售后服务等全生命周期的反馈、监控与控制，可以及时发现问题，以便通过不断调整来提高服务水平，实现增效降本的目标。

（3）实现链上企业资源优势互补。智慧供应链系统中上、下游企业之间通过数据中台建立合作关系后，不仅在需求信息、监控与反馈控制方面能够进行协同，在资源分享方面也可以优势互补，实现资源合理利用的协同，保证各个企业能够发挥各自领域内的领先优势，建立联盟、相互合作，获得多赢的结果。

二、智慧供应链系统的组成

以供应链管理理论为核心的智慧供应链系统是指供应链上企业之间为了实现信息共享和协同，构建的以物联网、智能技术与设施、数据挖掘与大数据技术等为基础的一体化、集成系统。它不是仅局限于一个企业的内外部和相关环境，而是从整体供应链的视角来考虑，因为供应链上有很多参与企业，它们之间存在很多利益相关关系。因此，智慧供应链系统是前面阐述的所有系统的一个集成复杂的大系统。

图2-4是一个基于智能技术的智慧供应链系统。系统中的各个企业，如供应商、制造商与消费者，通过以物联网、互联互通网络技术为基础的集成信息系统或电子商务平台连接，形成集成化的供应链系统。同时，通过供应链数据中台上的云计算、数据挖掘、智能算法和大数据等技术，对供应链上所有业务进行协同计划、协同资源调度、协同控制与协同反馈修正，实现供应链上所有业务与运营活动的协同制造与物流过程，实现供应链上物流、信息流与资金流的统一。

智慧供应链系统其典型特征就是设置数据中台，也就是从不同的工作台视角，把整个

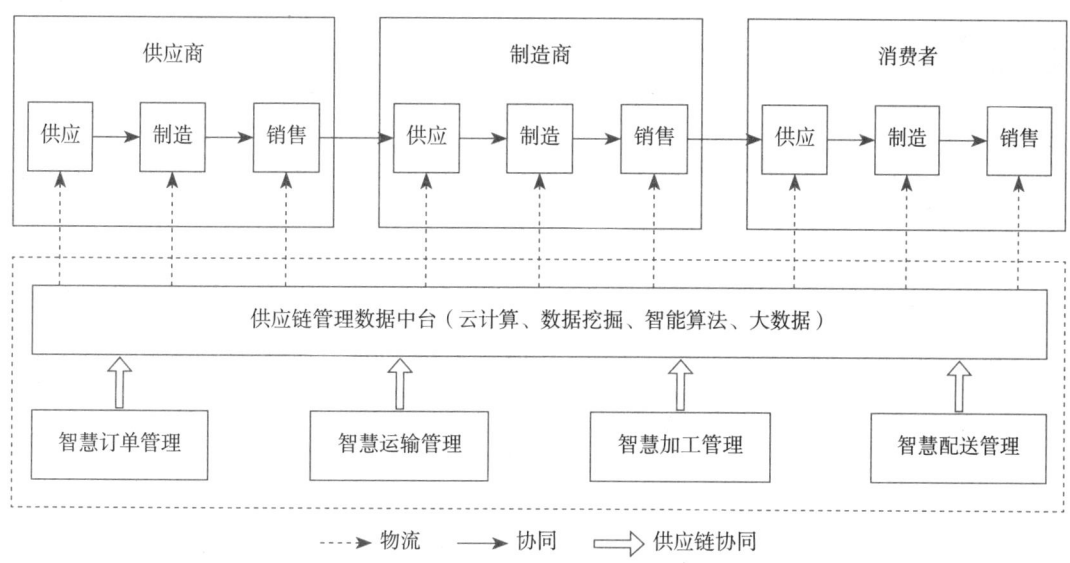

图2-4 智慧供应链系统

供应链上各个企业交易从生产计划、物料采购、合同履约、产品库存与财务结算等方面全面集成。在数据应用体系中，可设计不同的数据应用规则，应用相关优化模型、智能算法、大数据等技术，基于相关供应商、商品、订单、库存、结算、会员、运营模式等对象，通过数据架构中模型与方法和供应链上的商业模式相结合，形成链上各种业务运营的应用场景。因此，供应链数据中台中存在各种类型的工作台，其中不同的物流运营场景、不同对象的数据集合、优化模型等相互集成，面向供应链上不同的运营支持角色来完成相关工作的协同。智慧供应链系统中的数据中台，包括算法的设计和优化、大数据分析与云计算等，可以针对客户提出的各种供应链上的问题提供智能化、一体化解决方案。

项目小结

智慧物流系统包括智慧订单管理子系统、智慧运输管理子系统等。它具有七大功能，如运营感知、数据集成、分析模拟等，并依赖强大智能感知、数据集成平台及多学科交叉管理系统。该系统由物流订单、智慧运输、仓储、加工配送等管理子系统组成，通过智慧物流信息子系统集成。

智慧供应链系统包括自动化运营、数字化战术和智慧化战略三层，运用云计算、数据挖掘等技术实现供应链业务的协同计划、资源调度、控制与反馈修正，统一物流、信息流与资金流。

> **关键概念**
>
> 智慧物流系统　智慧物流信息系统　供应链协同　智慧供应链系统

思考题

1. 智慧物流系统的层次架构是怎样的？
2. 相较于传统物流系统，如何理解智慧物流系统的功能？
3. 思考传统物流系统与智慧物流系统在组成方面的区别。
4. 智慧供应链系统的层次结构与供应链的协同是怎样的关系？
5. 智慧供应链系统是如何实现其系统功能的？

案例分析

顺丰科技聚焦数字化发展趋势　升级智慧供应链管理服务

随着数字化时代的到来，数据科技几乎成为所有行业经营引擎的关键燃料，智慧供应链则已成为产业发展的必备技术底座。顺丰科技借助沉淀多年的技术应用经验，不断丰富完善智慧供应链解决方案，助力行业客户实施供应链重塑，持续打造智慧供应链生态圈，助力多个产业的供应链数字化与智能化发展，共同走上转型升级发展之路。

顺丰科技自主研发的智慧供应链创新成果——"丰智云"产品体系，包含丰智云·塔、丰智云·策、丰智云·链三个部分，可覆盖整个供应链从战略规划、计划、执行到控制的整个闭环体系，助力企业构建端到端、持续发展的智慧供应链，来实现"看得见"的降本增效，得以在商业模式裂变时代赢得先机，构筑更有优势的未来竞争力。在应用过程中，丰智云·塔作为"控制塔台"提供事前预警、事中监控和事后分析功能。通过根因分析后，将结果传达到丰智云·策部分进行进一步的决策模拟工作。丰智云·策在模拟环节会进行实景演练并将演练结果下发到执行，其根据执行结果判断项目闭环还是开启新一轮根因分析。而丰智云·链则是为客户搭建一体化、数字化物流供应链基座，提供端到端解决方案，打通产、供、销跨体系协同，管理交付风险、实现仓配业务闭环、数据贯通，最终在企业的业务增长中起到了关键作用。

目前，顺丰科技"丰智云"系列产品已在医药、汽配、快消零售等行业帮助国内外企业完成了供应链数字化升级，助力其在供应链监控、仓储、物流日常运作方面实现数字化，支撑企业从预测与库存决策、商品履约体验等都获得大幅提升。此外，"丰智云"通过数据分析和算法优化，不仅提高了供应链的运营效率、加速了现金周转、提高了履约质量和服务水平，还加强了企业的战略决策能力和市场竞争力。

顺丰科技作为智慧供应链领域的"行业先锋",未来将通过深度挖掘和分析市场需求、供应商信息以及客户反馈等数据,帮助企业更好地预测市场趋势,实现精准预测、智能决策、透明管理、协同优化等多种功能,以创新研发升级智慧供应链服务方案和产品,共同推动智慧供应链的优化与迭代,为国家经济转型升级贡献力量。

资料来源:顺丰科技聚焦数字化发展趋势 升级智慧供应链管理服务.搜狐网[EB/OL].(2023-12-22)[2024-10-18]. https://news.sohu.com/a/746217704_121019331.

● 结合案例分析
1. 智慧供应链管理包含哪些服务?
2. 顺丰科技作为智慧供应链领域的"行业先锋",如何助力其在供应链监控、仓储、物流日常运作方面实现数字化和智能化?

实训演练

1. 实训目的

通过本次实训,能够深入理解智慧物流与智慧供应链系统的核心理念,掌握相关技术在实际操作中的应用,并培养分析问题、解决问题的能力,为将来从事物流与供应链管理工作打下坚实的基础。

2. 实训方式

本次实训采用线上线下相结合的方式。线上部分,将通过模拟软件操作智慧物流与智慧供应链系统;线下部分,将分组进行案例分析和现场实操。

3. 实训内容及步骤

(1)线上模拟操作。

①教师介绍智慧物流与智慧供应链系统的基本概念、框架及关键技术。

②学生登录模拟软件,熟悉系统界面及各项功能。

③学生模拟完成一项物流订单,包括订单接收、库存查询、配送计划制订、运输执行、签收反馈等全流程操作。

④学生根据模拟数据,分析物流过程中的瓶颈问题,并提出优化建议。

(2)线下操作。

①线下案例分析。

a. 教师提供若干智慧物流与智慧供应链相关案例,学生分组选择案例进行分析。

b. 学生通过查阅资料、小组讨论,分析案例中的成功因素及潜在问题。

c. 每组学生准备PPT,就所选案例进行课堂汇报,并接受教师和其他小组的提问。

②现场实操。

a. 学生分组进入合作企业的物流中心,实地观察智慧物流系统的运作情况。

b. 学生参与现场作业，例如，使用RFID技术进行货物盘点、操作智能分拣系统等。

c. 学生记录实操过程中的心得体会，并就现场遇到的问题与解决方案进行汇报。

4. 实训结果

通过本次实训，能够熟练掌握智慧物流与智慧供应链系统的基本操作和关键技术应用，具备分析物流问题、提出优化建议的能力；增进对物流与供应链行业现状和发展趋势的了解。本次实训结束后，学生需提交实训报告，内容包括线上模拟操作记录、案例分析报告、现场实操心得以及个人总结等部分。教师将根据实训报告的质量和课堂表现对学生进行评价。

智慧物流与智慧供应链的运行机制

学习目标

1. 知识目标

掌握智慧物流与智慧供应链系统的关键特征，了解其在现代物流体系中的重要性和应用前景。

深入理解智慧物流与智慧供应链的运行机制，包括信息流、资金流、物流的协同管理与优化策略。

熟悉智慧物流与智慧供应链的组织管理机制，掌握组织结构设计、职能分工与协作、资源整合等关键知识点。

探究智慧物流与智慧供应链的创新机制，学习创新思维方法、技术革新途径及其在供应链优化中的应用。

2. 技能目标

能够运用所学知识分析智慧物流与智慧供应链的实际案例，提出改善建议和优化方案。

培养在智慧物流与智慧供应链环境中进行数据分析、资源调度和系统优化的实践能力。

锻炼在复杂供应链系统中进行风险识别、评估与防控的操作技能。

3. 素养目标

培养具备全球化视野和跨文化沟通能力，以适应智慧物流与智慧供应链领域的国际化发展。

引导自主学习，不断跟进行业最新动态和技术发展趋势。

案例导入

数智新重庆的智能物流与智慧供应链管理

数智新重庆致力于推动智能物流与供应链管理的发展，通过数字技术和创新模式，提升物流和供应链的效率、可靠性和可持续性。

首先，数智新重庆推动智能物流的发展。通过引入物联网、大数据分析、人工智能等技术手段，提升物流过程中的信息化和智能化水平。数智新重庆建立了智能物流平台，互联物流相关的各个环节，包括供应商、仓储、运输、配送等，实现全链条、多方参与的信息流和物流流程的协同。通过智能物流平台，物流企业和供应链参与者可以实时监控货物的位置、温度、湿度等信息，增强物流的可视性和追溯性，提高物流的准确性和效率。

其次，数智新重庆提升供应链管理的智能化水平。通过建立数字供应链平台，实现供应链各个环节的信息集成和共享。数智新重庆通过大数据分析和人工智能技术，提供供应链预测和优化建议，帮助企业更好地进行需求预测、库存管理和订单处理。数字供应链平台还提供了"一站式"的供应链服务，包括供应商管理、采购管理、物流管理等，帮助企业提高供应链的可靠性和灵活性。

另外，数智新重庆推动智慧配送和末端配送的发展。通过引入无人机、无人车、机器人等智能设备，实现配送过程的自动化和智能化。数智新重庆支持物流企业和电商企业使用智能设备进行配送，提高配送效率和准确性。在末端配送方面，数智新重庆推动智能快递柜的应用，在社区、写字楼等场所设置智能快递柜，方便消费者自取快递，减少配送过程中的人员流动和环境污染。

除此之外，数智新重庆加强数据安全和隐私保护。通过加密和权限控制等手段，确保物流和供应链信息的安全性和可靠性。数智新重庆还积极参与信息共享的规范制定和标准化工作，促进物流和供应链的互联互通。

总体而言，数智新重庆在智能物流与供应链管理方面取得了显著进展，通过数字技术的应用和创新模式的推广，提升了物流和供应链的效率、可靠性和可持续性。未来，数智新重庆将继续推动智能物流与供应链管理的发展，加强数字化技术的应用和创新模式的探索，为物流和供应链行业提供更优质的服务，为经济发展和可持续发展做出更大贡献。

资料来源：数智新重庆的智能物流与智慧供应链管理. 百家号［EB/OL］.（2023-12-14）［2024-10-18］. https://baijiahao.baidu.com/s?id=1785267994057191528&wfr=spider&for=pc.

问题

结合案例分析，数智新重庆的智能物流与智慧供应链管理模式潜在优势与不足。

任务一 智慧物流与智慧供应链的运行机制

一、智慧物流和智慧供应链系统的关键特征

随着智慧物流和智慧供应链系统的快速发展，其表现出了许多关键特征，总体上可分为三个方面，即智慧物流和智慧供应链系统的技术特征、

智慧物流与智慧供应链的运行机制研究

组织特征和创新特征。

（一）智慧物流和智慧供应链系统的技术特征

一是数据驱动。智慧物流和智慧供应链系统中，大数据平台是整个系统的大脑，是智慧供应链的关键所在。通过大数据技术的挖掘与处理，可以实现基于消费者数据支持的前端研发和生产，有效降低物流和供应链的反应时间，节约成本。以大数据驱动决策与执行为智慧物流和智慧供应链系统赋能。

二是互联互通。智慧物流和智慧供应链系统中的所有要素在物联网平台上实现互联互通，不仅包括供应链上所有节点企业的信息实现交互连接，还可以实现所有货物的全面多渠道连接。一切业务数字化，基于货物的动态数据实现供应链上的节点企业之间的有效互动。

三是智能操作与实时控制。通过大数据的信息挖掘和信息赋能，以及人工智能技术的应用实现机器学习，在不需要人工干预的情况下，就可以基于实际情况，作出相应的决策。通过云计算处理实时共享信息以获得相应的权限，从而应对异常情况的发生，避免损失。

（二）智慧物流和智慧供应链系统的组织特征

一是深度协同。跨集团、跨企业、跨组织之间的深度协同，能够有效减轻信息不对称带来的影响；基于智慧物流系统全局优化的智能算法，能够调度整个物流系统中各参与方高效分工合作。供应链上各节点企业基于互联网平台主动形成供应链联盟以快速响应市场的剧烈变化同时满足顾客的个性化需求，提高智慧供应链系统整体的竞争力。

二是去中心化。在智慧物流和智慧供应链系统网络结构中，供需运作不再围绕一个或几个核心企业或环节，各节点之间可以对资源进行有效重组来满足用户需求。因此，去中心化发展越来越成为智慧物流和智慧供应链系统建设的方向，有助于实现各项资源的充分整合，提高智慧供应链系统的灵活性和柔性。

（三）智慧物流和智慧供应链系统的创新特征

一是自主决策、学习提升。区块链、云计算与人工智能技术的应用有助于构建物流和供应链大脑，帮助组织在感知中决策，在执行中学习，在学习中优化，在智慧物流与智慧供应链系统的实际运作中不断升级提升。智慧物流和智慧供应链系统实现自主决策，也能够有效推动企业朝着程控化和自动化方向发展。

二是场景创新、模式创新。智慧物流和智慧供应链系统的创新就是要处理好场景的竞争，包括从电子商店到移动商店，再到云商店的场景转变。未来的智慧供应链创新将依托场景进行服务，针对消费者在不同时空的需求强化场景体验，是未来供应链商业模式创新的方向。

二、智慧物流的运行机制

智慧物流系统的运行可以从智慧化平台、数字化运营、智能化作业三个层面体现。

智慧化平台是"大脑",负责开放整合、共享协同,解决诸如大数据网络布局、人工智能决策、供应链深度协同等宏观问题,并通过综合市场关系、商业模式、技术创新等因素进行全局性的战略规划与决策,输出行业解决方案,统筹协同各参与方。

数字化运营是"神经中枢",负责串联调度,依托云化的信息系统和智能算法,连接、调度各参与方进行分工协作。这是智慧物流的物理活动,既是一切物流活动的起点,也是智慧物流决策反馈作用的终点,形成了智慧物流系统闭环。它包括了物流作业活动的运输、仓储、包装、分拣、配送、加工、装卸、回收等所有环节。

智能化作业是"四肢",负责具体的作业执行,依托互联互通、自主控制的智能设施设备,连接生产和供应。通过RFID、二维码、传感器、音视频处理等技术捕捉物流运作过程中的流体、流速、流向、流量、环境等各种基础数据参数,实现物流业务数字化。

三、智慧供应链的运行机制

智慧供应链的运行可以从底层支撑、中层运作和上层控制三个层面体现。

首先,底层的技术设备是智慧供应链运行的基础要素。在货物运输、仓储、配送、信息服务等各个环节中,通过系统感知、全面分析、及时处理及自我调整等功能实现有效控制。通过集成人工智能技术、大数据、云计算处理、传感通信技术等让货物在整个生态链实现自动化、可控化、信息化和网络化,在流通过程中获取信息,进而分析信息做出决策,使商品从源头开始被跟踪与管理。智慧供应链上各系统间的协调配合实现了企业内外部资源的整合。

其次,中层的流程运作是智慧供应链运行的关键要素。它包括从供应商到消费者整个供应链上的各个环节,主要由智慧采购、柔性生产、智能仓储、智慧物流和精准营销组成。智慧采购是通过大数据平台对消费者数据进行精准预测,真正实现按需采购,降低库存。消费者提出需求,由互联网将数据直接发送至生产商,智慧供应链平台协调各参与者进行柔性生产,满足消费者个性化需求。根据消费者需求进行分类,针对不同类型的消费者在各自适合的渠道推广个性化营销内容,实现精准营销。

最后,上层的决策控制是智慧供应链运行的决定要素。它包括资源智能调配、全局实时监控、风险自动感知以及供应链数据中台精准控制,在这个过程中永远离不开大数据、云端和算法上的整体改善和优化,也离不开供应链节点企业的深度协同和信息共享。

智慧供应链是新时代的主流技术趋势,受消费者需求驱动以及智能技术的渗透,智慧供应链更加注重核心企业与客户及供应商的信息分享和互动协同。从微观层面来看,智慧供应链借助信息技术手段,对供应链业务流程进行优化,有利于提高市场响应速度,降低企业的成本,有利于供应链透明、柔性和敏捷,各个部门之间的协作能力加强,有利于企业建立核心竞争力。

任务二　智慧物流与智慧供应链的组织管理机制

一、组织管理机制的内涵与特征

（一）组织管理机制的内涵

智慧物流与智慧供应链的组织管理机制

所谓的组织管理机制，是指复杂系统组成要素在系统内外环境作用下相互联系、相互作用所产生的促进、维持、制约系统发挥功能的运作机理和控制方式。一个企业的组织管理机制，是由企业的发展历程、业务特点、发展战略、文化背景、管理风格等共同决定的。

组织管理机制既是一整套管理工作的运行模式，也是组织管理创新的重要保障。组织管理机制决定了企业的运作机理和管理模式，进而影响组织的发展以及智慧物流和智慧供应链的创新。一方面，为了实现客户多样化需求的及时响应，需要各节点企业建立扁平化、柔性化的企业组织架构。但目前大部分企业的组织管理机制相对固化，即使有智能技术作支撑，也难以顺应企业发展所面临的动态环境，这样一来就会降低企业在智慧物流和智慧供应链创新背景下管理效力的提升。另一方面，如今企业之间的竞争已不再是单个公司之间的竞争，而是供应链之间的竞争，这就需要企业与上下游合作伙伴共同打造协同共享的组织管理机制，因此如何构建保持供应链竞争优势的组织管理机制成为重要的课题。

（二）组织管理机制的特征

组织管理是对企业生产经营活动进行计划、组织、指挥、协调和控制等一系列活动的总称，是社会化大生产的客观要求。组织管理是尽可能利用企业的人力、物力、财力、信息等资源，实现省、快、多、好的目标，取得最大的投入产出效率。因此，组织管理机制在发展过程中表现出以下三个方面的特征。

一是智能化特征。智慧技术的不断开发与完善，颠覆着企业的组织结构和模式。如今的组织管理将数据视为资产，通过分析企业内外部的信息数据，为企业的决策提供多方面参考。通过集成先进的信息技术，运用科学的管理决策理论与方法，组织运营可以做到"鱼与熊掌兼得"，即在降低管理成本的同时，提高服务质量，实现精准的决策与优化。

二是柔性化特征。在复杂和多变的市场环境中，信息的传递速度和决策反应能力决定了企业对商机的把握和运用能力。同时良好的沟通协调机制，也是员工自我学习、创新的基础。

三是网络化特征。近年来，网络组织在企业实践中表现出了强大的生命力和不断发展的趋势，企业的组织结构也由过去的垂直型或水平型转向网络型。网络组织可以通过促进网络中各节点企业的跨组织合作以整合各项资源，提高组织的灵活性和柔性。

二、智慧物流的组织管理机制

智慧物流是自动化执行系统、基于物联网与互联网的信息管理系统以及顶层分析计算决策思维系统的集成体现。智慧物流组织管理模式的选择主要取决于企业的自身情况，包括资金能力、规模、产品特性、配送范围等。

当前智慧物流组织主要有以下四种模式。

一是自营智慧物流模式。自营智慧物流模式主要指资源充足，能够大规模建设智慧物流基础设施，具有商流、物流一体化供应链，由企业自己经营和管理物流配送业务的模式。这种组织管理模式的优势是企业能够基于运营数据和智能技术全程掌握商品流通的时间和距离，保证对配送环节的全程监控，从而提高配送质量，缩短配送时间，提高服务水平。

二是物流联盟组织模式。物流联盟组织模式主要指资源有限，对各企业的货源、设施设备、站场、仓库等资源进行整合，在资源集聚的基础上进行统一的运行调度、系统优化、分工协同，推进集约化经营的现代化物流技术与模式。

三是外包第三方模式。外包第三方模式是指企业将部分或全部物流配送服务委托专门的第三方物流企业进行物流环节的智慧化管理。依托于定制化业务模型，规范业务场景管理，提升业务单元价值，提供科学化辅助决策支撑，该模式能够强化企业核心竞争力。

四是智慧物流生态圈模式。随着物流业与互联网的深度融合，新技术、新模式、新业态不断涌现，越来越多的企业进行智慧物流生态圈的探索和打造。通过智慧物流平台能使物流生态圈中的各方资源无缝对接，改变传统物流各方分隔封闭、信息不互通等现象，有利于各个物流要素之间的互动衔接，实现物流链条中各个主体的互通互联，从而进行信息的实时监控，及时处理异常情况，为构建智慧物流打下牢固的基础。

知识拓展

智慧供应链助力智慧流通——京东的流通智慧

随着技术的发展，供应链也越来越智慧化。传统流通领域的诸多问题被逐步突破，互联网和技术的发展为改变这一状态提供了契机，智慧供应链助力实现智慧流通。京东作为中国综合网络零售商之一，在线销售家电、数码通信、电脑、家居百货、食品、图书、服装服饰等12大类数万个品牌的百万种商品。

从2004年开始，京东就开始自建物流，构建了采购、仓储、物流配送、销售等完整的供应链链条。京东物流已经在全国布局了超过600个仓库，包括中心仓、区域仓、城市仓、本地仓、前置仓等规模不一、不同层级的仓库，在各城市群中形成了"一主多辅"的多层布局形态。自2013年以来，京东推动人工智能、云计算、智能机器人等技术在供应链中加快应用，构建敏捷、开放的智慧供应链体系，主要在智能决策、智能采销、智能运营方面，促进实现全渠道记录、全渠道一体化、更智慧的零售管理，提高物流效率。2017年3月，京东对外发布了智慧供应链战略（图3-1）。京东围绕数据挖掘、人工智能、流程再造和技术驱动四个原动力，将技术创新和供应链创新相结合，形成覆盖"商品、价格、计划、库存、协同"五大领域的智慧供应链解决方案，推动供应链向智能化、可视化、协同化发展，具体见图3-1。

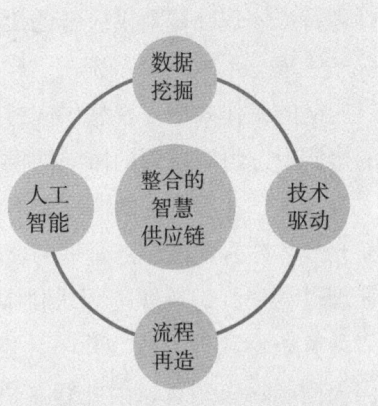

图3-1 京东智慧供应链战略

一、进行销量预测，实现采购定价补货自动化

京东通过人工智能算法建立智慧选品决策平台，从产品生命周期、流行趋势、竞争形势等多维度评估商品特征和价值，从海量商品中挑选出潜在爆品，实现系统自动化动态定价，更好地进行商品选择、价格优化和库存平衡。

加强技术与流程创新，推动物流"仓配一体化"、全面智能化。京东智慧供应链，着力于实现"仓配一体化"，实现仓储网络和配送网络的无缝融合。自主研发仓库管理系统、仓库控制系统、分拣和配送系统，实现仓库自动化管理。利用创新协同的车辆管理系统、GIS信息系统实现智能路径规划运输。运用云计算、大数据对消费者画像，预测小区、办公楼日配送量，优化配送网络。

二、智慧供应链推动物流全面智能化

利用无人机、无人车、无人仓等现代化物流基础设施设备实现智慧化作业。利用人工智能算法和大数据感知网络，使物流场景数字化、决策智能化，极大提升物流效率。

三、智慧供应链推进利用先进技术，实现供应链全程可视化

京东利用EDI、RFID、GIS、条码等技术，推动订单、物流、库存、应用可视化，利用仓储管理系统，高效摆放产品，及时更新库存信息，实现仓库可视化管理，提高了仓储环节的敏捷性和精确度。利用GIS系统进行站点规划、车辆调度、配送员路径优化、订单全程可视化、预测送货时间等，及时了解货物位置和状态。

三、智慧供应链的组织管理机制

智慧供应链组织管理机制的模式和特点是由智慧供应链的关键特征和组织管理过程的四项基本职能决定的。

首先，智慧供应链的关键特征体现在智慧、技术、管理和组织四个方面。智慧供应链的智慧特征体现为可视化、可感知和可调节。自动识别与控制让供应链更快速，全程跟踪与追溯让供应链更加安全，实时应对与处理让供应链更高效，智能决策与应用让供应链更精准。智慧供应链的技术特征体现在智能技术和供应链的高度融合上，从自动识别到数据

挖掘、万物互联，再到智能决策，使智慧供应链运行具有前瞻性和敏感性。智慧供应链的管理特征体现在智慧供应链的柔性化管理和快速响应上，围绕核心企业对上下游企业进行统一管理，形成一个系统的"供应网"，在企业外部实现关键信息的快速交换以提高整个供应链的工作效率。智慧供应链的组织特征体现在供应链多主体的合作以及供应链上下游的协调上，组织层面的协同即供应链中更加明确的分工和责任。

其次，考虑管理的四项基本职能：计划、组织、执行、控制。在制订智慧供应链计划前充分掌握智慧供应链管理的驱动因素，保证计划精确全面、不脱离实际；在智慧供应链管理过程中，组织职能要求供应链上目标、资源和需求的相互协调，保证供应链的执行活动有条不紊地进行，并与计划保持一致；控制是对智慧供应链活动所引发的风险采取积极措施加以纠正，因此智慧供应链风险的识别与控制显得尤为重要。在此基础上，智慧供应链组织管理机制包括以下四个方面：动力机制、协调机制、运行机制和风险机制，如图3-2所示。

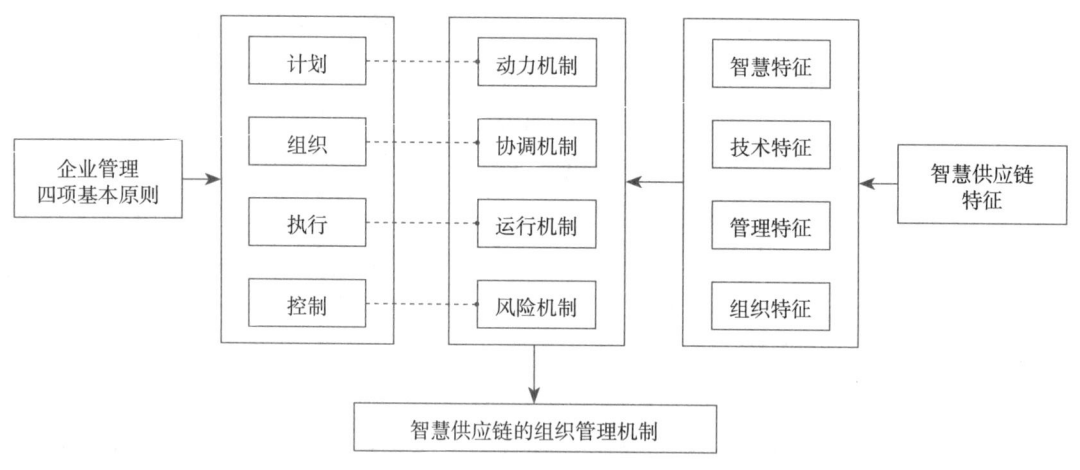

图3-2　智慧供应链的组织管理机制

动力机制方面，内部动力因素、外部动力因素以及创新技术的发展和应用三个方面构成了智慧供应链组织管理机制的驱动力，目的是为组织管理的计划提供方向和内容。首先，内部动力因素方面，组织内部面临供应链智慧化程度不断提高、非核心服务运作成本逐渐提高、企业的利润率不断下降的问题，因此越来越多的企业选择与上下游合作伙伴共同打造智慧供应链多主体协同运作管理机制。其次，外部动力因素方面，市场多元化及外部竞争的加剧对企业产品附加值和运营效率的提高提出了新的要求。最后，创新技术如5G、区块链等新兴技术的落地，以及大数据、物联网、机器学习等智能技术的深度挖掘，使得智慧供应链向着可视化、可感知、可调节的方向发展。

协调机制方面，作为智慧供应链组织管理机制的连接点，其作用体现在供应链的跨组织创新以及网络组织和治理机制三个方面。首先，对智慧供应链运作过程中的适应性和快速重构能力的要求使得供应链上的节点企业基于互联网平台主动形成供应链联盟，以实现源头上的成本管控和生产效率的提高，智慧供应链越来越呈现出跨组织协作的特点。其次，网络组织可以通过促进网络中各节点企业的跨组织合作以整合各项资源，提高供应链的灵活性和柔性。由于网络组织能够适应高度复杂的环境，可以根据市场需求的变动情况对各个价值链部分随时进行有效的调节，因此也是未来智慧供应链组织管理将要采取的重要形式。最后，治理机制作为调节性因素，能够对智慧供应链的组织管理机制产生一定的影响，灵活的治理机制能够针对智慧供应链上的资源和冲突进行有效协调，对提高企业智慧供应链创新效率有积极的影响。

运行机制方面，目前大多数企业采用的是基于供应链订单全流程模式下的运行机制，即企业为了维护供应链的平稳运行，以订单为中心建立配套的保障及支撑体系，在订单运作的整个过程中，供应链的内外部均处于不断变化的过程中，这就要求组织必须具备较强的学习能力以适应快速变化的形式与环境。然而，随着环境的变化以及顾客需求不确定性的加剧，越来越多的企业开始以顾客需求为中心，在智慧供应链的基础上强调柔性化运行和快速响应。供应链柔性是供应链中各节点企业根据市场环境及时做出响应的能力。

风险机制方面，对于智慧供应链风险的识别、控制、规避与转移是组织在管理过程中实施控制的前提。首先，智慧供应链的风险识别是风险管理的第一步，因此企业选择科学的供应链风险识别方法是供应链创新风险管理的首要问题。其次，风险控制是智慧供应链创新风险管理中最为重要的环节。供应链上各节点企业可以针对供应链现状和外部环境，将风险发生的可能性和风险影响程度作为两个维度建立风险评估模型，从而对供应链的风险管理进行持续性监控与改进。最后，供应链上合作伙伴为提高供应链稳定性，越来越多地采用风险分担的方法合理分担供应链上可能发生的风险，以应对竞争环境的激烈以及市场需求波动的问题。

以上智慧供应链组织管理机制中的四点之间呈紧密的闭环关系，其中动力机制作用于协调机制和运行机制；协调机制也作用于运行机制；风险机制与协调机制、运行机制之间相互作用。

任务三 智慧物流与智慧供应链的创新机制

一、智慧物流与智慧供应链创新的基本要素

（一）智慧物流与智慧供应链创新的技术要素

现阶段，智慧物流与智慧供应链创新的代表性技术包括感知技术、大数据技术、物联网技术以及人工智能四个方面，从感知（自动识别）到获取（信息采集、大数据技术），到集成（万物互联），再到决策（人工智能）。

智慧物流与智慧供应链的创新机制

目前,感知技术中应用范围最广的便是自动识别技术和车辆定位技术。例如,自动识别技术的应用使得产品的生产过程在识别码的监控下进行。当产品入库时读取标签就能够完成商品的交接入库,与此同时在数据库中保存商品的信息便于库存物流的管理。采用自动识别技术后经过计算机的信息处理,准确记录商品的库存信息,货物的移动通过条码识读使库房的信息能够及时更新,提高库存工作的效率以及准确性,降低库存成本,快速响应市场。

大数据技术可以为智慧物流与智慧供应链的创新提供更好的数据准确性、清晰度和洞察力。在采购环节,应用大数据技术能够有效改善订单流程。目前已经有很多企业运用大数据分析法进行库存管理、优化库存量、优化日常维护与设施选址,逐步实现数据分析的实时性与规模化,进入"数字工厂"时代。在销售环节,应用大数据技术精细收集并分析消费者的需求信息,进行市场细分,并预测消费者行为,从而做出符合消费者需求的产品决策。

物联网技术的使用使整个智慧物流和智慧供应链创新更加精准、高效、智慧、可控、可知及可视。首先,通过在供应链各个环节运用物联网技术,对每个物品的流动信息进行采集,保证物流的可追溯性,利用互联网实现信息的共享和交换,通过信息平台可以查询这些数据信息,实现供应链的可视化管理。其次,物联网技术的应用实现了供应链上各环节的信息共享,减少了数据采集的失真现象。快速有效的数据流动,可以有效应对客户需求的变化,准确预测市场需求。最后,通过物与物的信息交换,实现自动化控制,减少对人工的依赖、节约成本、减少出错率。遇到紧急情况能够实现多系统的联动,提升供应链抵御风险的能力,实现真正意义上的智慧化。

人工智能技术应用于智慧物流和智慧供应链创新领域,将对仓库选址、库存管理、仓储作业、运输配送和物流数据分析等产生重要的影响。例如,由于智慧物流与智慧供应链运营产生的数据不仅是海量的,而且是实时的,因此需要人工智能系统对数据进行实时有效分析,帮助企业进行技术上的优化。此外,在采购过程中将人工智能与统计学相结合进行产品的预测和补货,实现智能化、自动化补货。在销售过程中运用运筹学和人工智能,建立用于预测价格的模型,结合价格的历史数据,实现动态定价。最后,在配送方面,通过人工智能技术进行运输路线优化,降低运输成本,减少客户等待时间。

(二)智慧物流与智慧供应链创新的组织要素

在智慧物流与智慧供应链创新过程中,组织要素既决定了企业的运作机理和管理模式,也是智慧物流与智慧供应链创新的重要保障,是企业在不断重塑和发展过程中的重要竞争力。组织要素主要包括:动态协同、动态整合和动态配置。

首先是组织间的动态协同。动态协同是在一定的外部环境下,组织内各部门之间相互作用产生的整体效应。智慧物流与供应链动态协同的外在动因显而易见,是为了应对竞争加剧和环境动态性强化的局面;其内在动因包括谋求中间组织效应,追求价值链优势,构造竞争优势群和保持核心文化的竞争力。

其次是组织间的动态整合。动态整合是围绕核心企业，对上下游企业进行统一管理，形成一个系统的"供应网"，从而在企业内部实现信息共享，在企业外部实现关键信息的快速交换，以提高整个供应链的工作效率，最终提高企业管理水平和客户满意度。

最后是组织间的动态配置。动态配置表现为开展动态决策和快速变更业务流程、组织结构从而敏捷响应的能力。商业模式的复杂性提升了组织对于动态的、柔性的和可适应的组织能力的需求，通过快速地配置资源与动态调整业务流程，供应链上各节点企业可以在需求、存货、生产及物流等方面进行及时交流与沟通。一方面供应商能够及时准确地按照需求交货，当客户需求发生变化时能够快速调整生产，减少企业损失。另一方面，智慧供应链的动态配置还能够通过内部业务流程的更改缩短产品的生产时间，能够更好地满足客户的需求，提升企业的客户服务水平。

（三）智慧物流与智慧供应链创新的运营要素

智慧物流与智慧供应链创新的运营要素可从底层的技术装备、中层的数据互通以及上层的场景生态三个方面阐述。

底层的技术设备，是实现智慧物流与智慧供应链创新的基础要素。通过应用物联网技术、大数据、云计算及人工智能等相关信息技术，依托完善的网络信息，构建面向生产企业、流通企业和消费者的社会化共同体系。此外，利用集成人工智能技术、大数据、云计算处理、传感通信技术等让货物在整个生态链实现自动化、可控化、信息化和网络化，在流通过程中获取信息，进而分析信息做出决策，从源头对商品实施跟踪与管理。

中层的数据互通，是实现智慧物流与智慧供应链创新的关键要素。如今的智慧物流和智慧供应链由数据驱动，以数字方式执行，可以提升透明度，支持高级规划，预测需求模式，以及充分利用资产可用性。同时，智慧供应链将供应商、生产商和客户整合起来，形成端到端的视图。

上层的场景生态，是实现智慧物流与智慧供应链创新的决定因素。未来，没有任何一个企业能完全满足用户智慧家庭的所有需求，为此前瞻性企业正不断纳入生态资源方，共建生态平台，打造从场景到生态的生态链，加速实践场景替代产品、生态覆盖行业。

二、智慧物流的创新机制

伴随着物流业智慧化程度的不断提高，加快智慧物流的创新已成为行业共识。智慧物流创新也越来越表现出全面互联互通、高度透明化和柔性化、去中心化及平台化的特点。

新时代，智慧物流创新主要有以下两种基本模式。

首先是物流网络模式。例如，阿里巴巴集团控股有限公司（以下简称"阿里巴巴"）"全球一张网"。阿里提出智能物流骨干网发展理念，多年来菜鸟物流（以下简称"菜鸟"）不断发展和提升这一理念，2020年6月在全球智能物流峰会上，阿里巴巴表示，物流是走向数字经济时代的基础设施，阿里巴巴和菜鸟希望与合作伙伴一起，在数字新基建基础上打造"全球一张网"。阿里巴巴建设智能物流骨干网有一个成功经验，就是通过标准统一的电子面单实现物流信息的无缝衔接与互联互通。这个经验可以借鉴到其他物流网络建设当中，从快递网向快运网、B2B物流网等各类物流网络延伸，通过标准电子货单推动中国物流网络数据化，进一步实现数据驱动、网络联动、智慧化与数字赋能。

其次是共享物流创新模式，是指通过共享物流资源实现优化配置，从而提高物流资源使用效率，降低物流成本，推动物流系统变革的物流模式。具体来看有以下几类表现模式：一是共享物流资源，二是共享设施资源，三是共享商业基础设施。

无论是物流网络模式还是物流共享创新模式，其特点均是以供应链为基础，将物流网络与信息网络融合，实现物流、商流、信息流、资金流合一，并在特定的位置聚集起各种"流"的资源要素，再通过"流"的辐射反过来推动智慧物流网络重构，营造更高水平的智慧物流创新。以物流为核心，推动聚"流"创新，以"流"为要素开展各种服务，推动资源要素高效协同。

知识拓展

智慧物流创新思维

一、软件定义物流新思维

没有智慧的系统与硬件，其物质属性是第一位的，硬件的创新定义系统的特征。但是一旦物理系统有了智慧，其智慧属性就将升级到第一性，在系统中起决定性作用，出现软件定义硬件的趋势。拿人类来说，我之所以是我，你之所以是你，不是由我们的四肢身体硬件决定，而是由我们的大脑思维决定，也就是说是由软件决定的。所以，智慧物流新思维首先就是软件定义物流。

软件定义物流指的是把物流作业设施、设备、货物等物流硬件资源虚拟化，按照单元化和标准化的思想归类成基础的物流功能模块与基础货物单元，在此基础上通过应用程序软件对虚拟的硬件单元模块进行更开放、灵活、智能的管理与调度，实现对物流系统的智慧管理与控制。

软件定义物流的本质是物流硬件资源虚拟化，全链路管理控制可编程。软件定义物流可以分为硬件层、软件层、控制层。

软件定义物流的发展也存在问题。就像智慧的人类进化主要是大脑的进化一样，智慧物流的进化特征核心就是软件定义物流，引入软件定义物流思维，研究软件定义物流方法，可以全面推进智慧物流创新。

二、共享物流新思维

智慧物流时代，物流资源不仅仅可以互联互通，还可以互操作、云布置、全网络共享与优化配置，因此共享物流成为最重要的新思维。

共享物流就是指通过共享物流资源实现物流资源优化配置，从而提高物流系统效率，降低物流成本，推动物流系统变革的物流模式。

在物流复杂的系统中，可以共享的物流资源很多，主要有物流信息资源、物流技术与设备资源、仓储设施资源、终端配送资源、物流人力资源等，围绕这些资源如何共享，可以创造出无数创新模式。

三、降本增效思维

智慧物流时代，物流链与产业链、供应链高度融合，物流成为连接产业链供应链的底层网络，成为经济社会的新基础设施。借助智慧物流的连接，可以重新优化供应链，从而推动供应链与产业链的全面优化，降低全产业链与流通链的成本。

传统物流时代，物流服务以送达为目的，在满足目的基础上物流企业降本增效聚焦于直接降低物流成本，而物流成本降低必然降低物流服务水平。因为要让马儿跑，就应该让马儿多吃草。物流进入高质量发展阶段，再也不能仅靠降低物流直接成本做物流服务了。利用智慧物流手段，完全可以实现以物流服务为核心，在提升物流服务水平基础上，为客户降低各种成本，同时提升物流直接收费，为自己增效益。为客户降成本，为物流企业创效益，这就是智慧物流降本增效新思维。

三、智慧供应链的创新机制

（一）智慧供应链创新的发展模式

在信息互联时代，识别智慧供应链创新的发展模式对企业发展至关重要，它将有助于企业更稳健地推进智慧供应链创新，以期在供应链竞争中取得优势。智慧供应链通过柔性化管理、快速化响应和智慧化协同，在创新的道路上向着以下三种模式不断发展。

一是跨界融合创新模式。跨界融合是数字经济时代流通产业创新发展的重要趋势，智慧供应链本身便是流通与智能数字技术深度融合改进的产物，用以满足顾客需要的复合型体验。

二是服务增值创新模式。智慧供应链创新可以通过对商品状态与流通运行过程的实时监控，深入挖掘消费者需求，并据此提供定制化配套服务，实现商品与流通服务的创新性结合。与此同时，智慧供应链创新可基于对消费者购物体验的重视，将顾客个性化创意适时融入产品设计与流通过程，这种逆向化服务性生产既能通过差异化定制服务满足当前顾客的消费意愿，又能通过网络口碑效应吸引更多消费群体，激发潜在市场需求，还能为企业提供产品与配套增值服务创新的思路。

三是智慧供应链生态创新模式。基于数字化和互联网，构建供应链生态圈的主要驱动因素，是企业实现运营模式、商业模式和组织管理模式的全面升级。通过生态圈的构建，供应链中的企业将积累庞大的数据，借助大数据技术，可以有效地定位终端客户的需求，并以更短的时间反馈给供应链的各个参与者，最终帮助决策者做出准确的决策。

（二）智慧供应链创新的发展路径

随着5G时代的到来，智慧供应链创新的关键在于如何实现低成本高效率的目标。智慧供应链的创新路径主要有以下三种。

一是技术创新路径。智慧供应链技术创新是智慧供应链创新路径的首要选择，它为商业模式创新、制度创新以及其他类型创新的发展奠定了基础。随着科学技术的不断发展，丰富的供应链技术投入企业生产、仓储、运输等各个环节，为企业带来了极大的效率提升。例如，利用区块链技术打造物流信息平台，去中心化且解决溯源问题；利用物联网标识技术打造智慧型供应链管理系统，满足产业链协同需求；利用大数据分析法，把繁杂的数据转换为商业智能，为消费者提供更优质的产品与服务。

二是商业模式创新路径。进行智慧供应链商业模式的创新设计，需要考虑到企业实际运作中的各个环节对构建智慧供应链所起的作用。实际上，商业模式主要考虑成本结构与收入来源两大方面，对企业的重要伙伴、关键业务、核心资源、价值主张、客户关系、渠道通路以及客户细分等方面进行分析，找出适合本供应链的商业模式。

三是制度创新路径。在宏观层面，供应链制度涉及生产者责任延伸制度、绿色供应链制度、供应链战略联盟制度等。在微观层面，子制度包括第三方监控制度、合作规范、认证制度、反馈制度和契约等。各种宏观与微观制度相互结合发挥作用，使供应链成员朝着一个方向努力，从而减少内耗，增加供应链总盈余。

任务四　智慧物流与智慧供应链的风险机制

一、智慧物流风险机制

（一）智慧物流风险产生的原因

智慧物流属于跨领域、信息协同共享的智能化物流体系，其实际运作效率与供应链各个节点主体都有一定的联系，面临的风险类型、数量也就远超传统物流体系。智慧物流具有多元驱动、实时感知、智能交互、智慧融合等特征，它们带来了技术更复杂、资金需求更大、连接更困难等风险。

智慧物流与智慧供应链的风险机制

第一，技术不成熟等问题会引发智慧物流企业的技术风险。智慧物流是以物联网、大数据、云计算、异构网络融合、移动互联等多种技术为基础运作的。在技术选择上既要考虑成熟度又要考虑前瞻性。因此，信息技术的不成熟与网络系统不稳定等问题，不仅会影响企业信息交互的及时性，造成物流运作的延迟和停滞，还可能导致数据安全风险，如系统漏洞、数据泄露、网络监听等问题。数字时代，企业拥有海量的用户个人信息，安全不容忽视，而物流行业一直是数据资产泄露的重灾区。

第二，投资长期性和不确定性给企业带来了资金风险。智慧物流是一项庞大且长期的系统工程，其建设需要大笔启动资金和长期持续投入，和其他技术设备等投资不同，这种资金的投入在短期内难以见到直观效益。因此，企业对于智慧物流的长期大量投资限制了企业的现金流，可能引发企业的资金风险。

第三，上下游企业的信息壁垒会引发企业实施智慧物流的连接不畅或无法连接等风险。智慧物流的有效运行依赖于多环节的实时信息沟通，如果企业基于信息安全风险等目的，不分享信息，或者故意隐瞒、传递不准确信息，将会导致上下游企业信息不对称，信息无法按照智慧物流的要求在上下游环节进行传递，引发企业之间无法有效连接、智慧物流实施效率低下的风险。

（二）智慧物流风险应对策略

构建智慧物流实时风险管理机制应当有效结合风险管理理论与物联网技术，提高供应链企业的信息感知力，提高信息传输效率，帮助其有效识别物流运营中的风险，并评估风险，预测潜在风险。基于情景感知构建的实时风险管理机制将有效应对智慧物流体系面临的各种风险，提高风险识别、评估、控制能力。

建立企业实时风险管理机制可以有效识别和应对风险，包含初始风险数据库、实时数据库和风险评价三个方面的内容。

初始风险数据库的核心是收集智慧物流体系可能面临的风险的全部信息，找出互联网时代智慧物流实时风险管理的关键矛盾，层层分析、步步推进，识别关键矛盾的主要特征，列出详细的风险特征条目，为每个风险特征赋予不同的权重，构建风险因素集，依据互联网的发展实时更新风险数据，为后续的实时数据识别、风险评价以及行为响应提供可靠的数据支撑。其中，风险特征主要包含温度、形态、时间、地点以及数量。

实时数据库主要包含搜集、过滤、整合物流实体的实时信息。这些实时信息包括非结构化、结构化、半结构化数据，主要包含智慧物流体系基础层获取的各种物理信息，信息来源于视频监控、传感器、RFID标签等。利用计算机程序语言，技术人员能够将这些信息处理为可被互联网识别的语言，以此确定各个物流实体的实时状态，将每个物流实体及与之对应的实时状态信息整合为一组情景，多组情景构成情景集合。

风险评价环节主要是用初始风险数据库的五大风险特征分别描述每组情景，确定每组情景的实时风险水平。行为响应环节则根据确定的实时风险水平划分风险区间，是实时风险管理环节及降低物流风险的实质性环节。其中风险区间包括绿色、橙色及红色区间。绿色区间表明物流实体的实时信息与初始数据较为吻合，发生物流风险的概率较低；橙色区间表明物流实体的实时信息与初始数据存在差异，发生风险的概率提高，警示物流企业及时作出相应调整，规避风险；红色区间则表明物流实体的实时信息与初始数据存在较大差异，极有可能会发生物流风险，物流企业应立即做出响应，制定有效的应急策略。

> **知识拓展**

智慧物流，物联天下——公路货运物流企业的数字化风险与变革

公路货运物流企业可以通过以下途径提升风险应对与企业运营管控能力，实现企业的可持续发展。

一、健全企业内控体系，全面提升风险管理意识

公路货运物流企业需从流程、制度、授权、信息系统、人员文化等层面全面推进内部控制体系建设。加强对公路货运物流企业所处的内外部环境的全面分析，结合宏观、行业环境变化与企业自身业务特点具有针对性地开展风险识别、风险评估工作，并形成风险应对策略与方案。同时，开展必要的企业风险管理培训工作，并通过业务风险分解形成并落实风险应对措施，全面提升企业风险管理意识与管理能力。

二、严格平台用户准入，强化信息安全保护

面对当前行业普遍存在的运营风险，公路货运物流企业可以通过AI算法辅助人工审核、三网信息认证加持等方式加强对货主与司机平台入驻资质的审核，严格把控平台用户的资质真实性，推进货物运输主体责任落实，促进运输质量与效率的提升。与此同时，在数据信息安全保护方面，对数据信息权限进行严格管理，完善信息存储安全管理机制，并形成对数据信息安全的必要监控。针对数据信息使用场景加强公司内部审核，保证数据使用符合法律法规及监管要求。

三、匹配运输全流程监控，增强安全性与合规性

在应对税务监管要求时，推进运输流程动态监控的全覆盖成为货运物流企业的首要选择。企业需充分利用数字化技术，开发并实现货物运输的监控与追踪，同步运输车辆实时位置，实现运输全程信息全透明，保证运输订单匹配信息的完整保存以符合税务监管需要。同时，开展对运输全流程监控能够迎合用户关切，减少运输过程可能导致的人货安全隐患，增强企业服务的安全性与合规性。

互联网平台加数字化模式下的公路货物运输极大地提高了物流运输行业的效率，有效综合物流资源，给司机和货主带来了极大的便利，推动了行业的高速发展。同时复杂的网络环境、多元化的经营模式、数据安全合规的要求也对企业的经营管理提出了更加严格的要求，企业需要根据自身战略发展目标，识别经营管理活动中的风险和薄弱环节，并针对风险和薄弱环节加强内部管控，优化内部控制流程，确保企业发展过程中风险可控、经营合规。

资料来源：智慧物流，物联天下——公路货运物流企业的数字化风险与变革. 毕马威中国公众号［EB/OL］.（2022-12-09）［2024-10-18］. https://mp.weixin.qq.com/s?__biz=MzA4OTExODQyMQ==&mid=2665954951&idx=5&sn=dd8be9e89a850283f85069dd94f5bc83&chksm=8b0c5d3dbc7bd42b4f2e4eb04728fb1f2cf1bb74df59934afd11f0e61ca158c63b624ebfe32d&scene=27.

在"互联网+"背景下,企业进行智慧物流创新,不可避免地面临一些风险,例如,数据来源的风险、线上线下业务整合的风险以及管理创新的风险等,企业需要从多个方面进行风险管理。然而在智慧物流创新的发展过程中,企业往往忽略风险管理机制的重要性,为确保智慧物流创新的质量和连续性,有效的风险管理机制必不可少。

二、智慧供应链风险机制

(一)智慧供应链风险产生的原因

智慧供应链在运作过程中常常存在不确定性,更需要较大的资源和技术投入,在尚无可借鉴经验和路径的情况下,风险会更加明显。随着智慧供应链的发展,供应链安全风险、资源信息共享风险是亟待解决的问题。

智慧供应链安全风险包括智慧供应链断裂风险和智慧供应链信息泄露风险。随着生产和消费的全球化,智慧供应链在不断延长的同时也越来越脆弱,目前智慧供应链成为一个广泛的生态系统,其中一个环节的失误很可能造成整个生态系统的毁灭。目前的智慧供应链无法做到在生态系统层面上进行重塑,并提供全球视角,虽然智能技术和设备的使用越来越趋于精准化,然而突发性事件一直是智慧供应链发展道路上的威胁。另一方面,随着市场经济的迅速发展,信息共享机制成为供应链管理的关键,是智慧供应链高效协调运转的基本保障。在供应链参与者信息共享的过程中,往往伴随着信息泄露的情况。信息泄露在一定程度上削弱了供应链参与者之间达成信息共享机制的积极性,有时甚至会造成整条供应链的断裂。

在智慧供应链管理实践中,看似有百利而无一害的资源信息共享实施起来却存在一定的风险。事实上,很多时候信息共享更像智慧供应链管理"乌托邦"式的设想。因为在考虑其积极作用的同时,人们容易忽略信息共享的成本。即使有良好的信息技术基础支撑,企业在管理信息系统、硬件设备等方面的大量投入,以及供应链上节点成员智能技术和系统不兼容等风险都会带来相当高的转换成本。此外,在供应链中各企业的相互博弈下,企业对信息共享会面对类似因徒困境的难题,身处智慧供应链动态联盟中的企业可能会做出有悖于整体最优的个体最优选择。也就是说,行业中竞争对手利益的冲突和严厉约束的缺失会使信息共享遇到严重障碍,甚至导致虚假信息,此外,企业对泄露商业机密的担心,如核心优势、生产技术和财务状况等,也会增加信息共享的风险。

(二)智慧供应链风险应对策略

管控智慧供应链风险,从被动防御到主动控制,是企业保持领先地位的必然选择。

首先,应对智慧供应链风险可以采取冗余策略。冗余策略是指重复配置系统的一些部件,当系统发生故障时,冗余配置的部件介入并承担故障部件的工作,由此减少系统的故障时间。过去很长一段时间,精益供应链的管理思想非常流行,它强调消除浪费或非增值的活动,保证成本最小化。然而,当采购、生产、运输等某个环节过于精益时,供应链的脆弱开始暴露,绩效出现偏离,供应中断,甚至发生灾难。2011年的日本地震,造成福岛核电站的严重泄漏，很多工厂因为关键零部件的短缺而停产。在中断后的恢复阶段，丰田的生产恢复慢于同行，很大原因来自丰田的精益模式，好在丰田不只有精益，还有持续改善的基因。从此丰田将提升供应链的弹性作为一项重要的策略，其要点在于两个方面：第一是加强对二级供应商和三级供应商的管理；第二是对供应商的库存和相互备份关系进行改善，以保证出现异常的时候，用最小的代价保证供应的连续性。

其次，发展替代能力是应对智慧供应链风险的有效方式。对于供应链来说，替代能力可以大大减少对某个领域的过度依赖。如果需求是高度定制化的，或者只有唯一来源可以满足，则无疑增加了供应的风险。通常情况下，可以利用两种手段来化解这种风险：一种是通过标准化的设计来简化对供应商的要求和对生产、发货的要求，从而提高供应链的弹性；另一种是通过减少对外部供应的依赖，提升供应链能见度。

（三）智慧供应链风险控制机制的典型案例

国网武威供电公司：数字赋能强化供应链风险预警防控能力

截至2024年1月10日，国网武威供电公司物资管理部积极与项目部门沟通，共处理当月供应链预警问题26项，问题整改率达到100%，确保供应链业务风险可控、在控。

据了解，国网公司及国网甘肃省电力公司持续深入探索构建"三全三化"物资监督体系，持续强化业务合规监督的智能化建设与智慧化运营，着力优化两级电子稳定性控制（electronic stability control，ESC）平台风险预警监督及督办功能，对供应链全流程业务环节的作业风险开展数字化监督与管控，助力物资监督及履约管理由"线下检查"转为"线上监控"，由"事后追溯"转为"事前事中管控"。

国网武威供电公司依托ESC模块中"供应链运营""全景质控""数字化物流"预警功能等绿色数智化供应链体系建设成果，针对计划、采购、合同、履约、结算、仓储、废旧处置等方面业务风险预警，全面建立风险预警问题清单，深挖问题根源，主动开展全方位、多维度的对比分析，健全紧急事项协同处理机制，建立风险管控月度通报机制，协同并督促各专业部门及时整改反馈，及时发现并处理物资供应全链条过程中出现的问题，显著提高物资供应效率和物资管理水平，有效发挥物资管理辅助决策支撑作用。

国网武威供电公司将以绿色现代智慧供应链指标为抓手，充分应用ESC系统实时监控预警功能，对合同履约款项支付、物资供应保障等关键环节进行全方位监控预警，扎实成效高效完成全年工作任务目标，为公司高质量发展提供有力的物资供应支撑保障。

资料来源：国网武威供电公司：数字赋能强化供应链风险预警防控能力. 新华网[EB/OL]．（2024-01-12）[2024-10-18]. http://gs.news.cn/zhuanti/2024-01/12/c_1130058792.htm.

项目小结

本项目主要介绍了智慧物流与智慧供应链的运行机制。在智慧物流与智慧供应链的运行机制方面，阐述了智慧物流和智慧供应链系统的关键特征、智慧物流及智慧供应链的运行机制。在智慧物流与智慧供应链的组织管理机制方面，介绍了组织管理机制的内涵与特征、智慧物流组织管理机制和智慧供应链组织管理机制的基本模式及特点。在智慧物流与智慧供应链创新机制方面，介绍智慧物流与智慧供应链创新的基本要素以及智慧物流和智慧供应链创新的基本模式和路径。最后，在智慧物流与智慧供应链的风险机制方面，主要介绍了智慧物流风险产生的原因和应对策略，智慧供应链风险产生的原因和应对策略。

关键概念

运行机制　组织管理机制　创新机制　风险机制　技术要素　组织要素　运营要素　创新路径基本模式　智慧物流风险　智慧供应链风险　应对策略

思考题

1. 智慧物流与智慧供应链的运行机制是怎样的？
2. 智慧物流与智慧供应链创新的发展模式和路径分别包括哪几个方面？
3. 智慧物流与智慧供应链创新的基本要素包括哪几个方面？
4. 智慧物流和智慧供应链的组织管理机制分别存在怎样的基本模式和特点？
5. 智慧物流与智慧供应链风险产生的原因有哪些？分别可以采取怎样的应对策略？

案例分析

长虹的供应链，一条"共赢链"

在长虹智慧显示公司的采购部门，10位员工对接着500多家供应商、2万多项物料，在智慧供应链平台上轻轻点击"物料采购"，即可完成订单下达、合同签订等流程。这个平台更让长虹控股集团（以下简称"长虹"）与7.4万余家供应商联系紧密且井井有条。当前，数字经济和实体经济、现代服务业和先进制造业加快深度融合，制造业高质量发展处于关键阶段，高效、安全的供应链是重要保障。自2019年以来的5年间，长虹在数字化转型过程中倾力打造了四川省首个国家级"双跨"工业互联网平台，其中智慧供应链管理模块取得显著成效。

此外，作为国家级"双跨"长虹工业互联网平台的一个典型应用场景，长虹的智慧供应链能力已经跟随着工业互联网平台赋能千行百业，实现产业链供应链生态化、大企业"销研产供服"一体化，并创新打造以销定产、数据驱动的制造新模式，助力中小企业"上云用数赋智"。

据悉，长虹创新探索"应收账款融资长虹模式"，基于供应链融资平台，为产业链上下游多家中小微企业累计提供超40亿元人民币供应链融资等财税资综合服务。

放眼全球，产业链供应链加速重塑、重构、调整。随着全球化深入发展，我国制造业企业逐步成为全球供应链中的重要角色。近年来，长虹大力开拓海外市场，并配备完善的供应链体系，在捷克、西班牙、墨西哥、印度尼西亚、越南建立自有生产线和工厂，并通过高效运用库存系统实现信息集成、实时监控及快速响应市场变化。2024年上半年，长虹实现海外营收127亿元人民币。

资料来源：长虹的供应链，一条"共赢链"．百家号［BE/OL］．（2024-11-08）［2024-11-18］．https://baijiahao.baidu.com/s?id=1815086577144707352&wfr=spider&for=pc.

● 结合案例分析

1. 长虹供应链如何实现"共赢"？
2. 长虹供应链运行机制有哪些值得学习和借鉴的地方？
3. 请查阅其他资料，讨论长虹供应链未来可能会遇到的风险，以及可以采取哪些策略预防或应对。

实训演练

1．实训目的

通过本次实训，能够理解智慧物流与智慧供应链中的风险概念和分类；分析智慧物流与智慧供应链中各类风险的形成机制；掌握风险评估与识别的方法；熟练运用风险管理工具和策略；提升解决实际风险问题的能力。

2．实训方式

采用案例分析、模拟演练与小组讨论相结合的方式进行实训。通过真实或模拟的智慧物流与智慧供应链风险场景，在实践中学习、运用风险管理知识和技能。

3．实训内容及步骤

（1）准备阶段。

①教师提供智慧物流与智慧供应链相关的背景资料，包括行业发展趋势、典型企业案例等。

②学生分组，每组选择或由教师指定一个具体的智慧物流与智慧供应链场景作为实训对象。

③各小组收集相关资料，明确实训目标与任务。

（2）风险评估与识别。

①小组内讨论，列出可能面临的风险因素，如供应中断、需求波动、价格波动、信息失真等。

②对每类风险因素进行具体分析，包括风险来源、发生概率、可能造成的损失等。

③利用风险评估工具（如风险矩阵）对风险进行量化和定性评估，确定风险等级。

（3）风险管理策略制定。

①针对识别出的各类风险，讨论并制定相应的风险管理策略，如风险规避、风险控制、风险转移等。

②制订风险管理计划，明确责任人、应对措施和时间节点。

③对制定的风险管理策略进行小组内评审，优化完善方案。

（4）模拟演练与应对。

在教师指导下，各小组进行模拟风险事件发生的演练，检验风险管理策略的有效性；记录演练过程中的关键节点和问题，及时调整风险管理方案；小组成员轮流扮演不同角色，增强团队协作与应变能力。

（5）总结与反思。

①各小组对实训过程进行总结，撰写实训报告，包括风险识别、评估、管理策略及演练情况等内容。

②组织全班交流分享，每个小组轮流汇报实训成果与经验教训。

③教师对实训进行点评，强调风险管理在智慧物流与智慧供应链中的重要性，并提出改进建议。

4．实训结果

通过本次实训，能够全面了解和掌握智慧物流与智慧供应链中的风险管理知识，提升解决实际问题的能力。实训报告将作为成绩评定的重要依据之一，同时也是对所学知识和技能的综合运用能力的检验。

项目四 智慧物流与智慧供应链的关键技术

学习目标

1. 知识目标

理解物联网的概念与关键技术,熟悉物联网在智慧物流与智慧供应链各环节中的应用。

掌握基于物联网的智慧物流与智慧供应链体系构建。

理解移动互联网的概念及其关键技术,熟悉其应用场景。

熟悉5G的关键技术以及5G技术在智慧物流与智慧供应链中的应用。

了解人工智能的含义及体系架构,熟悉人工智能技术在智慧物流与智慧供应链领域的应用情况。

2. 技能目标

能够运用所学知识,分析物联网、大数据、区块链等现代信息技术在具体企业的应用可行性,并提出合理化建议。

能够运用现代物流信息技术,优化物流与供应链流程,提升供应链绩效。

学会运用现代信息技术和工具,诊断物流问题,推动企业智慧物流与智慧供应链的高效运作。

提升解决实际问题的能力,能够在复杂技术环境下对智慧物流与智慧供应链进行优化。

能够运用所学知识,分析智慧物流与智慧供应链中先进技术应用的实际案例,提出改善建议和优化方案。

3. 素养目标

培养工匠精神,精益求精,勇于在智慧物流与智慧供应链实践中不断努力提升效率和服务质量。

培养对智慧物流与智慧供应链管理的兴趣和好奇心,锻炼创新思维,激发创业意识,探索新的商业模式。

培养团队合作和沟通能力,在调查研究中不断提升团队问题解决能力。

培养勇于奋斗、乐观向上的精神,提升自主管理能力,为将来在智慧物流与智慧供应链领域创就伟大事业打下坚实基础。

关注智慧物流与智慧供应链领域的最新技术动态，加强对市场变化的洞察力，不断跟进国外先进物流信息技术发展趋势。

案例导入

谁说5G物联网是噱头？京东智慧物流展示出强大魅力

在2023年的"618购物节"期间，京东商城累计售出商品7亿件，相当于每个中国家庭1.6件商品，在令人喜悦的成绩背后，其给仓储、物流带来的压力之大可想而知，但同样让人惊讶的是：凭借以物联网为基础的仓配一体订单智慧物流方案，91%的销售商品实现了当日达或者次日达，成功为"618"保驾护航。

那么，这个神奇的京东智慧物流是如何高效运转的呢？在此，我们以5G智能无人仓为例，看看其经历了些什么？

在5G物联网应用之前，传统无人仓设备面临体积过大、通信稳定性差、时延不稳定等难题。通过引入5G技术，京东智能无人仓实现了仓储大脑、业务云化部署、边缘计算平台、5G定制专网、5G芯片模组与终端深度融合等应用，实现了商品入库存储、搬运、分拣等全流程无人化管理和操作。

京东智能无人仓基于紫光展锐V510-5G芯片所打造的模组产品，将其内置在无人仓终端设备中，同时配合5G专网，实现了仓储全场景下，智能设备与系统的互联互通。据介绍，5G提供的"稳定输出"，使得物品分拣效率比传统方式提高8倍、分拣准确率高达99.99%、人效提升3倍以上、整体投入成本降低60%以上。

5G智慧物流，不只是一个面子工程，要能够实实在在地降本增效，才能得到大规模应用。以紫光展锐与京东物流合作，通过持续方案开发和技术验证，从而改变了物流行业人员密度较大、工序碎片化的行业面貌。从面对普通消费者到面对企业客户，5G物联网方案通过理解行业需求，量体裁衣，实现了轻量化、更低成本设施投入目标，帮助行业更好融合、应用，提高了行业操作的需要。

5G智慧物流应用同时也催化了一体化产品的诞生，例如，基于5G的大带宽、低延时等技术特性开发的AGV设备，也让行业更多具有了差异化行业设备的选择。

据了解，在整个项目的应用过程中，紫光展锐、京东物流、中国电信通力合作，建立了中国通信标准化协会5G智能仓的标准，为赋能物流行业做出了有益探索和实践。

资料来源：谁说5G物联网是噱头？京东智慧物流展示出强大魅力. 存储在线［EB/OL］.（2023-09-11）［2024-10-18］. https://www.dostor.com/p/85021.html.

问题

结合案例，分析讨论发展5G物联网技术对未来物流发展有什么价值和意义？

任务一 物联网及其在智慧物流与智慧供应链中的应用

一、物联网概述

（一）物联网概念

物联网及其在智慧物流与智慧供应链中的应用

早在1995年，比尔·盖茨（Bill Gates）在《未来之路》一书中就已经提及物联网概念。但是，"物联网"概念的真正提出是在1999年，由美国的Auto-ID中心提出，其定义为：把所有物品通过射频识别等信息传感设备与互联网连接起来，实现智能化识别和管理。2005年，国际电信联盟（ITU）正式称"物联网"为"the Internet of things"，并发表了年终报告《ITU互联网报告2005：物联网》，此报告指出，无所不在的"物联网"通信时代即将来临，世界上所有的物体从轮胎到牙刷、从房屋到纸巾都可以通过互联网主动进行交换。

现在较为普遍的理解是，物联网是将各种信息传感设备，如射频识别装置、红外感应器、全球定位系统、激光扫描器等种种装置与互联网结合起来而形成的一个巨大网络。通过装置在各类物体上的电子标签、传感器、二维码等经过接口与无线网络相连，从而给物体赋予智能，可以实现人与物体的沟通和对话，也可以实现物体与物体互相间的沟通和对话。

因此，物联网是指通过射频识别、红外感应器、全球定位系统、激光扫描器等信息传感设备，按约定的协议，把任何物品与互联网相连接，进行信息交换和通信，以实现对物品的智能化识别、定位、跟踪、监控和管理的一种网络。

（二）物联网关键技术

1. 传感器技术

传感器技术是物联网应用的基础技术，具备检查和控制功能，能够对信息变化实现快速感知和测量，应用文字、符号等方式表达出来，从而满足多样化信息处理的需求。现阶段，在传感器技术的不断发展下，传感器设备的性能逐渐提升，特别是微处理器，功能齐全，具有较强的信息采集和交互能力，在应用过程中能够保持数据的稳定收集与处理。

2. 云计算技术

云计算技术的应用范围较为广阔，在应用过程中可以结合实际需求量和拓展方式完成资源供给任务，这些资源被称为"云"，客户需求会对"云"的获取造成直接影响，而且在云计算模式下，客户的这种需求是无边际的。因此，在物联网背景下，云计算技术提供的云服务具有一定的便捷性，只需要根据需求支付费用即可。同时，随着云计算的发展，根据特定需求量完成资源供给和数据交互的任务也会不断完善，保证物联网能够对物流供应需求做出快速反应，而且还开始与其他行业融合起来，最终提升物联网的服务能力。

3. M2M技术

M2M（machine to machine）技术也就是机器对机器的技术，当前在物联网中应用也较为普遍,是互联网应用的一种表现形式,属于"被标记""被感知"的范畴,能够在物与物之间实现信息的传递与共享。在中间软件更新和升级下,物联网中的M2M技术逐渐将多种通信技术融合起来,提升物与物之间沟通的便捷性。比如,M2M技术现在已经与GPS技术、数据采集技术与远程监控技术等融合起来,进一步提升物联网功能。

> **知识拓展**
>
> **构筑新发展格局的强大循环基础**
>
> 党的二十大报告提出:"加快发展物联网,建设高效顺畅的流通体系,降低物流成本。"这是党中央着眼于提升经济运行的连接能力、流通效率,畅通国内国际经济循环的一项战略性举措,对于推动构建新发展格局具有重要现实意义。
>
> 发展物联网有利于提升数字化连接能力。物联网基于信息化、数字化、网络化、智能化、跨界融合等手段,实现企业内的人、物(如机器、设备、产品)、服务以及企业间、企业与用户间、用户与用户间的互联互通、线上线下融合、资源与要素协同。物联网具有的广泛数字化连接、海量数据采集与分析、决策支持、远程控制与操作、系统集成等能力,有助于企业迈入数据驱动发展阶段,推动生产流通消费的动力、效率与质量等变革。物联网既是一种新生产方式、组织方式、运营方式、资源配置方式,也是一种新的基础设施,是新一代信息网络技术与农业、工业、服务业深度融合的产物。
>
> 加快发展物联网,有利于提高生产流通运作效率,畅通供应链。推动硬件、物理基础设施与软件、数字化基础设施等一体化发展,增强产业生态韧性、灵活性与市场反应能力;促进智能生产、柔性生产、精益生产、大规模个性化定制、绿色生产等。物联网赋能企业检验检测体系,根据先行指标判断产品与设备的运行状态,预防故障发生。实现产品自动检测、全程追溯与可视,实现智能质检,提高质量管理水平。
>
> 资料来源:构筑新发展格局的强大循环基础. 光明网[EB/OL].(2023-07-28)[2024-10-18]. https://baijiahao.baidu.com/s?id=1772627819010544331&wfr=spider&for=pc.

二、物联网在智慧物流与智慧供应链各环节中的应用

(一)采购环节

对于采购环节而言,关键在于原材料质量的检测与控制,传统采购工作主要是通过人工方式进行质量检查,物联网技术的应用,主要是利用相关感知设备进行质量检测,相比人工方式更加精准和高效,而且还能减少人工成本的投入,提升原材料质检效率。同时,利用物联网技术还能对采购环节中各种原材料的来源、状态、质量以及具体使用情况进行实时、动态追踪,实现原材料应用全过程的数据可视化和全面化,方便生产企业掌握更加

完善的采购信息，保证采购环节质量。

（二）加工生产环节

加工生产环节是将采购环节的原材料变成可销售的商品的必要环节，将物联网技术应用于正常流水加工线上，能够将整个加工生产活动分解为多个小环节，然后结合具体情况再进行小单元分解，将各个环节生产操作转变为数字化管理，将这些海量数据汇集起来进行统一分析，从而获取效益最高的组合，提升加工生产的效率，保证生产质量。

（三）仓储环节

在仓储环节要对商品实施出入库信息登记、存储管理以及定期盘点等物流工作，确保货物信息与实际账目一致，避免出现货物存储问题。在这个环节，物联网技术，特别是其中的二维码识别技术，在当前应用较为广泛，具体是根据货物类别，将二维码贴到货物上，实现"一货一码"，而且在货物的入库、存储、盘点、检验、出库等环节实现一码通管理，直接扫描货物上的二维码，就能获取相关信息，实现信息一一对应，确保货物状态与网络数据状态的一致性和同步性，实现同步输入与更新，便于仓储人员掌握具体仓储情况，实时了解每一个货物的状态和损耗情况，以免出现缺货、漏货、丢货、坏货等问题，增强仓储管理的高效性和便捷性。另外，在智慧仓储的升级应用下，物联网技术在智慧物流供应链体系中还能实现获取货物的有序性整理、管理，强化可视化管理，实现仓储温度控制、仓储意外报警、仓储获取存储等远程化监控和调节，让获取在仓储环节更加具有可视化特点。

（四）温度控制环节

在温度控制环节主要是对货物的存储环境、运输环境进行温度控制。合理的温度控制能够提升货物的保存质量，特别是一些水果、冷冻食品，做好温度控制能够适当延长其保质期。因此，在物联网技术应用下，智慧物流供应链体系还能实现对商品的温度监控。

（五）运输环节

运输环节是整个智慧物流供应链体系中的关键环节，应用物联网技术能够对该环节进行全过程、全面性的监督与管理，不同的运输方式也可以采用监控技术在设备终端呈现出可视化画面，对货物运输过程进行联网操作，实时更新运输状态和运输路线等信息，假如存在问题会直接与运输人员联系，实时反馈数据信息，科学调整运输形式、路线等，确保运输环节能够高效率运转。消费者通常也更加关注运输环节，比如，从网络平台购买某件商品之后，消费者会时刻关注这件商品的物流信息，实时查看商品运输到哪里。

（六）销售环节

销售环节主要包括两种形式：一是线下实体店销售；二是线上网络销售。对于大型供应商而言，除了为消费者提供线下实体店销售服务之外，还要将物流"上门服务"的优势展现出来，利用物联网技术，让消费者能够实时掌握货物运输地点、路线以及预计送达的时间，为消费者提供与线下实体店无差别的高质量货物，提升网络购物的便捷性和快速性。另外，还可以利用物联网技术对销售环节进行远程监督和管理，动态观察每一笔订单的进展和完成情况，从而提升网络购物的成功率。

三、基于物联网的智慧物流与智慧供应链体系构建

建设以物联网为基础的智慧物流与智慧供应链体系，需要明确物流供应链各主体需求，实现各个企业、各个环节以及各个主体之间的信息互通互联，将先进技术手段与传统管理方式结合起来，实现技术和管理的有机融合，构建真正意义上的智慧物流与智慧供应链体系。

首先，应用物联网技术，收集前期原材料采购需求信息和供应信息，确保需求与供应上下联通，保证在供应环节实现原材料的有效对接。同时，实现供应链上下游企业的衔接，改善物流仓储模式，形成智能化采购生产以及智能化仓储管理。

其次，在采购、加工生产、仓储、温度控制、运输、销售的阶段中，引导所涉及企业都参与到物流过程管理中，针对不同时期的货物状态实施统一化管理，从而提升货物采购、运输和销售等环节的衔接性，实现数据信息的共享与应用，并且相关部门也能参与其中进行过程监管，为供应链企业提出发展建议，确保多方物流发展的流通性和连贯性。

最后，应用物联网技术对整个物流过程进行实时、动态监控，通过提升物流企业技术支持的方式，加强物联网技术在智慧物流供应链管理中的应用效率和效果，帮助物流企业提升运转效率。同时，还可以将5G技术应用于物流供应链管理中，满足一些企业跨平台、跨区域运输的需求，在物流信息平台中结合信息技术，提升信息传播速度和质量。另外，对每个环节的物流状态进行监督和控制，面对异常问题、特殊情况要发出预警，提醒相关人员及时处理，调整物流供应链模式，避免成本增加和资源浪费问题的出现，提升整体监控效率，让物流供应链的各个环节都更加可视、可控。

任务二 移动互联网及其在智慧物流与智慧供应链中的应用

一、移动互联网概述

（一）相关概念

1. 网络概念

网络即计算机网络，是通过某种通信介质将不同地域的多台具有独立功能的计算机连接起来，并借助网络体系，按照网络通信协议和网络操作系统进行数据通信，实现网络上的资源共享和信息交换的系统。

移动互联网及其在智慧物流与智慧供应链中的应用

2. 互联网概念

互联网，又称网际网络，或音译为因特网，是网络与网络之间所串联成的庞大网络，这些网络以一组通用的协议相连，形成逻辑上的单一巨大国际网络。这种将计算机网络互相连接在一起的方法可称作"网络互联"，在这基础上发展出覆盖全世界的全球性互联网

络称作"互联网"。互联网并不等同万维网,万维网只是基于超文本相互链接而成的全球性系统,且是互联网所能提供的服务之一。

3. 移动互联网的概念

移动互联网是移动和互联网融合的产物,继承了移动随时、随地、随身和互联网分享、开放、互动的优势,是整合二者优势的"升级版本",即运营商提供无线接入,互联网企业提供各种成熟的应用。

互联网自产生以来,经历了由低速到高速、由窄带到宽带、由有线到无线的不断演进和发展。随着移动通信技术的迅猛发展,互联网的技术、平台、商业模式和应用与移动通信技术相结合,产生了移动互联网。借助移动互联网,用户可使用各类智能移动设备,如手机、平板电脑或其他手持终端等,通过无线通信网络接入互联网,获取所需要的信息及各类服务。

(二)移动互联网的关键技术

移动互联网的相关技术主要涉及终端研制、数据传输和服务供给三个方面,其中终端研制方面包括移动芯片设计技术,微电子机械系统(micro-electro-mechanical system,MEMS)器件制备技术,关键元器件、模具及整机制造技术,软件操作系统开发;数据传输方面包括信号调制、解调和传输技术,信道分配技术,信息存储技术;服务供给方面包括移动应用开发、浏览器、虚拟现实(virtual reality,VR)应用服务、移动定位、移动支付、移动社交、移动互联网安全技术等。

对移动互联网发展产生重要影响的关键技术主要包括以下几个方面。

1. 移动芯片技术

移动芯片是安装在移动终端设备内部,负责完成数据运算、信息存储和对外进行无线通信等任务的通用集成电路。近年来移动芯片技术的研究主要集中在与基带系统零部件、发射机以及调制载波系统的设计方法方面。

2. 近场通信技术

近场通信技术(near field communication,NFC)是一种工作在13.56MHz频率的低速、近距离无线通信技术,它允许在多个电子设备之间实现简易数据的双向交互,有卡模拟、读写和点对点通信三种工作模式。NFC适用于短距离通信,可应用于与安全识别相关的门禁、支付,以及数字海报、数据传输等场景。

3. 大规模多天线技术

传统的无线通信系统由单根天线完成信号的收发,大规模多天线技术则采用数量众多的天线,让天线阵列在一个方向上能量更为集中,在不增加功率和宽带资源的前提下提高无线网络的频谱效率。大规模多天线技术的关键包括信道信息获取技术、传输方法、资源调度与分配技术。

4. 载波聚合技术

载波技术是通过载波传输信息的技术,是无线电通信中较为基础的技术,绝大多数的射频信号都必须经过调制后经由载波才能从发射端传送出去。载波聚合技术将成员载波聚合在一起，扩展成LTE-A系统的传输载波，以整合带宽资源、提高带宽利用率，满足无线宽带互联的需求。载波聚合技术的关键技术包括成员载波的聚合方式、信道资源的分配与调度、数据链路的设计与控制。

5．虚拟现实技术

虚拟现实技术是以沉浸性、想象力和交互性为基本特征的人机交互界面。VR技术采用计算机图形学、人机交互、计算机网络技术、人工智能技术、多媒体技术、传感技术和并行处理技术来模拟人的视觉、听觉、触觉等感官功能，使人沉浸在计算机生成的虚拟环境中，甚至通过语言、手势等自然的方式与之进行实时交互，以创建高度逼真的多维通信空间，其关键技术包括动态环境建模技术、实时三维图形生成技术、立体显示和传感器技术、应用系统开发工具、系统集成技术。

6．精准定位技术

通过移动通信方式获取、传输和分析用户精准位置的位置服务（location based services，LBS），是移动互联网的一种典型应用技术。为用户提供移动定位的三类较为常用的无线电信号包括卫星广播信号、蜂窝移动通信信号和短距离无线通信信号。精准定位技术可应用于无人驾驶、室内外导航等领域。精准定位技术的关键包括多卫星/多模组合定位技术、地基型卫星信号处理技术和短距离移动通信增强技术。该领域技术未来的发展趋势是"星基"与"地基"一体化、卫星信号与移动通信信号一体化、室内与室外定位一体化的高精度无缝融合。

二、移动互联网在智慧物流与智慧供应链中的典型应用

随着移动互联网的迅速发展和智能手机的普及，基于移动互联网的智慧物流与智慧供应链生态模式日渐成熟，移动互联网在物流领域各环节的应用日趋广泛。移动互联网在智慧物流与智慧供应链中的应用场景包括以下几个方面。

1．移动物流信息公共平台

基于移动互联网的物流公共信息平台，可根据物流信息化系统需求及移动互联技术规范，从移动网络核心与专有技术、综合安全系统（united security system，USS）、MTools无线中间件、App应用及技术解决方案等方面实现对物流信息的一体化管理，提升物流数字化管理水平。平台可根据物流业务需求进行定制设计，包括手机App综合运输配货系统、移动ERP、移动配送、移动维保等一系列服务内容。用户不必借助任何其他设备，使用手机就可随时随地进行物流业务的处理与管理，享受移动互联网带来的更多便利。

2．移动物流服务交易

移动物流信息服务平台依托汇聚在平台上的大量经认证的第三方物流公司、社会车辆、货主以及货代所提供的货源和车源信息，可实现更为安全、快捷、高效的车货匹配交易服务。平台上的司机、货代（或信息部）使用手机或物流专用平板电脑，可实现车源、

货源在线即时发布，并得到平台据此智能化车货匹配后的反馈信息。平台还可实现订单在线处理、货款（或运费）在线支付。

3．移动运输可视化管理服务

基于移动互联网的物联网技术可覆盖装货、在途以及签收整个运输过程的管理。运输前，可在手机端为司机提供运输路径规划及可视化显示。在运输途中，通过集成车载设备，可实现运输途中对温度、湿度、车速、车辆行驶轨迹等信息的实时采集；通过视频、音频、图片、文字等手段对采集信息进行最直接的反馈，帮助司机、运输公司或客户全面了解货物情况；同时也可以通过车载系统向驾驶员发送控制及调度指令，实现对配送过程及产品质量状态的实时监控。在签收时，支持签收单据以及收货人身份证件拍摄和上传，实现电子签收。此外还可在移动端为司机提供所在地的汽修汽配、餐饮住宿等信息以及紧急情况下的在途救援等服务。

4．移动智慧仓储管理

基于移动互联网的物联网技术可实现仓储作业的智慧管理。将传感器、可穿戴设备、自动拣选设备、智能手机等终端设备通过移动互联网连接到仓储管理系统中，可以实现货物出入库、盘点等作业的智能化处理，包括出入库货物数量计量和状态感知、储位规划、自动拣货、可视化拣货路径规划与指示、自动盘点与存货控制、仓储环境自动监测与温湿度控制等。

任务三　5G技术及其在智慧物流与智慧供应链中的应用

一、5G技术概述

（一）5G技术的发展历程

5G是第五代移动通信技术的简称。自20世纪70年代贝尔实验室提出"蜂窝网络"概念以来，移动通信技术几乎每十年经历一次制式更替，至今已发展到第五代。

5G技术及其在智慧物流与智慧供应链中的应用

5G是3G和4G技术的升级版。2015年9月在美国凤凰城举行的全球标准化组织——第三代合作伙伴计划的工作会议中，正式提出下一代无线电技术将向增强型宽带（enhanced mobile broad-band，eMBB）、大规模机器通信（massive machine type of communication，mMTC）和高可靠性超低时延通信（ultra reliable low latency communication，uRLLC）三大方向发展。2018年6月，5G的NR独立组网SA标准正式出台，将空中接口时延缩短到1ms、峰值速率达到1GB/s、连续广域和高移动性下用户体验速率达到100MB/s。

在我国，2019年6月6日，中华人民共和国工业和信息化部向中国电信、中国移动、中国联通和中广电正式发放了5G商用牌照,标志着中国在2019年进入了"5G商用元年";2020年"新基建"又把5G基础设施建设放在首要位置,预计2025年5G基站将达到550万个。

(二)5G的特点

1．超级带宽

其吉字节(GB)级接入速率已经超越了互联网接入、视频通信应用流量的基本速率,其拥塞和时延也趋于零,终端用户可以感受到具有无限流量的网络。

2．海量物联

采取网络自动化技术并基于服务架构,实现对海量网联设备全生命周期的管理与安全性保证。

3．即时可靠通信

保证高可靠性、超低时延通信的能力,以实现全球网上远距离的真实临场感。

如果说1G时代到4G时代是人与人的互联,那么5G时代要实现的是万物互联,并最终实现"信息随心至,万物触手及"的愿景。

二、5G技术在智慧物流与智慧供应链中的应用

智慧物流与智慧供应链中广泛采用的人工智能、大数据、云计算、物联网以及区块链等核心技术都离不开高质量通信技术的支撑。5G作为国家发展的新一代通信网络,是在智慧物流与智慧供应链中应用的关键技术。因此,5G移动通信技术的全面商用,将加快上述技术应用的推进,促进物流与供应链的智慧化发展。

物流信息互通共享技术及应用国家工程实验室在其发布的《5G网络技术在新一代物流行业中的应用报告》中,描绘了如图4-1所示的基于5G的新一代物流阶段与场景演绎进程,明确了5G技术在智慧物流领域中的应用场景。

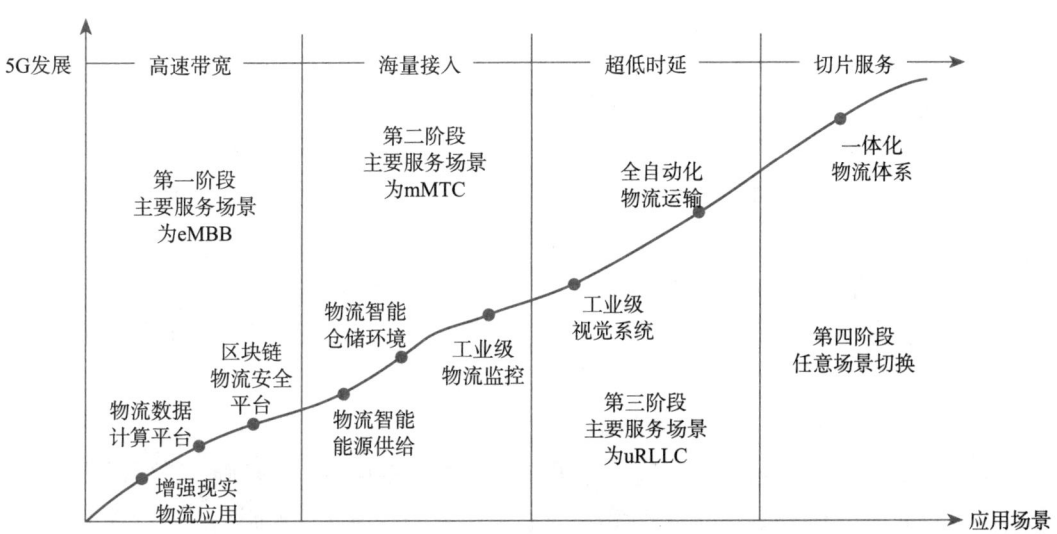

图4-1　基于5G的新一代物流阶段与场景演绎进程

1．增强现实物流应用

近年来，物流行业中的增强现实应用已经被推行。在物流行业中应用增强现实（augmented reality，AR）技术（图4-2）可以降低人员培训成本，甚至在以后全自动化物流环境下，机器人也可以利用AR技术完成视觉部分的工作。目前，AR技术并没有被大量地在企业级中推广，主要原因是现有通信技术的带宽无法支撑AR应用的商业应用。新一代移动通信技术5G具有很高的带宽，并且大规模MIMO技术使得其通信稳定，同时5G对移动边缘计算的支撑，可以作为AR这种高效能视觉应用的数据通信技术。因此，下一代物流的AR技术将会依赖5G作为其数据通信的支撑。

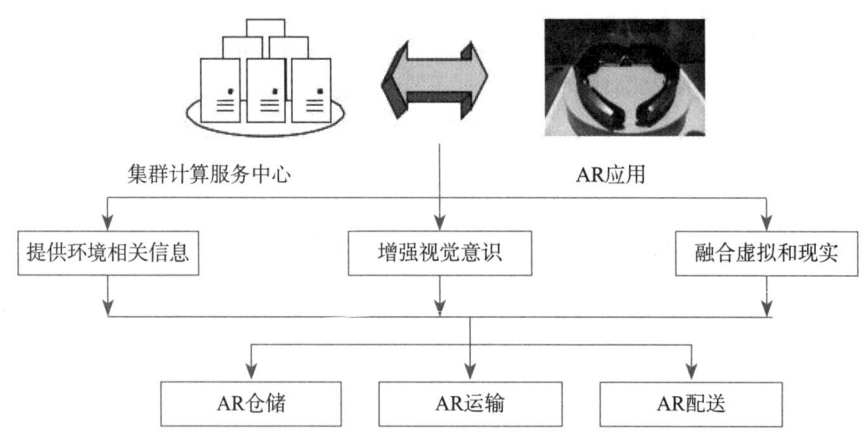

图4-2　基于5G的物流AR技术应用

AR技术在新一代物流行业中是5G高带宽特性应用的重要场景，因为AR设备对于物流行业来讲是一种辅助设备，能够引导物流工作人员高效地完成仓储、干线运输、末端配送任一环境下的工作。

2．加速物流数据计算平台

5G高带宽的特性使得基于大数据和云计算的"云物流"架构变得更加实用。5G在新一代物流计算方案中能够提供边缘计算的高速通信，同样海量接入的特性也使得边缘计算和集中式计算可以无缝融合。5G中核心技术之一就是为边缘计算提供高效的通信方案，分布式的移动云边缘计算也是新一代物流中边缘节点的计算模式。

目前，物流行业中海量的数据都来源于上层应用，当5G促进了物流大数据和云计算平台的发展，海量数据的来源将变得更加广泛，不仅是上述上层应用中，更会是任意一个物流节点都能将产生的数据上传云端数据库，并且能够及时更新。

3．支撑区块链技术，维护物流安全

传统的物流体系一般以大规模、可扩展的海量数据存储技术为基础，需要对涉及用户信息的大数据、物流大数据及驿站大数据进行分析及安全存储技术研究，该过程可以借助区块链技术维护物流信息的安全传输，符合基于5G的新一代智慧物流与供应链的发展要求。

依靠区块链技术能够真实可靠地记录和传递物流过程产生的资金信息和产品信息以及物流位置信息，5G具有高带宽特性，使得区块链能够更为高效地完成密钥计算和数据处理，保证信息传递过程的实时性和高效性，提升行业整体效率。

4．推动物流仓储环境智能化

智能仓储是新一代物流行业中人工智能技术应用较为广泛的场景之一，5G作为传输层技术为其提供了有力的通信环境，同时5G的海量接入特性使得仓储环节中很多智能终端设备在各模块中发挥着积极的作用。高效率的智能仓储来源于5G的支撑，所以5G间接地通过仓储来为上游电商企业提供货物保障，为客户提供更好的物流服务体验。自动化仓储环境如图4-3所示。

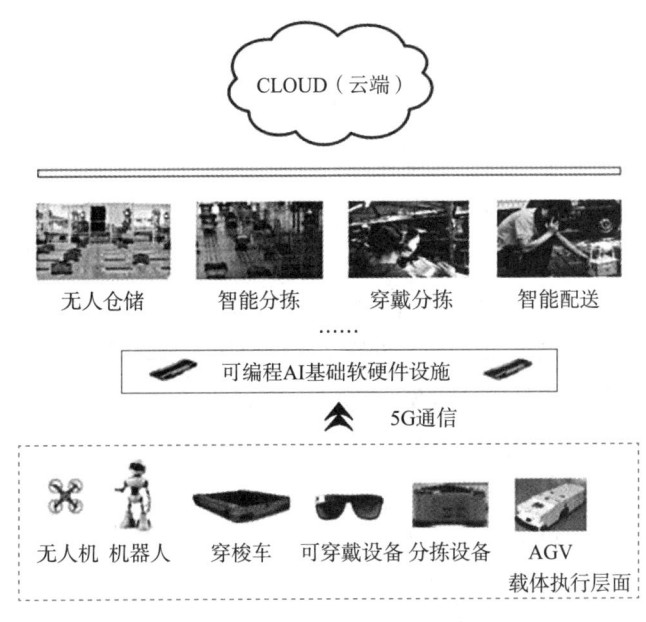

图4-3　自动化仓储环境示意图

5．推动工业级物流监控高效智能

5G作为稳定的高带宽通信技术，在工业级的智能监控中可以稳定带宽，将运输和仓储过程中的数据资料情况以视频或者图像等数据形式及时反馈到数据中心，物流总部不仅可以查看物品物流传输路径，还可以监控物品状况和进行统计分析。各个物流节点的工作人员包括运输人员可以通过共享信息平台及时了解运输状况和接受远程指令。因此，相比传统的通信技术，5G使得物流从生产、传输到仓储等环节都能够得到全面、立体、及时的监控，使得物流监控这一核心的环节变得更加高效智能。基于5G的物流工业级监控架构如图4-4所示。

6．5G促进物流工业级视觉系统的实现

计算机视觉技术成为物流业智慧化进程的加速器，特别是深度学习技术的普及使得物流业和计算机视觉技术紧密结合，深度学习使得图像识别、人脸识别、目标检测和目标追

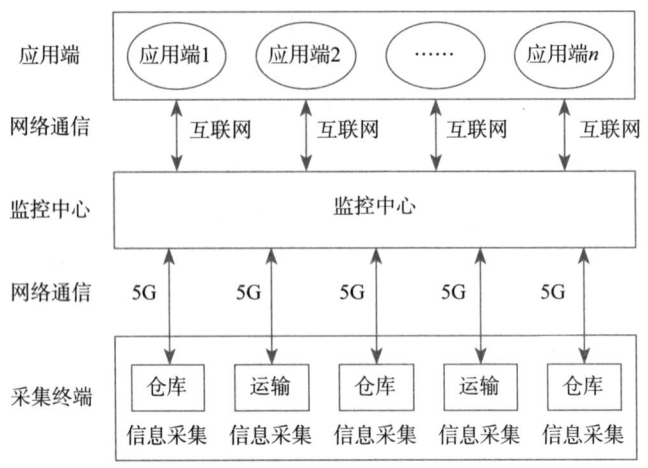

图4-4 基于5G的物流工业级监控架构

踪等计算机视觉技术变得更加高效智能化。

5G高带宽、低时延的特性使得工业视觉系统在新一代物流中更被广泛地应用，一些物流监控和视觉采集系统可以作为数据采集工具，然后利用视觉分析技术完成数据的高层语义操作，这些复杂的操作在5G通信辅助下，效率大幅提高。在物流的分拣环节，视觉技术通过图像识别技术可以迅速定位物流的基本信息用于智能分拣。在监控环节中，人脸识别技术可以对负责物流的员工的身份进行确认和记录。

7．实现全自动化物流运输

物流运输的全自动化控制依赖于无人驾驶技术。物流运输过程中，物流车辆内置中央处理器，可以自主控制车辆进行加减速、转弯、临时制动等驾驶操作，完全可以脱离驾驶员，所有数据计算都是通过网络远程操控物流车辆的驾驶行为。人类驾驶和无人驾驶的区别如图4-5所示。5G作为新一代高效性能的移动通信技术，可以使得物流运输使用的车辆突破非视距感知、数据信息即时共享等技术的智慧化进程瓶颈，助力实现物流运输全自动化的局面。

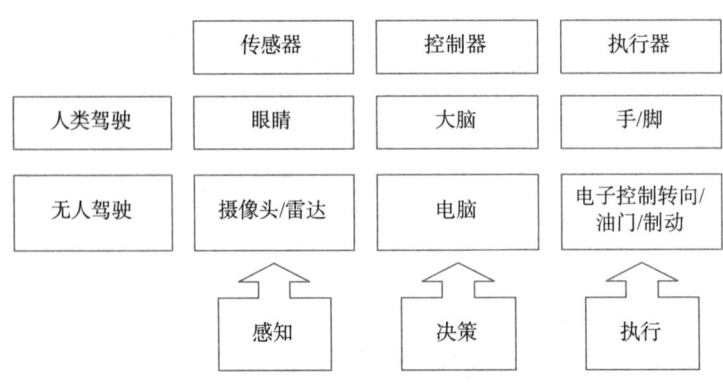

图4-5 人类驾驶和无人驾驶的区别

5G主要用于物流运输的终端通信，即运输车辆和远程的云控制中心以及物流应用服务进行数据交互和通信的过程，终端负责采集数据、接受指令以及发送信息。应用服务和云控制中心仍可以采用有线以太网通信。结构中采用5G通信的主要原因是5G能够满足车联网环境需要的自组织网络构建、数据即时共享海量传输以及低时延、高可靠等优质性能。5G是无人驾驶技术的奠基石，能够有效促进无人驾驶技术的应用，也能够促进新一代物流行业中全自动化运输产业的发展，所以5G间接地积极影响上游企业的运转，从而完善整个智慧物流供应链体系。

任务四　云计算及其在智慧物流与智慧供应链中的应用

一、云计算基本概述

（一）云计算的概念

云计算至今为止没有统一的概念，不同的组织从不同的角度给出了不同的解释，根据不完全统计，关于云计算的概念至少有25种。例如，高德纳（Gartner）咨询公司认为，云计算是一利用互联网技术将庞大且可扩展、具有弹性的IT能力集合起来，作为服务提供给多个外部用户的计算方式。美国国家标准与技术实验室对云计算的定义是，"云计算是一种按使用量付费的模式，这种模式提供可用的、便捷的、按需的网络访问，进入可配置的计算资源共享池（资源包括网络、服务器、存储、应用软件），这些资源能够快速部署，并只需要很少的管理工作或很少的与服务供应商的交互"。随着应用场景的变化和智能技术的发展，关于云计算的定义还在不断产生。

云计算及其在智慧物流与智慧供应链中的应用

从更广泛的意义上来看，云计算是指服务的交付和使用模式，即通过网络以按需、易扩展的方式获得所需的服务，这种服务可以是IT基础设施（硬件、平台、软件），也可以是任意其他的服务。

（二）云计算的基本原理

云计算是对分布式处理（distributed computing）、并行处理（parallel computing）和网格计算（grid computing）及分布式数据库的改进处理，其前身是利用并行计算解决大型问题的网格计算和将计算资源作为可计量的服务提供的公用计算，伴随着互联网宽带技术和虚拟化技术高速发展，云计算才得以出现。

云计算的基本原理为：利用非本地或远程服务器（集群）的分布式计算机为互联网用户提供服务（计算、存储、软/硬件等服务）。这使得用户可以将资源切换到需要的应用上，根据需求访问计算机和存储系统。云计算可以把普通的服务器或者PC连接起来以获得超级计算机的计算和存储等功能。云计算真正实现了按需计算，从而有效地提高了对软/

硬件资源的利用效率。云计算模式中用户不需要了解服务器在哪里，不用关心内部如何运作，通过高速互联网就可以透明地使用各种资源。

（三）云计算的服务模式

云计算通过互联网提供软件与服务（图4-6），并由网络浏览器界面来实现，云计算的服务模式如图4-6所示。用户加入云计算不需要安装服务器或任何客户端软件，并且可在任何时间、任何地点、任何设备（前提是接入互联网）上通过浏览器随时随地访问，云计算的典型服务模式有三类：软件即服务（software as a service，SaaS）、平台即服务（platform as a service，PaaS）和基础设施即服务（infrastructure as a service，IaaS）。

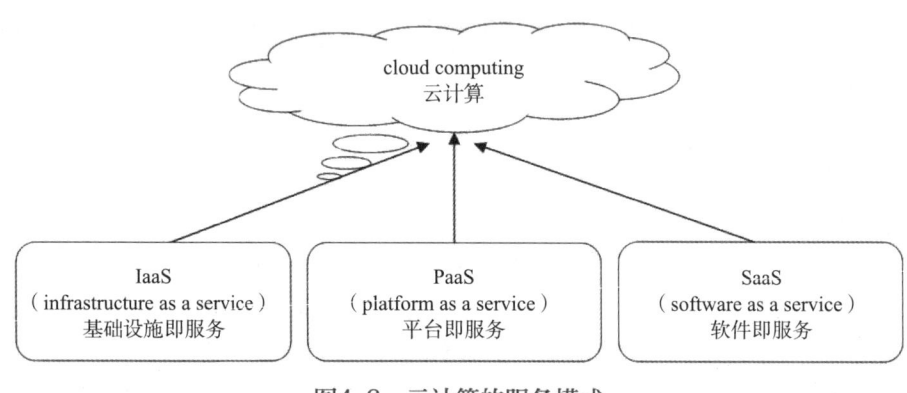

图4-6　云计算的服务模式

所谓SaaS是指用户通过标准的Web浏览器来使用互联网上的软件。从用户角度来说，这意味着他们前期无须在服务器或软件许可证授权上进行投资；从供应商角度来看，与常规的软件服务模式相比，维护一个应用软件的成本要相对低廉。SaaS供应商通常是按照客户所租用的软件模块来进行收费的，因此用户可以根据需求按需订购软件应用服务，而且SaaS的供应商会负责系统的部署、升级和维护。

所谓PaaS是指云计算服务商提供应用服务引擎。例如，互联网应用程序接口（API）或运行平台，用户基于服务引擎构建该类服务。PaaS是基于SaaS发展起来的，它将软件研发的平台作为一种服务，以SaaS的模式提供给用户，可以加快SaaS的发展，尤其是加快SaaS应用的开发速度。从用户角度来说，这意味着他们无须自行建立开发平台，也不会在不同平台兼容性方面遇到困扰；从供应商的角度来说，可以进行产品多元化和产品定制化服务。

所谓IaaS是指云计算服务商提供虚拟的硬件资源。如虚拟的主机、存储、网络、安全等资源，用户无须购买服务器、网络设备和存储设备，只需通过网络租赁即可搭建自己的应用系统。IaaS定位于底层，向用户提供可快速部署、按需分配、按需付费的高安全与高可靠的计算能力及存储能力租用服务，并可为应用提供开放的云基础设施服务接口，用户可以根据业务需求灵活定制租用相应的基础设施资源。

无论是SaaS、PaaS还是IaaS，其核心概念都是为用户提供按需服务。于是产生了"一切皆服务"（everything as a service，EaaS或XaaS）的理念。基于这种理念，以云计算为核心的创新型应用不断产生。

（四）云计算的部署模式

美国联邦云计算战略报告中，云计算按照部署模式可以分为公有云、私有云、社区云和混合云四种，如表4-1所示。

表 4-1　云计算的部署模式

模式	服务对象	特点	举例
公有云	社会大众公共群体	规模化、低成本、安全性受服务供应商制约	阿里云、华为云、腾讯云、百度云、微软Windows Azure、Amazon AWS
私有云	某一企业或组织	高安全、高性能、高可靠、高成本	3A Cloud、OATOS、Eucalyptus
社区云	社团组织	较高的隐私度和安全性、区域性、行业性	Nebula云平台
混合云	个人或组织	更大的灵活性和可扩展性、更高的成本	青云QingCloud、天翼混合云

二、云计算技术在智慧物流与智慧供应链中的应用

在市场竞争日益复杂、用户需求多样性的背景下，优化物流资源配置对企业发展的作用越来越明显。云计算技术在智慧物流与供应链中可实现物流相关数据的数据捕捉、整理、存储、分析、处理和管理等。基于云计算技术构建物流信息平台，已经成为当前先进物流企业的首选。

（一）云计算技术为物流企业提供的服务

1．云计算业务服务层面

物流企业利用经过分析处理的数据，通过Web浏览器为其客户提供丰富的特定应用与服务，包括物流监控、智能检索、信息查询、信息码扫描、物品的运输传递扫描等。

2．云计算平台数据存储层面

利用云计算平台，提供物流企业所需要的具体数据，包括数据的海量存储查询、分析，实现资源完全共享、资源自动部署、分配和动态调整。

3．云计算基础服务层面

依靠云计算平台，为物流企业提供各种互联网应用所需的服务器，这样，物流企业便能在数据存储及网络资源利用方面具备优越性，同时能够减少物流企业的经营成本；还可以在应用时实现动态资源调配，自动安装部署，向用户提供按需响应、按使用收费和高质量的基础设施服务。

（二）云计算技术的未来展望

在智慧物流与供应链领域中，云计算技术的应用前景仍然十分广阔。云计算技术可以与物联网、大数据、区块链等技术相结合，实现更加智能化的物流与供应链管理和服务。

1. 与物联网技术的结合

在物联网技术中，物体都是互联网的一部分，通过感知和收集物体的信息，可以实现对物体的智能控制和管理，而云计算技术可以实现数据的实时互联和交换，可以更加高效地获取、分析和处理物体信息，从而为物流提供更加优质的服务。

2. 与大数据应用的结合

随着数据规模的不断增长，在智慧物流与供应链中大数据的应用也越来越重要了。通过云计算技术的支持，可以实现大数据的处理和分析，使物流企业运用大数据来提升其决策能力、提高服务质量和优化运营模式，实现智能化的数据管理和服务。

3. 与区块链技术的结合

区块链技术是当前的热点技术之一，它的应用将在未来大力发展。通过与云计算技术的结合，可以实现更加精细化的智慧供应链管理和更好的信息共享。通过在云端部署区块链技术，可以实现对物流与供应链中各个环节的溯源和监管以及对质量的追溯和证明，保证物流的可信性。

云计算技术在智慧物流与供应链领域具有非常重要的作用，为物流行业的优化和升级提供了强有力的支撑。在未来，随着云计算技术的发展和创新，它在智慧物流与供应链中的应用前景将更加广阔，有望为物流行业的高效、智能发展贡献更多的力量。

任务五　大数据技术及其在智慧物流与智慧供应链中的应用

一、大数据技术概述

（一）大数据的概念

大数据（big data），或称巨量资料，指的是所涉及的资料量规模巨大，在合理时间内达到撷取、管理、处理并整理成为帮助企业经营决策更积极目的的资讯并进行数据通信，实现网络上的资源共享和信息交换的信息手段。

大数据技术及其在智慧物流与智慧供应链中的应用

"大数据"是需要新处理模式才能具有更强的决策力、洞察发现力和流程优化能力的海量、高增长率和多样化的信息资产。从数据的类别上来看，"大数据"指的是无法使用传统流程或工具处理或分析的信息。它定义了那些超出正常处理范围和大小、迫使用户采用非传统处理方法的数据集。

(二)大数据的特点

关于大数据的特征,下面就目前使用最多的"4V"模型进行分析。"4V"特征主要体现在以下几个方面。

1. 规模性(volume)

规模性指的是数据巨大的数据量以及其规模的完整性。数据的存储从TB级扩大到ZB级。这与数据存储和网络技术的发展密切相关。数据加工处理技术的提高,网络宽带的成倍增加及社交网络技术的迅速发展,使得数据产生量和存储量成倍增长。

2. 高速性(velocity)

高速性主要表现为数据流和大数据的移动性,现实中则体现在对数据的实时性需求上。随着移动网络的发展,人们对数据的实时应用需求更加普遍,比如,通过手持终端设备关注天气、交通、物流等信息。高速性要求具有时间敏感性和决策性的分析——能在第一时间抓住重要事件发生的信息。

3. 多样性(variety)

多样性指有多种途径来源的关系型和非关系型数据。这也意味着要在海量、种类繁多的数据间发现其内在关联。互联网时代,各种设备通过网络连成了一个整体。进入以互动为特征的Web 2.0时代,个人计算机用户不仅可以通过网络获取信息,还成为信息的制造者和传播者。这个阶段,不仅数据量开始了爆炸式增长,数据种类也开始变得繁多。除了简单的文本分析外,还可以分析传感器数据、音频、视频、日志文件、点击流及其他任何可用的信息。

4. 价值性(value)

价值性体现出的是大数据运用的真实意义所在,其价值具有稀缺性、不确定性和多样性。玛丽·米克尔(Mary Meeker)在2012年互联网发展趋势中用一幅生动的图像来描述大数据。一张是整整齐齐的稻草堆,另外一张是稻草中缝衣针的特写。寓意通过大数据技术的帮助,可以在稻草堆中找到你需要的东西,哪怕是一枚小小的缝衣针。

(三)大数据分析

众所周知,大数据已经不简简单单是数据大的事实了,而最重要的现实是对大数据进行分析,只有通过分析才能获取很多智能的、深入的、有价值的信息。那么越来越多的应用涉及大数据,而这些大数据的属性,包括数量、速度、多样性等都是呈现了大数据不断增长的复杂性,所以大数据的分析方法在大数据领域就显得尤为重要。大数据分析普遍存在的方法理论有以下几种。

1. 可视化分析

大数据分析的使用者有大数据分析专家,同时还有普通用户,但是他们对于大数据分析最基本的要求就是可视化分析,因为可视化分析能够直观地呈现大数据特点,同时能够非常容易被读者所接受,就如同看图说话一样简单明了。

2. 数据挖掘算法

大数据分析的理论核心就是数据挖掘算法，各种数据挖掘的算法基于不同的数据类型和格式才能更加科学地呈现出数据本身具备的特点，也正是因为这些被全世界统计学家所公认的各种统计方法，才能深入数据内部挖掘出公认的价值。另外，也是因为有这些数据挖掘的算法才能更快速地处理大数据，如果一个算法得花上好几年才能得出结论，那大数据的价值也就无从说起了。

3. 预测性分析能力

大数据分析非常重要的应用领域之一就是预测性分析，从大数据中挖掘出特点，通过科学地建立模型，之后便可以通过模型代入新的数据，从而预测未来的数据。

4. 语义引擎

非结构化数据的多元化给数据分析带来新的挑战，我们需要一套工具系统地去分析、提炼数据。语义引擎需要设计到有足够的人工智能以从数据中主动地提取信息。

5. 数据质量和数据管理

大数据分析离不开数据质量和数据管理。高质量的数据和有效的数据管理，无论是在学术研究还是在商业应用领域，都能够保证分析结果的真实和有价值。

（四）大数据关键技术

大数据技术是指从各种各样类型的巨量数据中，快速获得有价值信息的技术。解决大数据问题的核心是大数据技术。大数据的四项关键技术及其细分技术阐述如下。

1. 大数据预处理技术

大数据预处理技术包括以下几个方面。

（1）数据采集。常采用数据仓库（extract-transform-load，ETL）技术，利用某种装置（比如摄像头、麦克风），从系统外部采集数据并输入到系统内部的一个接口，即将数据从来源端通过抽取、转换与加载至目的端。

（2）数据存取。常采用关系型数据库，诸如SQL数据库来对数据进行存储。

（3）基础架构支持。基础架构支持指的是采用云存储、分布式文件系统等来支持大数据的存入、取出及其他计算工作。

（4）计算结果展现。可采用诸如云计算、标签云（关键词的视觉化描述，用来汇总用户生成的标签）、关系图等对大数据的计算结果进行形象展示，以便用户决策应用。

2. 大数据存储技术

数据存储技术在应用过程中主要使用的对象是临时文件在加工过程中形成的一种数据流，通过基本信息的查找，依照某种格式，将数据记录和存储在计算机外部存储介质和内部存储介质上。

数据存储技术需要根据相关信息特征进行命名，将流动数据在系统中以数据流的形式反映出来，同步呈现静态数据特征和动态数据特征。大数据存储技术应同时满足以下三点要求：存储基础设施应能持久和可靠地存储数据；提供可伸缩的访问接口供用户查询和分析海量数据；对于结构化数据和非结构化的海量数据要能够提供高效的查询、统计、更新等操作。

3．大数据分析技术

大数据结构复杂，数据构成中更多的是非结构化数据，单纯靠数据库管理系统对结构化数据进行分析已经不太适用，所以需要技术的创新，这就产生了大数据分析技术，主要包括以下几种。

（1）数据处理。主要采用自然语言处理技术、多媒体内容识别技术、图文转换技术和地理信息技术等来处理各种数据。

（2）统计和分析。包括应用文本情感分析技术、语义分析技术、A/B测试、排行榜、地域占比等技术来实施分析。

（3）数据挖掘。常采用诸如关联规则分析、分类与聚类分析、智能优化算法等。

（4）模型预测。诸如各类预测模型、机器学习模型、建模仿真工具及其模式识别技术等。

4．大数据计算技术

目前采集到的大数据85%以上是非结构化和半结构化数据，传统的关系型数据库系统无法胜任这些数据的处理。如何高效处理非结构化和半结构化数据，是大数据计算技术的核心要点。如何能够在不同的数据类型中进行交叉计算是大数据计算技术要解决的另一核心问题。

大数据计算技术可分为批处理计算和流处理计算，批处理计算主要操作大容量、静态的数据集，并在计算过程完成后返回结果，适用于需要计算全部数据后才能完成的计算工作；流处理计算会对随时进入的数据进行计算，流处理计算无须对整个数据集执行操作，而是对通过传输的每个数据项执行操作，处理结果立刻可用，并会随着新数据的抵达继续更新结果。

知识拓展

什么叫物流大数据分析

物流大数据分析是指利用先进的数据分析技术收集、处理、分析大量物流运营过程中的数据，以优化物流管理和决策。它包括数据的采集、存储、处理和分析，通过对物流各环节的数据进行深入挖掘，可以提高运输效率、降低成本、优化库存管理、提升客户服务等。

一、物流大数据分析的基础

物流大数据分析的基础包括数据采集、数据存储、数据处理和数据分析四个主要环节。首先是数据采集，通过物联网设备、传感器、RFID标签等技术手段，实时采集物流过程中的各种数据，包括货物状态、运输路径、仓储情况等。数据存储则需要建立高效、可靠的大数据存储系统，如云存储、分布式数据库等，以便于数据的高效存取。数据处理是指对采集到的大量数据进行清洗、转换、整合和预处理，以便于后续的分析。数据分析则是利用统计分析、数据挖掘、机器学习等技术手段，对处理后的数据进行深入分析，挖掘出有价值的信息和规律。

二、大数据在物流中的应用场景

物流大数据分析在多个应用场景中发挥着重要作用。运输管理是其中重要的应用之一，通过对运输过程中的数据进行分析，可以优化运输路线、提高运输效率、降低运输成本。例如，通过GPS数据和交通数据的实时分析，可以选择最佳运输路线，避开交通拥堵，提高运输效率。库存管理也是大数据分析的重要应用，通过对库存数据的分析，可以实现库存的合理配置，避免库存积压和短缺现象。仓储管理方面，通过对仓储数据的分析，可以优化仓储布局、提高仓储效率、降低仓储成本。客户服务方面，通过对客户订单数据、反馈数据的分析，可以提升客户服务质量，增强客户满意度。

三、物流大数据分析的挑战与解决方案

尽管物流大数据分析具有广泛的应用前景，但也面临数据采集难度大、数据存储和处理难度大、数据分析难度大、维护数据安全和隐私保护难度大等挑战。针对这些挑战，可以采取多种解决方案。首先，加强数据采集技术的研发，提升数据采集的准确性和实时性。其次，采用先进的存储和处理技术，提高数据存储和处理的效率。再次，采用多种分析技术，提升数据分析的准确性和深度。最后，加强数据安全和隐私保护，建立完善的数据安全和隐私保护机制。

资料来源：什么叫物流大数据分析．帆软网［BE/OL］．（2024-06-30）［2024-11-18］．https://www.fanruan.com/blog/article/48234/.

二、大数据在智慧物流与智慧供应链中的应用

（一）大数据在智慧物流与智慧供应链管理应用中的意义

大数据属于智慧物流三个层次中最高的智能化层次，它为从感知层和网络层获取的大量数据提供了过去常规应用处理和一般性统计分析无法实现的，通过科学分析，开启智能化决策支持的新篇章，探索前所未有的可能性。

大数据在智慧物流体系中的应用可以但不限于从以下几个方面来体现。

（1）物流过程和供应链网络设计优化和绿色物流。

（2）对客户（货主）和服务商（合作伙伴）的大数据分析为定价政策和合同管理决策提供科学依据。

（3）盈利分析和成本控制，例如，对大量的运输过程的成本和盈利分析找出规律和共性，以制定新的定价和成本控制规则。

（4）运输路径、航线和服务模式设计。

（5）对大量的运输过程的风险因素进行计算分析得出风险控制模型。

（6）大数据是现代物流运营管理的金矿，传统的物流商业模式将因为大数据而变革，数据的商业化应用将为行业带来诸多创新。

（二）大数据技术在智慧物流与智慧供应链中的具体应用

大数据技术能够让物流企业做到有的放矢，甚至可以做到为每一个客户量身定制符合他们自身需求的服务，从而颠覆整个物流业的运作模式。但是大数据技术在国内智慧物流领域中的应用还处在起步阶段，有更广阔的发展空间。目前，大数据技术在智慧物流与智慧供应链领域中的应用包括但不局限于以下几个方面。

1．需求预测

依靠数据挖掘及分析，大数据技术能够帮助企业完全勾勒出其客户的行为和需求信息，通过真实而有效的数据反映市场的需求变化，从而对产品进入市场后的各个阶段做出预测，以提高服务质量。

例如，亚马逊对每个用户详细的搜索内容、产品详细记录、最后购买的产品等数据进行挖掘，使得亚马逊能够掌握消费者的喜好、购物习惯等，并通过对数据分析了解消费者的潜在需求。京东白条通过对用户长期的购买习惯与退货记录，以及购买商品的层次分析，为每一个用户进行市场定位，以此为据向每一位客户小额放贷，从而促进其平台销售额，提高盈利值。菜鸟物流数据平台引入消费者的物流数据、商家的物流数据、物流公司数据、其他社会数据（气象数据、交通实况的数据）等相关数据，展开对地区日常物流需求的全方面预测。

2．仓储作业优化

以货位分配方面为例，合理地安排商品储存位置对于提高仓库利用率和搬运分拣的效率有着极为重要的意义。对于商品数量多、出货频率快的物流中心，各货物拣选作业的关联性、货物存储时间的长短等因素决定着商品在仓库货架中的存放位置，而储位安排的合理与否在很大程度上决定着拣选作业的效率和仓库的效益。

为了解决这一问题，可以综合利用各种大数据技术实现仓库的储位优化。①可使用密度聚类算法、高斯混合模型和自组织映射算法对消费者进行聚类。②可使用Apriori算法挖掘消费者消费商品的关联关系，使用基于异构信息的网络聚类方法得到商品类，使用贝叶斯网络定量化描述不同商品需求间的相互影响。③基于商品需求的影响因素，建立深度表征学习算法模型，对消费者需求进行预测。④依据消费者的订单需求预测，在拣货前按照商品出库频次以及相关性等因素把货物分配到最佳的货位上。

3．辅助物流中心选址

物流中心选址问题要求物流企业在充分考虑自身的经营特点、商品特点和交通状况等因素的基础上，使配送成本和设施建设成本等之和达到最小。针对这一问题，可以利用物流数据分析中分类树方法来解决。

4．配送作业优化

基于大数据技术的配送优化可以从多个维度展开，目前已有的主要优化方向包括基于大数据预测的主动配送服务、基于大数据的配送路线实时优化等。

（1）主动配送服务是基于消费者历史行为大数据，预测企业应向客户提供服务的内容和时间，构建基于客户实时需求的统一信息平台，有针对性地进行服务资源的动态匹配。通过实现配送路线的智能化决策、提货送货时快速验货、配送货物库区内快速分拣、根据消费者行为特征制定个性化的配送服务，提升配送作业的效率，降低配送成本，提高消费者的物流体验。此外，主动配送服务也将有助于缩短企业服务响应时间，变被动服务为主动服务，提高客户对产品的使用满意度，提供更好的消费体验，不断促进消费升级。

（2）配送路线实时优化是一个典型的非线性规划问题，它一直影响着物流企业的配送效率和配送成本。物流企业运用大数据来分析商品的特性和规格、客户的不同需求等问题，从而用最快的速度对这些影响配送计划的因素做出反应，规划最合理的配送线路。企业还可以通过配送过程中实时产生的数据，快速地分析配送路线的交通状况，对事故多发路段做出预警。精确分析配送整个过程的信息，使物流的配送管理智能化，从而提高物流企业的信息化水平和可预见性。

任务六　区块链及其在智慧物流与智慧供应链中的应用

一、区块链概述

（一）区块链的基本概念

区块链起源于比特币，其本质是一个去中心化的开放性分布式数据库。它不依赖于第三方，通过自身的分布式节点进行网络数据的存储、验证、传递和交流。区块链上的每一个节点都是平等的，可以在任何时间按照相同的技术标准加入自己的信息，满足各种需求带来的数据录入需要。区块是一个一个的存储单元，记录了一定时间内各个区块节点全部的交流信息（如资产移动轨迹等）。各个区块之间通过一致的规范和协议（如比特币使用的随机散列，也称哈希算法）实现链接，后一个区块验证和包含前一个区块的信息。随着信息交流的扩大，一个区块与一个区块按照时间顺序相继接续，形成不可逆的链，即区块链。所有信息一起封闭在区块链中，每一个节点都保存整个数据库的内容，数据的存储更新。

区块链及其在智慧物流与智慧供应链中的应用

因此，从狭义来讲，区块链就是一种按照时间顺序将数据区块以顺序相连的方式组合成的一种链式数据结构，是以密码学方式保证的不可篡改和不可伪造的分布式账本。而从广义来讲，区块链其实是一种分布式基础架构与计算方式，它是用于保证数据传输和访问的安全的。

（二）区块链的类型

建立区块链网络有多种方法，由此形成不同类型的区块链。

1. 公有区块链

公有区块链对节点的加入和数据的公开没有任何限制。所有节点均可在不受其他影响的情况下进行交易，以及参与其他共识决策活动，其缺点可能包括需要大量计算能力、交易的隐私性极低或根本没有隐私性可言，以及安全性较弱。

2. 私有区块链

私有区块链是由某组织拥有并管理的区块链。该组织决定允许谁参与网络、执行共识协议和维护共享分类账。相较于传统的分享数据库，私有区块链由于控制了权限等内容，交易更加安全，利用加密技术显著提高了参与者的信心。私有区块链可以在企业防火墙后面运行，甚至可以在内部托管。

3. 许可区块链

建立私有区块链的企业通常建立一个许可区块链网络。当然，公有区块链网络也可以设置权限限制。这就带来了网络参与限制，并且只能适用于某些交易。参与者获得邀请或许可才能加入。

4. 联盟区块链

联盟区块链是部分组织共同拥有的一种特殊的私有链，多个组织可以分担维护区块链的责任。这些预先选定的组织决定谁可以提交交易或访问数据。在所有参与者都需要获得许可且对区块链负有共同责任时，财团区块链是业务的理想之选。

知识拓展

区块链织就高效透明的"智能物流网"

清晨，数十辆大型货运船冲散晨雾从湖北省武汉市长江航运中心出发，载着上千吨大宗商品赶往目的地，而这一次的路程似乎发生了前所未有的变化。相关负责人解释道："这批货船的信息录入到了'云上多联'智慧供应链综合服务平台，我们将通过融合了区块链和物联网技术的相关功能帮助实时捕捉物流动态，实现有效的风险管控和作业监督。"

九省通衢，天下之"腹"。湖北地处中国中部，是东西南北交通运输的必经之地，因其地理位置优越、水运交通发达，湖北省在散货、建材、钢铁、煤炭、汽车等大宗货物运输领域一直处于全国领先的发展地位。然而，对于货运企业来说，传统物流在贸易、运输、仓储环节都存在商品质量难把控、物流轨迹难管理、仓单数据易作假、运输周期不可控等诸多痛点。

同时，随着不同产业物流运输需求的复杂化和多样化，提高实效性和性价比，将错综复杂的运输线盘清理顺，充分发挥地理优势让供应链物流畅通无阻，也成为物流行业数字化转型的重要诉求。为解决传统物流难题，推动当地智慧物流发展，长江新丝路国际投资发展有限公司与杭州市趣链科技有限公司（以下简称"趣链科技"）达成合作，将传统运输业与区块链技术融合，赋能"云上多联"智慧供应链综合服务平台。

据了解，依托区块链底层平台搭建的"物流链"和单据可信存储的"凭证链"，能帮助企业快速生成一套"一站式"全程物流方案。这是怎么做到的？趣链科技相关技术人员介绍道："首先，我们以'云上多联'智慧供应链综合服务平台为基础，汇总了全省供应链物流公共信息，围绕联运物流作业场景，通过智能道闸、载具终端、智能地磅等物联网设备实时采集数据并在链上存储。"数据上"链"后，物流各参与方能高效连接，完成数据共享、业务调度、作业进度跟踪及交叉验真，实现有效的业务风险管理及环节监控。

截至2023年11月，成功联入"云上多联"智慧供应链综合服务平台的物流企业已超过300家，节点数超过300个，链上运行的物联网终端近2万个，平台支撑超过50家湖北省内物流单位的物流相关传感器数据，充分帮助产业链核心企业实现上下游物流、通关、仓储、金融等供应链需求协同。

作为技术提供方，趣链科技将持续为平台聚合物贸、金融、增值第三方供应链配套服务资源，推动物流数据资源化、要素化、市场化，为推动企业完善升级物流供应链服务贡献数字方案。

资料来源：区块链织就高效透明的"智能物流网". 极客网［BE/OL］.（2023-11-30）［2024-10-18］. https://www.fromgeek.com/daily/1044-615499.html.

二、区块链在智慧物流与智慧供应链中的应用

（一）应用区块链技术解决的智慧供应链问题

供应链由众多参与主体构成，不同的主体之间存在大量的交流与合作。传统供应链实际运作中，信息流阻滞不畅、物流效率低下、资金流中断等情况时有发生。而区块链上的每一次交易信息（交易双方、交易时间、交易内容等）都会被记录在一个区块上，在链上各节点的分布式数据库中进行存储，这就保证了信息的完整性、可靠性。区块链的这些特点，使其在供应链中的应用有很多优势，能够满足智慧供应链管理的需求，解决现阶段供应链管理中存在的如下问题。

1. 信息不透明影响系统整体效率

传统供应链的上下游主体处于一种复杂的博弈关系之中。时空、技术等因素造成的信

息不对称,可能使交易的某一方可通过建立交易壁垒获利,却也使系统的整体成本升高,导致无法实现供应链整体收益的最大化。应用区块链技术可实现供应链信息透明化,解决信息不对称的问题,带来系统整体效率的提升,且通过合理分配利益,有可能使各个主体的盈利均有所增加,并就抵御风险等问题在供应链上下游形成一致的共识。

2. 信息不对称导致交易双方交易成本较高

传统供应链中,由于信息不对称,采购方与供应商进行交易的各个环节,均需采取某些手段对产品及交易信息进行甄选、验证等,而供应商亦需提供证明以取得对方信任。这无疑会增加双方的交易成本。应用区块链技术实现信息共享,可使所有参与方平等地全面掌握物料生产、运输、加工等环节的全部监控记录信息,无须再进行甄选、验证,降低了交易过程中基于信任问题产生的成本。

3. 行为追踪困难导致交易纠纷难处理

传统供应链中,由于供应链结构高度复杂,追踪产品流程、精准地确定出现问题的环节是一项极为耗时费力的工作。当供应链的产品出现问题或供应链主体之间产生纠纷时,存在举证困难、责任分配难以明确等问题。应用区块链技术,可实现物料生产、运输、加工等环节的全面监控和记录,更完整地获取供应链上下游的过程信息,通过溯源追踪解决取证难、责任主体不明确等问题。

(二)区块链在智慧物流与智慧供应链中的典型应用

1. 基于区块链技术的供应链产品溯源

在基于区块链技术的供应链产品溯源系统中,每一件产品都在区块链网络中被数字化,包括其身份标识及参数信息,信息维护者可全面具体地维护产品信息。利用产品和参与者的标识,认证授权中心可以通过智能合约的方式自动对产品当前担责节点开放权限,保证数据维护的有序性与可靠性,防止非相关节点违规操作,实现系统有序、严谨、全面地跟踪产品并维护产品信息。

借助区块链技术,产品从起源地到最终地的所有信息均被如实记录并可供所有参与方获取,实现了供应链产品的可靠溯源追踪。

2. 基于区块链技术的智慧供应链金融服务

运用区块链技术提供信任的协作机制,可解决供应链金融中的多方协作问题,实现四流合一。供应链金融业务参与机构以区块链技术为基础,可建立一个各方共享信息的联盟平台,实现信息实时更新,消除第三方。在区块链技术下,每一笔商品交易中众多交易参与者,不再需要第三方中介机构的验证,就可以验证身份,查看全平台统一的记录信息并确认交易。区块链技术可以实现信息和数据的统一平台,将处于产业链分工的供应商、物流商和销售商的生产过程中所产生的物流、信息流、商流和资金流都记载在去中心化的分布式区块链条上,实现"四流"合一,数据透明化。

3. 基于区块链的流程优化

区块链的突出特点之一就是数据交互的即时性、透明性和可靠性。基于区块链技术的供应链系统改变了传统供应链系统信息在上下游成员间层层传递的信息流模式,能够使各参与方即时分享所有链上信息和数据,既减少了信息延迟,提高了信息传递的效率,又消除了信息传递中可能存在的欺诈和篡改,优化了信息流。将区块链与物联网技术相结合,可实现供应链产品及其信息的全程追踪,使供应链各参与方对需求、库存、生产、供应等进行协同管控,优化决策,消除不必要的库存和验证等停滞,优化物流过程。基于区块链的智能合约等技术,可实现资金流的高效管控,若基于区块链发行数字资产,供应链各参与方可以使用数字货币进行支付,而不再依赖于EDI,资金流也将得以优化。

(三)区块链在智慧物流与智慧供应链中应用的阻碍

区块链仍然是一项新兴技术,不够成熟,需要不断地开发和改进,将其直接应用于智慧物流与智慧供应链中还有一定的缺点和限制,主要包括以下几个方面。

1. 产业升级问题

供应链是一个成熟的行业,区块链技术与供应链的结合将大幅提高行业的信息化程度。而与此同时,亦将在短期内带来设施建设、技术普及、人员训练等一系列成本的提高。同时,信息透明化也将带来利益关系的转变,使区块链的进入有可能遇到阻力。

2. 物联网技术问题

目前将实体产品连接网络的技术有射频识别、二维条码和近场通信等。在区块链上,为了确保信息的顺畅流通,供应链上物流每个阶段的操作步骤都必须嵌入数字标签,需要在操作当下进行安装。如何添加数字标签以达到追踪实体产品的目的,仍然需要技术解决思路。

3. 区块链的技术与法律风险

基于区块链的物流信息系统虽然使用了非对称加密以确保信息的安全性,但由于私钥是自己生成且个人拥有的,所以私钥泄露将使用户的交易行为受到很大的限制,同时可能会造成经济上的损失。另外,区块链的协议与其算力基础密切相关,一旦面临超过全网51%的算力攻击,在系统不能抵抗时,区块链的去信任化也将成为空谈。

此外,区块链技术在国内的应用还缺乏法律约束。基于区块链的物流信息平台运行中所生成的智能合约,虽然旨在保证交易安全、公正地进行,但是由于没有得到司法机关的正式认可,还缺乏法律效力。虽然提出了将政府等作为监管机构,但如何将整个平台的监管纳入国家监管体系还需要进一步探讨。

4. 数据的安全和隐私

区块链数据透明化,需要考虑哪些数据可放到链上,以及关系到个人敏感信息或商业机密的信息应该如何处理。对于供应链上的企业而言,商业机密的泄露将会造成巨大的损失,将企业专有的或保密的客户信息透明化或将遭受来自企业巨大的阻力。

任务七 人工智能及其在智慧物流与智慧供应链中的应用

一、人工智能概述

（一）人工智能的含义

人工智能（artificial intelligence，AI）是研究、开发用于模拟、延伸和扩展人的智能的理论、方法、技术及应用系统的一门新的技术。AI是计算机科学的一个分支。它企图了解智能的实质，并生产出一种新的、能以人类智能相似的方式做出反应的智能机器，该领域的研究包括机器人、语言识别、图像识别、自然语言处理和专家系统等。人工智能是对人的意识、思维信息过程的模拟。人工智能不是人的智能，但能像人那样思考，也可能超过人的智能。

（二）人工智能的关键技术

人工智能主要包括七个关键技术，介绍如下。

1. 机器学习

机器学习（machine learning）是一门涉及统计学、系统辨识、逼近理论、神经网络、优化理论、计算机科学、脑科学等诸多领域的交叉学科，研究计算机怎样模拟或实现人类的学习行为，以获取新的知识或技能。重新组织已有的知识结构使之不断改善自身的性能是人工智能技术的核心。基于数据的机器学习研究从观测数据（样本）出发寻找规律，利用这些规律对未来数据或无法观测的数据进行预测。

2. 知识图谱

知识图谱本质上是结构化的语义知识库，是一种由节点和边组成的图数据结构，以符号形式描述物理世界中的概念及其相互关系，其基本组成单位是"实体-关系-实体"三元组，以及实体及其相关"属性-值"对。通俗地讲，知识图谱就是把所有不同种类的信息连接在一起得到的一个关系网络，提供了从关系的角度去分析问题的能力。

3. 自然语言处理

自然语言处理研究能实现人与计算机之间用自然语言进行有效通信的各种理论和方法，涉及的领域较多，主要包括机器翻译、机器阅读理解和问答系统等。

4. 人机交互

人机交互主要研究人和计算机之间的信息交换，主要包括人到计算机和计算机到人的两部分信息交换，是人工智能领域的重要的外围技术。交互技术除了传统的基本交互和图形交互外，还包括语音交互、情感交互、体感交互及脑机交互等技术。

5. 计算机视觉

计算机视觉是使用计算机模仿人类视觉系统，让计算机拥有类似人类提取、处理、理解和分析图像以及图像序列的能力。根据解决的问题，计算机视觉可分为计算成像学、图像理解、三维视觉、动态视觉和视频编解码五大类。

6. 生物特征识别

生物特征识别技术是指通过个体生理特征或行为特征对个体身份进行识别认证的技术。从应用流程看,生物特征识别通常分为注册和识别两个阶段。从应用任务看,生物特征识别一般分为辨认与确认两种任务。生物特征识别技术涉及的内容十分广泛,包括指纹、掌纹、人脸、虹膜、指静脉、声纹、步态等多种生物特征,其识别过程涉及图像处理、计算机视觉、语音识别、机器学习等多项技术。

7. 虚拟现实/增强现实

虚拟现实(VR)/增强现实(AR)是以计算机为核心的新型视听技术。结合相关科学技术,在一定范围内生成与真实环境在视觉、听觉、触感等方面高度近似的数字化环境,用户借助必要的装备与数字化环境中的对象进行交互,相互影响,获得近似真实环境的感受和体验,通过显示设备、跟踪定位设备、触力觉交互设备、数据获取设备、专用芯片等实现。

二、人工智能技术在智慧物流与智慧供应链中的应用

(一)人工智能技术在智慧物流领域中的应用

随着我国物流业的快速发展,人工智能也已经渗透到了传统的物流行业中。AI机器人、计算机可视系统、会话交互界面以及自动运输工具等都是人工智能在物流运作中的实际应用,"人工智能+物流"的新模式正在逐步形成,并催生我国传统物流业向"智慧物流"的转型。人工智能与物流的融合创新已成为推动物流行业提质增效的发展动能。

1. 基于图像处理的单据机器识别

通过综合运用图像识别技术,可实现单据数据实时处理和应用,优化单据系统业务处理流程。大幅降低纸质单据信息获取的成本。例如,顺丰科技目前已通过对手写汉字运单的机器图像识别,大幅节约纸质运单输单人力。

2. 基于自然语言处理的智能客服

物流行业依托呼叫中心海量的话务数据,在庞大的数据样本之上,通过语音语义分析等技术,实现智能客服高效学习和训练。智能客服在客户下单环节及其他客服场景中均能实时识别客户语音,分析其意图,并针对客户提出的问题进行标准回复或辅助客服工作,不仅给客户带来更为智能和人性化的服务体验,也能提升人工效能,降低服务成本。顺丰科技上线的应用客服机器人"丰小满",具有智能外呼、语音客服及客服助手功能;圆通也与科大讯飞合作,上线了智能客服,用于缓解呼叫中心人工客服压力。

3. 基于数字地图的精准定位与地址匹配

以地理信息系统技术为基础,融合大数据和人工智能等技术,面向未来智慧物流的数字地图,提供高精定位、精准地址匹配和路径规划等专业服务,为物流决策提供基础支撑。在高精定位方面,通过GPS定位、基站定位、混合定位三种模式为用户提供高精度的定位服务,新一代数字地图可通过获取用户位置,设置电子围栏,实现高精度定位信息推送,通过合理分配资源,实现效益最大化。在精准地址匹配方面,通过将地址按18级进行

分级，形成标准地址，并对应赋予坐标及单元区域，为物流行业其他业务系统提供准确有效的数据信息。例如，顺丰智能地址输入服务能根据用户输入的关键词完成智能推荐、匹配标准地址，每天处理请求量可达4500万以上，提升了客户地址输入体验，规范了地址数据质量。

4. 基于机器学习的线路规划与仓储优化

应用机器学习、强化学习等人工智能技术，与传统的运筹学优化算法、近似求解算法结合在一起，构建线路规划算法和系统，既可支持同城动态接驳、静态干支线路由等应用场景，又可在动态与静态模式之间无缝切换，为未来更大范围去中心化的动态路径优化提供解决方案。除了线路规划外，还可利用人工智能技术相关算法将中转场的流向与分区的配载优化、仓库的库存优化等问题组合在一起，并应用到仓库内拣货最优路径规划方面，构建快递物流行业的完整网络规划与优化算法系统，有助于提升运输时效，降低运输成本，优化中转场负载与仓库库存。顺丰科技、京东Y事业部等已将相关技术应用到其生产实践当中。

5. 基于人工智能技术的智慧仓储

人工智能与机械装置或系统结合，可智能化处理具体工作以替代人工作业。面对大量货物的分拣作业，可以利用人机协作机器人，通过AI引擎、不同的摄像头和传感器来抓取实时数据，继而通过品牌标识、标签和3D形态来识别物品进行分拣，甚至机器和人可以同时对移动传送带上的可回收物品进行分类和挑拣。结合人工智能、大数据和工业机器人等技术构建的无人仓，通过搬运机器人、货架穿梭车、分拣机器人、码垛机器人、六轴机器人及无人叉车等一系列物流机器人的协同工作，可组成完整的中小件智慧物流场景。目前，京东和顺丰等多家企业均大力发展无人仓储项目，布局人工智能与智慧物流发展平台。京东物流推出的"X仓储大脑"自2018年8月投入应用，在人工智能等技术的助力下，提升规划、运营监控及维保效率高达80%，降低人力成本高达50%。

6. 基于人工智能技术的无人运输

利用无人驾驶技术，研制无人配送车辆，可解决城市配送的"最后一公里"问题。目前，无人车行驶2米/秒，车身重量30千克，刹车距离为1～2厘米，在配送点周围5千米范围内活动，利用高精度的测绘GPS点来规划路线，每小时可配送1～8个订单。通过无人机可实现面向偏远地区的乡村配送，京东集团、顺丰集团和中国邮政集团已较早开展相关应用。

（二）人工智能在智慧供应链中的应用

1. 智慧供应链需求预测

在智慧供应链需求预测中，信息的透明和准确对供应链成本至关重要，如何提供有效的预测，避免牛鞭效应，减少资源浪费是管理者和人工智能需要共同面对的问题。在此过程中，管理人员的经验更多体现在模型和影响因素的设计上，具体的预测和计算工作则交给人工智能完成。通过收集用户消费特征、商家历史销售等大数据，利用算法（如线性预测模型、移动平均模型、Arima模型、随机森林模型等)提前预测需求,可前置仓储与运输环节,目前已经有了一些应用,但在预测精度上仍有很大提升空间,需要扩充数据量,优化算法。

2. 智慧供应链品控管理

传统供应链管理的工作通常分散在各个部门,监控和考核指标分散,数据加工耗费大量的人力,且呈现的数据指标只能反映过往的情况,不能对当前的情况进行管控、修正。借助AI的力量,供应链管理人员可以实时对供应链运作的指标表现进行监控、预警,甚至自动生成工单进行问题的处理和跟进。AI在供应链品控领域的应用将不仅局限于业务层面,还可应用在财务方面。目前在供应链品控方面,有不少业内公司已经在探索实施,在仓容预警、自动成本管控、服务质量监测、大客户管理、订单管理等方面收到了很好的效果。

3. 智慧供应链选品与库存管理以及调拨、补货决策

传统的供应链选品与库存管理工作通常属于供应链管理部或者商品部的管理范围,工作人员每天从系统里面导出数据,分析周转率、库龄、毛利、起订量等指标,然后进行数据加工,形成建议,接受审批,最终把审批后的建议下达到执行部门。这种工作模式耗费了大量的人力,数据滞后,决策过程冗长。未来在AI的帮助下,上述工作可以由AI自发完成,管理人员只需要根据AI提供的方案选择最适合企业的方案即可。在库存管理模块AI对于有效期、临保期、安全库存、经济订货批量等的管理上能做到及时、迅速、准确的预警和建议,为调拨、补货决策提供具体的建议和方案,并且监控决策的实施过程。

4. 设备维护与智慧供应链风险预测

通过物联网的应用,在设备上安装芯片,可实时监控设备运行数据,并通过大数据分析做到预先维护,增加设备使用寿命。例如,在物流车辆设备上安装芯片,可通过数据分析进行提前保养。此外,通过对异常数据的收集,可对贸易风险及不可抗因素造成的货物损坏等供应链风险进行预测。

5. 图像识别

利用计算机图像识别、地址库、卷积神经网络提升手写运单机器有效识别率和准确率,可大幅减少人工输单的工作量和差错可能。通过对商品数量、体积等基础数据分析,对各环节如包装、运输车辆等进行智能调度,通过测算百万SKU商品的体积数据和包装箱尺寸,利用深度学习算法技术,由系统智能地计算并推荐耗材和打包排序,从而合理安排箱型和商品摆放方案。例如,基于大数据积累和AI深度学习算法,G7数字货舱就可以实时感知货物量方,自动记录量方变化曲线,时刻知晓装载率。通过AI摄像头和高精度传感器对厢内货物进行图像三维建模,保证货物运输状态全程可视化,并智能管控装车过程和装车进度。智能挂车数字货舱V9版还搭载了业界首创的量方功能,采用"传感器+AI算法",对舱内货物进行高精度扫描和三维图像建模,最终自动计算出货舱容积占用百分比,实现精准装载。

6. 仓储作业规划

作为一个仓库的管理者，需要知道仓库的作业量、效率、产能情况，还需要对订单的作业方式进行选择，并且根据发运计划安排订单作业顺序。AI可以协助管理者进行资源的调配，实时提供作业数据及预警。在具体作业上，AI可以协助进行拣选路径规划、订单波次策略选择。在仓配交接环节，AI还可以协助识别直发线路，协助周转场地管理和配送资源计划管理。

7. 仓配网络及路由规划

仓配网络规划问题需要确定布局多少个仓库，仓库选址在哪里，拓扑结构怎么设置，每个仓库承担怎样的职能等。这些都会影响到物流成本、服务时效、库存管控和客户体验，还受政策、消费者分布、商品特性等因素的制约。每个节点的变化都会牵一发而动全身，并且企业面临的形势也在不断变化，还存在季节和周期波动。应用人工智能技术，利用历史数据、时效、覆盖范围等构建分析模型，通过充分优化与学习，可对仓储、运输、配送网络进行优化布局，例如，通过对消费者数据的分析，提前在离消费者最近的仓库进行备货，甚至可实现实时路由优化，指导车辆采用最佳路由线路进行跨城运输与同城配送。例如，美团实时智能配送系统是目前全球最大规模、高复杂度的多人多点实时智能配送调度系统，能够基于海量数据和人工智能算法，在消费者、骑手、商家三者中实现最优匹配，同时考虑是否顺路、天气、路况、消费者预计送达时间、商家出餐时间等复杂因素，实现30分钟左右准时送达。

8. 采销配送

人工智能也应用于供应链物流的采购、销售、配送等环节。采购上，通过大数据对产品进行选品，将人工智能与统计学相结合进行产品的预测和补货，从而实现智能化、自动化补货；销售上，运用运筹学和人工智能实现动态定价，同时考虑产品生命周期、促销方式等因素，从而让商家保持良好运营并有效控制库存；配送上，通过大数据技术进行销量预测，结合自动补货系统，实现库房自动化备货，提高商品的现货率，降低了库存周转率，同时为用户提供高效卓越的购物体验。例如，菜鸟网络通过人工智能技术、大规模的机器学习处理海量数据，实现智能分单。包裹发出时，就会对包裹要去往的网点以及快递员做出精准的对应，并在面单上标识出编号，无须再由人工手写分单。包裹到达转运中心、网点以及配送站之后，工作人员根据编号即可判断包裹的分配，分单准确率达到99.99%，效率也得到提高。

9. 智能运营规则管理

未来将会通过机器学习，使运营规则引擎具备自学习、自适应的能力，能够在感知业务条件后进行自主决策。例如，未来人工智能可对电商高峰期与常态不同场景订单依据商品品类等条件自主设置订单生产方式、交付时效、运费、异常订单处理等运营规则，实现人工智能处理。利用机器学习等技术来自动识别场院内外的人、物、设备、车的状态和学习优秀的管理和操作人员的指挥调度经验和决策等，逐步实现辅助决策和自动决策。

项目小结

本项目主要介绍了智慧物流与智慧供应链的关键技术。当前,物联网、云计算、移动互联网、AI等新一代信息技术的蓬勃发展,正推动着中国智慧物流与智慧供应链的变革。在物联网技术方面,介绍了物联网的概念及关键技术,阐述了物联网对智慧物流与智慧供应链的影响及在其各环节中的应用,并对基于物联网的智慧物流与智慧供应链体系构建进行了重点说明;在移动互联网技术方面,介绍了互联网的概念与移动互联网的基本概念及关键技术,重点阐述了移动互联网在智慧物流与智慧供应链中的典型应用;在5G技术方面,介绍了5G技术的发展历程及特点,并对5G技术在智慧物流与智慧供应链中的应用进行详细阐述;在云计算技术方面,介绍了云计算的概念、服务模式及部署模式,并对云计算原理进行说明,重点阐释了云计算技术为物流企业提供的服务及未来应用展望;在大数据技术方面,介绍了大数据的概念、特点、关键技术及大数据分析,并对数据在智慧物流与智慧供应链管理应用中的意义及具体应用进行详细说明;在区块链技术方面,介绍了区块链的基本概念、类型,并对应用区块链技术解决的供应链问题、区块链在智慧物流与智慧供应链中的典型应用以及区块链在智慧物流与智慧供应链中应用的阻碍进行详细说明;在人工智能技术方面,介绍了人工智能的含义及关键技术,分别阐述了人工智能技术在智慧物流领域、智慧供应链领域的应用情况。

关键概念

物联网　云计算　移动互联网　5G技术　大数据　区块链　人工智能

思考题

1. 物联网对智慧物流与智慧供应链产生了怎样的影响?
2. 物联网在智慧物流与智慧供应链中的应用场景包括哪些方面?
3. 5G技术在智慧物流与智慧供应链中的应用体现在哪些方面?
4. 云计算技术可以为物流企业提供哪些服务?
5. 大数据技术在智慧物流与智慧供应链领域中的应用体现在哪些方面?
6. 区块链在智慧物流与智慧供应链中应用存在哪些阻碍?
7. 人工智能技术在智慧物流领域中有哪些应用?

案例分析

5G时代的智慧物流发展与物流技术变革

昆船智能（以下简称"昆船"）作为"一站式"的系统整体解决方案供应商在为客户提供咨询规划、系统集成、项目实施交付服务的同时也面临着诸多业务挑战，在智慧物流系统集成项目中存在种类丰富的移动搬运设备，传统的拖链电缆、漏波电缆、红外通信、工业Wi-Fi等工业通信技术在低时延高可靠的闭环工业控制、规模化的设备接入、视觉识别等大带宽需求的应用接入等方面都存在很大的局限性，公司迫切地希望探索、验证，研究工厂车间5G工业无线组网的解决方案，研发5G智能装备，探索5G智慧物流创新应用场景。

1. 成立云南首个智能制造5G应用创新实验基地

2019年8月，昆船与中国移动集团云南有限公司、中移（上海）信息通信科技有限公司、华为技术有限公司四家单位合作，成立云南首个智能制造5G应用创新实验基地，打造面向全国的5G智能制造示范基地。

创新实验基地成立之后，昆船依托5G园区一张网，研究工厂车间5G工业无线组网的解决方案，开展了基于5G技术的单机物流设备应用研究，完成了堆垛机、环形穿梭车、AGV、交叉带分拣机的5G通信验证，推出了5G工业无线组网的解决方案、发布了一系列5G智能装备。

2. 打造全国首个5G全场景智慧物流装备创新孵化基地

2020年6月8日，昆船、中国移动、华为和倍福中国四方联合举办"5G智慧物流成果"发布会，打造全国首个5G全场景智慧物流装备创新孵化基地。推出了一系列5G智能装备，包括5G高位叉车、5G地面叉车、5G AGV、5G穿梭车、5G堆垛机、5G交叉带分拣机等，其中5G交叉带分拣机实现了格口最小化设计，网络结构简化，分拣的准确性以及分拣效率有较大提升；5G环形穿梭车车辆之间的防撞距离缩短，提高了物流输送作业的车辆利用率，有效提高物流作业效率；5G堆垛机通过集成视觉识别设备，实时采集仓库货位图像、垛型形态、条码等信息，可以快速完成在库物料盘点作业；5G AGV系统实现了500台AGV集群调度无盲区、AGV高速移动无中断应用测试验证，5G AGV单机实现了通过视觉传感信息的室内高精度定位。

3. 研发基于数字孪生的数字仓储系统

昆船利用智能制造5G创新实验基地的建设契机，结合智慧物流及智能制造的发展趋势，研发了基于数字孪生的数字仓储系统，可实现工厂级仓储、配送全流程的集中三维可视化监控。该产品是融合5G通信技术、物联网技术、VR/AR技术、仿真技术、3D技术的创新性产品，可以实现业务全流程的全局监控、物流装备的集中监控和调度，实现物理空间与虚拟空间的虚实映射、虚实交互以及虚拟仿真。系统可通过VR设备接入，实现系统级维修培训、操作培训、虚拟参观，通过AR设备接入，实现远程协助、维修指引、操作指导等辅助性操作指引。

4．5G探索价值与意义

昆船通过"智能制造5G应用创新实验基地"的建设，积极探索5G技术在智慧物流的创新应用场景。完成了5G在工业应用中的实验验证，通过5G网络取代传统的通信模式，完成了物流装备的5G工程化改造；实现了基于5G模式下的物流设备生产制造模式、安装实施工艺、系统运维模式的革新，大大降低了生产制造、安装实施成本及运营服务成本；新研发的5G物流装备在运行速度、平稳性、认址精度、可靠性上都会大幅度提升，设备关键性能指标有所提升，进一步增强产品竞争力。

昆船研发的基于5G的C2C控制应用、VR实训实验虚拟仿真教学系统、AR智能拣选系统、基于数字孪生的数字仓储系统等创新应用，符合智慧物流及智能制造的发展趋势，有效地实现了物流各环节数字化、精细化、动态化、可视化管理，提高物流系统智能化分析决策和自动化操作执行能力。

此外，昆船还积极探索了从原料入厂、质量检测、生产加工、仓储及配送等物流全业务流程的5G网络需求，涵盖20多个智慧物流典型应用场景。由于物流领域采用的是行业通用成熟的技术，5G实验基地创新应用研究成果在智慧物流领域具备普遍的推广意义。

资料来源：5G时代的智慧物流发展与物流技术变革. 网易号［EB/OL］.（2023-09-23）［2024-10-18］. https://www.163.com/dy/article/IEF14KG20530UFIR.html.

● **结合案例分析**
1．在5G技术创新应用与探索中，昆船智能实现了哪些重要成果？
2．昆船智能在5G技术的应用与探索有何价值与意义？

实训演练

1．实训目的

通过本次"物联网技术在多行业物流领域应用调查"实训，深入理解物联网技术在不同场景中的应用，掌握相关技术在实际操作中的应用，并培养分析问题、解决问题的能力，为将来从事物流与供应链管理工作打下坚实的基础。

2．实训方式

采用案例资料分析、参观调查与小组讨论相结合的方式进行实训。通过实地参观或者视频资料场景的学习，在实践中学习、理解并分析现代物联网技术的现实应用。

3．实训内容及步骤

（1）准备阶段。

①教师提供的物联网在多种不同行业领域应用的相关背景资料。

②学生分组，每组选择或由教师指定一个具体的某一行业（医药物流系统、煤炭运输物流系统、制造业物流系统、物资仓储监控系统）作为实训对象。

③各小组收集相关资料,明确实训目标与任务。

④各小组进行调查方案的分工协作。

(2)调查内容。

①小组内讨论物联网应用场景有哪些,分析不同行业物流对物联网的应用需求、应用目标等。

②通过实地参观或视频资料搜集,全面了解我国某一行业(如医药流通行业)物流现状,深入分析物联网技术类型、工作原理。

③对物联网在特定行业物流中的基本流程、系统构成、技术设备等展开调查分析。

④讨论并分析物联网技术在不同行业物流系统中应用的未来发展趋势。

⑤对调查报告及发展策略进行小组内评审,优化完善调研报告。

(3)总结与反思。

①各小组对实训过程进行总结,撰写实训报告,包括不同行业物流现状,对物联网技术的应用目标,以及物联网技术类型、设备、系统及在不同行业的未来发展趋势等内容。

②组织全班交流分享,每个小组轮流汇报实训成果与经验教训。

③小组成员轮流汇报成果,回答问题,增强团队协作与应变能力。

④教师对实训进行点评,强调物联网技术在物流系统中运用的重要性,并提出改进建议。

4. 实训结果

通过本次实训,能够全面了解和掌握不同行业物流系统中对物联网技术的规划与应用情况,提升问题发现及解决分析的能力,增进对物流与供应链行业现状和发展趋势的了解,提升团队协作和沟通表达能力。

本次实训结束后,学生需提交调研报告、实训报告,教师将根据实训报告的质量和课堂表现对学生进行评价。

项目五

智慧物流

学习目标

1. 知识目标

了解智慧仓储、智慧运输、智慧包装、智慧装卸搬运等智慧物流相关概念。

熟悉智慧物流信息系统架构。

理解智慧仓储体系的基本构成和运行原理。

理解智慧物流运输的主要应用模式。

掌握智慧物流运输的体系构成，熟悉智慧物流运输的典型应用模式。

掌握智慧物流配送、智慧物流包装的体系构成，熟悉智慧物流配送的典型应用模式。

掌握智慧装卸搬运的体系构成，熟悉智慧装卸搬运的典型应用。

2. 技能目标

能够运用所学知识，分析具体企业实施智慧物流技术改造或升级的可行性，提出相应对策与方案。

能够运用智慧物流管理的理念和方法，优化物流体系，提升物流效率，改善物流服务质量。

锻炼借助智慧仓储、智慧运输、智慧配送、智慧包装等现代信息技术手段，应用到智慧物流系统的创新实践能力。

提升发现与解决分析问题的能力，能够在多目标规划选择合适的技术、方法与模式改进企业物流系统。

3. 素养目标

培养职业道德，关注国家在物流领域政策的推动。

培养创新思维，能够创新解决问题的方式方法。

激发向上拼搏的精神，增强团队协作意识，在问题解决中，通过合作、协作的精神突破困难。

案例导入

"包裹认得路""货架自己走"智能科技推动物流产业"加速跑"

智能搬运机器人颠覆传统"人找货"拣选模式、自动化分拣使效率提升至人工的5倍以上、智能穿戴设备让快递员平均每票收件缩短12秒……近年来,随着智慧物流的不断推进,智能化仓储、分拣、输送等大规模应用,物流行业不断突破,"小时达""分钟达"等不断刷新着人们对快递速度的认知。

在京东物流"亚洲一号"青岛智能产业园区内,自动化设备、机器人、智能管理系统正在存储、拣选、包装、输送、分拣等环节大规模应用。走进前置仓,一个个装满商品的货架仿佛长了脚,竟在场地中自动穿梭。

"这是京东自研的'地狼'智能拣选和搬运机器人,在这个仓里共有160多台。之前都是工作人员去库区里取货,现在只需要在工作站通过电脑操作,货物就会由'地狼'托举着送到站点。"园区仓储负责人介绍,"地狼"机器人颠覆了传统"人找货"的拣选模式,变为"货找人",不仅减轻了操作人员的作业强度,效率也相较于人工拣选提升了三倍以上。

在自动化分拣中心,智能化与自动化的场面更为壮观。一条条传送轨道在空中架起"立交桥",一件件快递包裹在传送带上沿着各自的轨道飞速前进。记者注意到,传送带上每隔一段距离就有一个"十字路口",而"十字路口"处则是可以自动转换方向的摆轮。机器通过扫描包裹面单确定需要发往的目的地,当包裹经过摆轮时,摆轮就可以将其自动运往"路口"的不同方向,包裹顺着长长的滑梯落入下方的集包袋中,等待着装车运输发往各个网点。

资料来源:"包裹认得路""货架自己走"智能科技推动物流产业"加速跑". 云南网 [EB/OL]. (2023-10-31) [2024-10-18]. http://news.yunnan.cn/system/2023/10/31/032813598.shtml.

问题

结合案例,分析讨论智能科技如何推动物流产业发展?

任务一 智慧物流信息系统

一、智慧物流信息系统概述

(一) 智慧物流信息系统的含义

智慧物流信息系统以物联网、大数据、云计算等先进技术为基础,实现了对仓储、运输、配送等物流活动的智慧化管理,包括物流信息实时感

智慧物流信息系统

知、物流计划自主执行、物流需求自主分析、物流决策自主优化、物流服务自主适应调整等主要的管理功能，从而有效地提高了物流运作效率，提升了优化决策的水平，促进了物流行业的服务升级。

智慧物流信息系统是实现智慧物流的有效载体。智慧物流信息系统综合了多项新兴数字技术、信息技术，并且可以实现物流业务的自动化、网络化、可视化、实时化、跟踪与智能控制等发展新趋势，从而有效降低物流成本，促进物流服务升级发展。

目前，许多企业、物流园区在逐步改进信息化建设，积极向智慧物流信息系统升级转型，并积极推广RFID、多维条码、卫星定位、货物跟踪等信息技术在物流行业中的应用，加快基于物联网的物流信息平台及第四方物流信息平台建设，整合物流资源，实现物流政务服务和物流商务服务的一体化，推动信息化、标准化、智能化的物流企业和物流产业发展。一些企业已经在"智慧物流"建设中取得了一定的成效，例如，亚马逊通过智能仓库、Prime Air无人机、涂装货机"亚马逊一号"等设施设备的建设促进面向未来的"智慧物流"建设；京东依据青龙系统促进大数据与智慧物流建设，并且已构建出基于精准画像的小区快递"1小时达"方案、基于空间大数据的配送路线优化方案与订单实时跟踪方案等。

（二）智慧物流信息系统的构成要素

智慧物流信息系统的构成要素包含计算机硬件、网络设备、计算机软件、物流信息和管理规范。

1. 计算机硬件

计算机硬件是指办公使用的计算机、服务器设备、辅助存储设备、手机终端等。

2. 网络设备

网络设备包含路由器、交换机、防火墙、安全网关、无线网桥、数据交换平台、邮件网关、邮件服务器、光纤等。网络设备可以实现物流信息的交换与互联互通。

3. 计算机软件

（1）系统软件。包含操作系统（如Linux系统）、设备驱动程序及实用程序（如任务管理器、备份软件、磁盘清理）等。

（2）应用软件。如办公软件、数据库软件、财务软件、支持智慧物流运作的软件（制订物流计划、分析并制定物流决策）等。

4. 物流信息

物流信息是指伴随物流活动产生的各项信息。物流活动主要包括仓储、运输、配送、订单处理等物流一体化活动。部分物流信息是信息系统中的基础信息，如仓库规格、运输车辆数量、用户基础信息等，这些基础信息可以在决策分析中使用；另一部分信息在物流活动发生过程中产生，如运输规划、配送规划等。物流信息如表5-1所示。

表 5-1 物流信息

信息类别	具体信息
客户信息	用户基础信息、供应商信息等
商品信息	商品识别码、商品类别、规格、其他生产信息等
仓储信息	商品位置、商品数量、仓库位置、仓库空间等
运输信息	车辆信息、运输人员信息、交通信息等
配送信息	配送人员信息、配送机器人信息、配送时间等
订单信息	订单时间、订单商品信息、目标地址等
财务信息	资金、预算等
决策信息	用户画像信息、运输规划信息、配送规划信息等
管理信息	财务报告、商业分析报告等

5. 管理规范

管理规范主要是指信息标准，如智慧物流信息系统开发标准、网络协议标准、信息交换标准、智慧物流信息编码标准、智慧物流信息安全标准等。

（三）智慧物流信息系统的基本功能

智慧物流信息系统的基本功能包括物流信息实时感知、物流计划自主执行、物流需求自主分析、物流决策自主优化、物流服务自主适应调整五个功能。

1. 物流信息实时感知

智慧物流信息系统运用各种先进技术获取运输、仓储、包装、装卸搬运、流通加工、配送、信息服务等各个物流环节的大量信息，实现实时的数据收集；并且通过信息网络实现信息间的共享、互联互通，实现感知智慧。

2. 物流计划自主执行

智慧物流信息系统能够自主执行物流计划，例如，仓储、运输、配送等工作流程安排。

3. 物流需求自主分析

智慧物流信息系统使用系统在运行过程中保存下来的历史数据，运用智能的模拟器模型等手段分析物流问题，根据问题提出假设，并在实践过程中不断验证问题、发现新问题，例如，通过对物联网海量终端感知信息、订单信息以及客户分布规律等进行物流需求的自主分析，从而挖掘出潜在客户以及物流规律，实现物流需求的智慧化管理。

4. 物流决策自主优化

智慧物流信息系统结合特定需要，根据不同的情况评估成本、时间、质量、服务和其他标准，评估基于概率的风险，进行预测分析，协同制定决策，提出合理有效的解决方案，并不断在实践中进行效果评估及优化，从而使做出的决策更加准确、科学。

5．物流服务自主适应调整

智慧物流信息系统在前面各个功能的基础上，可以分析出更优化的管理方案，信息系统会在科学的方案下快速调整当前物流服务，从而实现物流服务的优化，并且信息系统会将信息实时反馈给管理者，使管理者了解物流运作情况，及时做出调整。这些调整方案也会进行备案，为之后的决策优化提供方法指导和数据支持。

与传统物流信息系统相比，智慧物流信息系统更具有自主性，在执行设定指令之外，还可以像人一样对业务进行思考，从而在很大程度上加快了优化决策速度，提高了优化决策水平。

二、智慧物流信息系统架构

（一）智慧物流信息系统概念模型

智慧物流信息系统概念模型主要分为感知层、决策层和应用层三个层次。感知层像大脑中的"感知神经"，通过多种设施设备全面感知物流活动信息，对信息加以收集；决策层像人体的"大脑"，利用感知得到的数据进行物流活动的分析、判断、决策等；应用层则像人体通过"动作"完成大脑的指令，即执行决策层产生的决策计划。

智慧物流信息系统是智能物流信息系统的优化产物，智慧物流信息系统更显著的特征在于深入感知、全面互联及深度智能。

1．深入感知

智慧物流信息系统通过使用多项信息技术与信息网络通信技术实现了对业务流程的深入感知，例如，在车辆运输过程中使用地理位置追踪系统、实时监测系统等对车辆状态及驾驶员进行实时监控，并通过追踪技术实现对货物的实时监控，丰富了感知信息的维度。

2．全面互联

智慧物流信息系统不仅在企业内部能够实现信息全面互联，也会在企业外部如通过公共信息平台实现信息的互联互通。

在企业内部，智慧物流信息系统的信息能够到达任何需要它的地方，并帮助产生决策信息或更高级的决策信息，例如，货物信息通过智能分拣后进行信息的更新，之后能够将待运输的货物信息自动传入智慧运输调度系统，从而实现智能配载及实时调度。完成运输后，待配送的货物信息自动传入智慧配送管理系统，协助完成路径优化、智能派单等环节，最终进入顾客手中。

另外，企业智慧物流信息系统能够将物流信息自主传入公共信息平台，在公共信息平台设置的信息标准范围内，能够实现物流信息在企业间、政企间、国际等多方面的物流信息交换，从而实现物流信息在物流信息平台的全面互联。

3．深度智能

智慧物流信息系统更具备"思考"能力，这也是智慧物流信息系统最突出的特征，即可自主完成学习过程，实现深度智能。类比于人的成长过程，人在经历系统的学习后能够对数学有较深的认识，当遇到数学题目时能够通过全面分析找到一个最优的方法来解决问题。智慧物流信息系统也相同，能够存储多次物流活动的全面信息，从而进行训练分析，总结规律，以在之后的物流计划中安排最优资源，提高决策分析能力。

（二）智慧物流信息系统技术架构

1．信息网络

智慧物流信息网络是指在物联网、云计算、大数据等先进技术基础上，通过互联网、5G通信技术等通信设施，提供物流信息交换与大数据服务的高效、可靠、安全、标准化的物流信息共享服务体系，提供和支撑智慧物流创新服务实现。智慧物流信息网络拓扑结构示例，如图5-1所示。

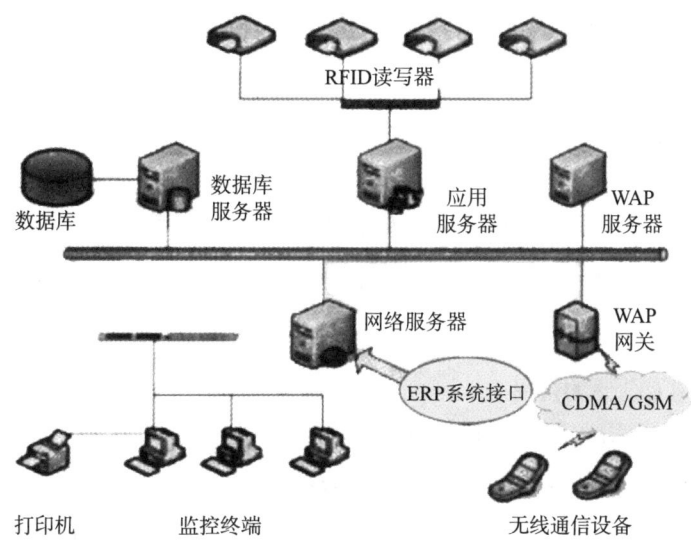

图5-1　智慧物流信息网络拓扑结构示例

（1）智慧物流信息网络的运营基础包含以下两方面。

①标准制定。物流信息交换离不开标准的支撑，标准是物流信息交换的前提和基础。因此，智慧物流信息网络另一个基础功能是制定物流信息交换标准，以解决跨国、跨区域、跨行业、跨企业的各类物流信息系统与平台之间信息交换缺乏统一标准的问题。

②数据中心。数据将成为物流行业决定胜负的根本因素。在信息交换的基础上建立数据中心，能为大数据应用服务提供基础。数据中心承载着信息平台的数据存储和管理、核心计算、核心业务运营支撑、信息资源管理、信息资源服务等功能。数据中心主要包括用户数据、交易数据、货物数据、企业数据、GIS空间数据和设备数据以及数据与数据的集成和整合流程。数据中心按照统一的、标准化的数据格式集成和整合各方面的数据，从而实现与外部平台数据的交换和信息共享。

（2）智慧物流信息网络具有以下功能。

①物流信息交换。物流信息交换是实现跨国、跨区域、跨行业、跨企业的各类物流信息系统与平台之间的信息交换，是智慧物流信息网络的基础功能。物流信息交换能够保证信息在企业内部、企业与其他平台之间的信息共享与数据交换，从而解决信息孤岛问题，促进一体化管理模式的形成，提高运营效率。

②应用服务。在数据中心的基础上，智慧物流信息网络能够对物流数据进行统计分析、数据挖掘，形成物流跟踪、信用、车货交易、物流指数、道路实时路况、保险精准定价等应用服务，为企业、政府部门的管理与决策提供支持。

2. 支撑平台

支撑平台是智慧物流信息平台支撑其相应的功能所用到的关键技术的集成，这些关键技术包括RFID、GIS/GPS、EDI、物联网IP组网、云计算、数据仓库与数据挖掘、海量数据存储与管理、模式识别、数据及系统安全等技术。这些关键技术支撑着整个智慧物流信息平台的运作，极大地促进了专业化物流信息服务企业的发展。

任务二　智慧物流仓储

一、智慧物流仓储概述

（一）智慧物流仓储的含义

智慧物流仓储

智慧物流仓储是指在仓储管理业务流程再造的基础上，利用RFID、网络通信、信息系统等智能技术及先进的管理方法，实现货物入库、出库、盘库、移库管理的信息自动抓取、自动识别、自动预警及智能管理功能，以降低仓储成本、提高仓储效率、提升仓储智慧管理能力的智慧物流活动。

"互联网+"的兴起，使智慧物流仓储成为仓储业发展的热点。社会日益增长的仓储需求使仅依靠传统仓储管理和运作模式难以及时、准确地进行处理，从而推动着仓储管理向自动化、智慧化方向发展。物联网是智慧仓储的技术基础，物流需求的不断提升，促进物联网技术在物流行业的应用不断深入，物联网与云计算、大数据、移动互联网等现代信息技术的不断融合，形成了一个适应物联网发展的技术生态，呈现出多种技术联动发展的局面。

（二）智慧仓储的体系构成

智慧仓储体系由智慧仓储信息系统、智慧仓储技术和智慧仓储管理三个方面构成。

1. 智慧仓储信息系统

智慧仓储信息系统主要包括仓库管理系统（warehouse management system，WMS）和仓库控制系统（warehouse control system，WCS）。

（1）WMS。WMS是对批次管理、物料对应、库存盘点、质检管理、虚仓管理和即时库存等仓储业务进行综合管理的管理系统,可有效控制并跟踪仓库业务的物流和成本管理全过程,实现或完善企业的仓储信息管理。该系统可以独立执行库存操作,也可与其他系统的单据和凭证等结合使用,可为企业提供更为完整的企业物流管理流程和财务管理信息。

(2)WCS。WCS是仓库控制系统的简称,是介于WMS系统和可编程逻辑控制器(programmable logic controller,PLC)系统之间的一层管理控制系统,可以协调各种物流设备如输送机、堆垛机、穿梭车以及机器人、AGV小车等物流设备之间的运行,主要通过任务引擎和消息引擎,优化分解任务、分析执行路径,为上层系统的调度指令提供执行保障和优化,实现对各种设备系统接口的集成、统一调度和监控。

2. 智慧仓储技术

(1)自动化立体仓库系统。自动化立体仓库(automated storage and retrieval system,AS/RS)系统,利用自动化存储设备同计算机管理系统的协作来实现立体仓库的高层合理化,存取自动化以及操作简便化。自动化立体仓库主要由货架、巷道式堆垛起重机(堆垛机)、入(出)库工作站台、调度控制系统以及管理系统组成。

自动化立体仓库的计算机管理系统可以与工厂信息管理系统(如ERP系统)以及生产线进行实时通信和数据交换,这样自动化立体仓库成为计算机集成制造系统(computer integrated manufacturing system,CIMS)及柔性制造系统(flexible manufacture system,FMS)必不可少的关键环节。结合不同类型的仓库管理软件、图形监控及调度软件、条形码识别跟踪系统、搬运机器人、AGV小车、货物分拣系统、堆垛机认址系统、堆垛机控制系统、货位探测器等,可实现立体仓库内的单机手动、单机自动、联机控制、联网控制等多种立体仓库运行模式,实现了仓库货物的立体存放、自动存取、标准化管理,可大大降低储运费用,减轻劳动强度,提高仓库空间利用。

(2)仓储机器人。在智慧仓储作业中,各种类型、不同功能的机器人将取代人工成为主角,如自动搬运机器人、码垛机器人、拣选机器人、包装机器人等。就连自动化立体仓库中的穿梭车也可以看作搬运机器人的一种。

Kiva机器人系统由成百上千个举升搬运货架单元的机器小车组成。货物开箱后放置在货架单元上,通过货架单元底部的条码将货物与货架单元信息绑定,仓库地面布置条码网格,机器小车应用两台摄像机分别读取地面条码和货架单元底部的条码,在编码器、加速计和陀螺仪等传感器的配合下完成货物搬运导航。该系统的核心是控制小车的集中式多智能体调度算法。

(3)多层穿梭车系统。多层穿梭车系统采用立体料箱式货架,实现了货物在仓库内立体空间的存储。入库前,货物经开箱后存入料箱,通过货架巷道前端的提升机将料箱送至某一层,然后由该层内的穿梭小车将货物存放至指定的货格内。当货物出库时,通过穿梭车与提升机的配合实现完成。该系统的核心也在于通过货位分配优化算法和小车调度算法的设计,均衡各巷道之间以及单个巷道内各层之间的任务量,提高设备间并行工作时间,发挥设备的最大工作效率。

（4）细胞单元系统。Kiva机器人系统中的AGV小车实现地面搬运，多层穿梭车系统中的穿梭车实现货架轨道上的搬运，新型细胞单元小车则是以上两者技术的融合。

细胞单元小车当在货架或提升机上时，按照传统多层穿梭车的工作方式在轨道上运动；当离开货架到达地面时，可以切换至AGV小车的工作方式在地面运行，在地面上的导航方式不同于Kiva机器人系统，采用的是基于无线传感网测距、激光测距仪测量和推测航行法的传感器融合技术，无线传感网实现信息通信以及全局定位，而激光测距仪测量和推测航行法实现位置跟踪和定位精度校正，相比Kiva机器人系统地面标签配合惯性导航的方式更加灵活。该系统将立体货架存储空间与地面平面存储空间无缝链接在一起，代表了可扩展、高柔性化的小车群体技术的未来发展方向。

（5）自动输送系统。自动输送系统如同整个智慧仓储系统的血管，连通着机器人、自动化立体库等物流系统，实现货物的高效自动搬运。相比于自动化立体库和机器人系统而言，自动输送系统技术更趋成熟。只不过在智慧仓储系统中，自动输送系统需要跟拣选机器人、码垛机器人等进行有效的配合，同时为了保证作业准确性，输送线也需要配备更多的自动检测、识别、感知技术。例如，目前京东无人仓中，输送线的末端、拣货机器人的前端增加了视觉检测工作站，通过信息的快速扫描和读取，为拣货机器人提供拣货指令。

（6）人工智能算法与自动感知识别技术。人工智能算法与自动感知识别技术即智慧仓储系统的大脑与神经系统。机器人之间、机器人与整个物流系统之间、机器人与工人之间的紧密配合、协同作业，必须依靠功能强大的软件系统操纵与指挥。其中，自动感知技术和人工智能算法可谓重中之重。因为，在智慧仓储模式下，数据将是所有动作产生的依据，数据感知技术如同为机器安装了"眼睛"，通过将所有的商品、设备等信息进行采集和识别，并迅速将这些信息转化为准确有效的数据上传至系统，系统再通过人工智能算法、机器学习等生成决策和指令，指导各种设备自动完成物流作业。其中，基于数据的人工智能算法需要在货物的入库、上架、拣选、补货、出库等各个环节发挥作用，同时还要随着业务量及业务模式的变化不断调整优化作业。因此可以说算法是智慧仓储技术的核心与灵魂所在。

3. 智慧仓储管理

（1）智能分仓。智能分仓是指通过大数据分析，掌握用户消费需求特点及需求分布，提前将需求物品预置到离用户最近的仓库中，实现智能预测、智能选仓、智能分仓，减少库存及配送压力，给商家提供完全无缝连接的智能补货能力，实现分拣和调拨的有序进行。

（2）智能货位布局。在仓储物流管理中，要想用有限库容和产能等资源达到高出库效率，需要精心安排商品库存分布和产能调配，仓储货位分布将变得尤为重要。智能货位布局主要依据热销度、相关度及分散存储方面进行货位布局。一旦由于因素变化（比如热销度变化、相关度变化）或货架上商品库存变化等，系统会自动调整库存分布图，并对出库、入库、在库作业产生相应的最优决策指导。AGV小车将自动执行相应搬运指令，将对的货物（库存）送至对的位置，完成库存分布的动态调整。

（3）仓库动态分区。当订单下传到库房后，如果没有一个合理的订单分区调度，可能会带来不同区域订单热度不均的问题。为解决这个问题，需要实时动态分析仓库订单分布，应用分区技术，动态划分逻辑区，从而达到各区产能均衡的目的，使得设备资源利用率达到最大化和避免拥堵，进而提升仓库整体出库效率。

（4）作业资源匹配与路径规划。当WMS从ERP接受客户订单时，运用生产调度运筹优化模型，建立仓内货架、拣选设备、出货口等供需最优匹配关系，合理安排作业任务，使得全仓整体出库效率达到最大化。当作业设备接收搬运指令时，要将货物快速准确送达目的地，需要规划合理最优路径。应用大数据等技术，协调规划全仓作业设备整体搬运路线，使得全仓作业设备有条不紊进行，最大程度减少拥堵。

二、智慧仓储的典型应用

（一）无人仓

从字面意思理解，无人仓指的是货物从入库、上架、拣选、补货，到包装、检验、出库等物流作业流程全部实现无人化操作，是高度自动化、智能化的仓库。还有观点认为，基于高度自动化、信息化的物流系统，在仓库内即便有少量工人，实现人机高效协作，仍然可以视为无人仓。京东、菜鸟目前打造的无人仓便是如此。

从市场需求来看，一方面随着以智能制造为代表的制造业物流升级发展，以及电商行业海量订单处理对更高效率自动化系统的需求越来越大，要求越来越高，传统的物流系统已经难以满足；另一方面，随着土地成本以及人工成本的不断上涨，"机器换人""空间换地"成为趋势，仓库无人化成为必然趋势。

（二）智慧云仓

随着互联网和电商的快速发展，特别是近几年流行的各种节日购物狂欢、店铺周年庆、"双11""双12"等大型电商活动，使快递包裹堆积成山。商家希望包裹能够精准安全地送到消费者手中，而消费者始终关心快递的速度。快递的前端是物流，那么如何在如此庞大的物流量下，实现快件的准确快速细分，并且高效地将快递完好无损地送到消费者手中？基于大数据、云计算和现代管理技术等信息技术的"智慧云仓"应运而生。

1. 智慧云仓的概念

智慧云仓是物流仓储的一种，但是不同于传统仓、电商仓。"云"的概念来源于云计算，是一种基于互联网的超级计算模式，在远程的数据中心里，成千上万台计算机和服务器连接成一片计算机云，对外提供算力服务。而智慧云仓正是基于这种思路，在全国各区域中心建立分仓，由公司总部建立一体化的信息系统，用信息系统将全国各分拣中心联网，实现配送网络的快速反应，所以智慧云仓是利用云计算以及现代管理方式，依托仓储设施进行货物流通的全新物流仓储体系产品。

智慧云仓是一种全新的仓库体系模式,它主要是依托科技信息平台充分运用全社会的资源,做到迅速、快捷、经济地选择理想的仓储服务。在这一模式下,快件可直接由仓储到同城快递物流公司的公共分拨点实现就近配送,极大地减少配送时间,提升用户体验,这就给那些对物流水平需求极高的企业带来了新的机遇。

2. 智慧云仓的类型

目前,智慧云仓主要有电商平台云仓、物流快递云仓、互联网化第三方仓储云仓等类型,前两类直接为商家提供云仓服务,而互联网化第三方仓储云仓致力于云仓供应链的解决方案。

(1)电商平台云仓。电商平台云仓通过多地仓储协同实现资源整合优化,大大提升其时效性和准确性,并且通过大数据分析,建立准确的预测机制,更好实现快速反应,增强客户体验。

(2)物流快递云仓。主要是指物流快递企业自建的云仓,主要目的是建立仓配一体化,实现快递企业高效配送。

(3)互联网化第三方仓储云仓。在电商快速发展的同时,电商的竞争也越来越激烈,在大型电商活动的背后将产生海量的快递邮件需要在短时间内进行配送,在这种情况下,部分快递企业常常会发生爆仓的现象,或者货物迟迟无法发出,货物漏发、错发、破损等现象的发生频率也大幅增加。因此,互联网化第三方仓储云仓应运而生,其自动化、信息化和可视化的物流服务为上述问题提供了有效解决方案。

任务三 智慧物流运输

一、智慧物流运输概述

(一)智慧物流运输的概念

智慧物流运输源于智能交通(intelligent transportation system,ITS),智能交通源于计算机与通信技术的发展。智能交通系统是指将先进的数据通信传输技术、电子传感技术、自动控制技术及计算机技术有效地集成运用于整个地面交通管理系统而建立的一种在大范围内、全方位发挥作用的、实时、准确、高效的综合交通运输管理系统。

智慧物流运输

智慧物流运输是在智能交通的基础上,在物流运输领域充分利用物联网、空间感知、云计算、移动互联网等新一代信息技术,综合运用交通科学、系统方法、人工智能、知识挖掘等理论与工具,以全面感知、深度融合、主动服务、科学决策为目标,通过建设实时的动态信息服务体系,深度挖掘物流运输相关数据,形成问题分析模型,实现行业资源配置优化能力、公共决策能力、行业管理能力、公众服务能力的提升,推动物流运输更安全、更高效、更便捷、更经济、更环保、更舒适地运行和发展，带动物流运输相关产业转型、升级。

（二）智慧物流运输的体系构成

参考《中国智能运输系统体系框架》和《智能运输系统标准体系（2024）》，综合考虑交通运输管理和物流运输产业发展的内容要求，可将智慧物流运输体系划分为运营管理、智能驾驶、交通管理、电子收费、交通信息服务、交通运输安全6个部分。

1. 运营管理

运营管理主要通过建设智慧物流运输运营管理平台实现运输业务的信息化、智能化管理，主要服务于物流运输企业。智慧物流运输运营管理平台建立标准化的数据通道，将所有与业务有关的信息连接，实现货主、收/发货方、中小型第三方物流企业、车主、司机信息互联互通，确保供应链全线物流资源高效协同。实现在同一信息平台的运营与管理，明确业务操作及岗位分工，有效提高车辆智能调度、全程可视化管理、车辆实时监控、成本管理等方面的管理水平。

2. 智能驾驶

以道路（航道）智能化为基础，遵循交通基础设施与车（船）载系统协调配合的理念，实现车辆（船只）辅助驾驶及特定条件下的智能驾驶，可以从根源上减少由于人的误操作而引发的交通问题，提高交通运输的安全性和运行效率。

基于视觉的环境感知、多传感器融合和自动驾驶技术是智能驾驶的发展方向。基于视觉的环境感知主要应用于对驾驶员状态进行监测。通过对驾驶员驾驶期间面部状态的智能识别，判断驾驶员是否存在不安全驾驶行为，并及时给出相应的报警提示；多传感器融合技术主要应用于汽车安全辅助驾驶系统。如综合横向辅助系统，使用各种传感器扫描汽车前面的空间，再由系统将所有传感器的信息融合成一个整体画面，系统分析处理完画面后，会发出一个横向的导向控制信号，传递给动力转向系统；自动驾驶技术指，将多种传感设备和智能软件装备到运输工具上，以实现车辆（船）安全自主驾驶到达目的地。

3. 交通管理

交通管理作为智慧物流运输体系框架中重要组成部分，主要服务于交通管理者。

（1）交通动态信息采集。交通动态信息指在时间和空间上不断变化的交通流信息，如交通流量、车速、占有率、车头时距和旅行时间等。这些信息的采集技术分为固定型和移动型两种。

（2）交通需求管理和交通控制是交通管理的两种模式。交通需求管理是对交通源的管理，是一种政策性管理，控制货车进城、车辆单双号通行以及收取拥堵费等均属于交通需求管理。交通控制是对交通流的一种技术性管理，通过管理道路交通基础设施及合理管制与引导交通流提高道路通行效率。

（3）交通基础设施管理、交通事件管理和勤务管理等属于交通管理的基础需求。交通执法方面，执法记录仪已成为基层交通管理部门的标配，能够实时便捷地收集有效证据，保障执法人员和执法对象的权益，有效规范执法行为，促进执法水平的提升；停车管理方面，停车难和效率低一直是影响车主出行的交通难题，集云收费、云管理、云支付和云运维于一体的智慧停车系统正逐渐改善这种现状。

4．电子收费

电子收费系统（即ETC系统）主要应用于高速公路不停车收费。ETC系统在20世纪80年代开始兴起，20世纪90年代在世界各地得到广泛使用，受到了各国政府和企业的重视。ETC系统主要涉及车辆自动识别、车型自动分类和视频稽查技术。

此外，随着移动互联网的发展，电子收费理念还应用于停车收费领域。停车场入口和出口的检测单元将车辆的进场信息和出场信息传到服务器，服务器经过计算将消费信息以二维码形式发送至停车场出口的电子收费设备，车主通过第三方支付平台扫描二维码进行付款，提高了停车收费效率，降低了管理成本。

5．交通信息服务

交通信息服务主要指向驾驶员传递有用的交通服务信息，包含出行前信息服务、行驶中驾驶员信息服务、途中公共交通信息服务、途中其他信息服务、路径诱导与导航以及个性化信息服务等。

交通信息服务领域的发展主要体现在信息类型和发布手段的不断丰富和多样化。随着云计算和大数据技术的应用，交通信息服务也越来越准确、智能和及时，让运输行驶变得更科学、更高效。表5-2列举了驾驶员行驶的信息需求，现有的交通信息服务已基本能覆盖这些需求。

表5-2 驾驶员行驶的信息需求

交通状态	信息类别	信息内容
正常	交通状态信息	各道路交通状况
		（常发性）拥挤情况
		延误时间
	行程时间信息	路段行程时间
异常	异常事件信息	事件类型
		事件地点（区域）
		针对事件的交通管制措施
		事件持续时间
		（偶发性）拥挤情况
	交通状态信息	拥堵（排队）长度
		事件影响区段的车速
		事件影响区段的延误
	替换路线信息	推荐替换路线
	行程时间信息	路段行程时间

6. 交通运输安全

交通运输安全主要指各种道路的安全管理和紧急救援。当道路发生紧急事件时，在事件的发现、处置和交通恢复正常等过程中，信息的采集、处理和运用非常重要，各种信息的快速与精确获取及各部门间信息流动渠道的畅通是完成快速、高效救援的保障。

道路紧急救援体系应具备紧急事件自动探测、救援资源优化配置、救援资源联动调度、紧急救援决策支持和紧急事件交通管制等功能。

二、智慧物流运输的典型应用模式

（一）互联网+车货匹配

以互联网为桥梁，撮合运力和货物匹配，提升物流运输的资源配置的车货匹配成为互联网改造物流行业的新尝试。

车货匹配平台去除了中间利益支柱，使货主和车主能够直接接触和交易；解决了信息不对称的问题，使货主能够快速找到车，车主快速找到货，直接在手机上完成整个交易，并且可以提前预约，方便快捷，节约时间和成本，传统货运与车货匹配的对比如图5-2所示。

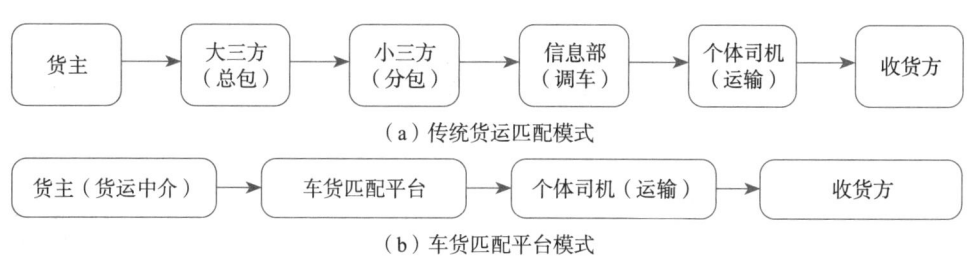

图5-2 传统货运与车货匹配的对比

（二）互联网+多式联运

虽然多式联运在我国起步比较晚，还不够发达，但是互联网给我国的多式联运带来了后发优势。多式联运的互联网化，需要通过构建多式联运的相关要素的透明连接来实现，其最终目的是实现多式联运的互联网化运作及管理。多式联运的互联化运作基于数据驱动。因为没有任何一个单一主体或企业能全盘驾驭多式联运的资源和业务。比较科学的方式就是通过数据来驱动多式联运的运作和管理。

（1）根据货源大数据来布局多式联运的网络。当多式联运互联网化之后，就会有货源的相关数据，再基于数据来优化多式联运的网络布局。

（2）根据数据来驱动多式联运的系统运转。当各种运输方式及联运枢纽之间已经构建了透明连接，只要货主向多式联运体系中的任意一个承运主体派发任务，就会在整个多式联运体系中产生连锁反应。于是可以实现业务订单数据驱动多式联运流程，实现业务流程数据驱动多式联运资源，从而实现数据驱动多式联运的多方协同，实现多式联运的高效运作。

（三）无车承运人

"无车承运人"指的是没有实际运输车辆，但从事承运业务的经营者以承运人身份接收托运人的货物，签发提单或其他运输单证，向托运人收取运费，通过实际运输经营者而完成货物运输，承担承运人责任的道路货物运输经营活动。

无车承运人的角色具有双重性，对于上游货主而言是"承运人"，对下游实际承运人而言是"货主"。

对无车承运人来说，有没有车不是关键，有没有承运能力、能否开展交易才是模式落地的关键，背后考验着企业的行业背景和综合实力。可以说，"无车承运人"这一创新模式为传统公路物流运输带来了智能化、高效率的发展，解决了传统物流行业"小、散、乱、差"局面，真正使货主有车可选，司机有货可运，具有广阔的应用场景和市场价值。无车承运人的最大优势是掌握货源、集聚货源，能够极大提高物流组织效率，节能减排效果明显。随着2016年我国正式启动"无车承运人"试点工作，"无车承运人"模式在行业内多点开花，迎来黄金发展期，逐渐成为拉动物流行业的快速转型发展新动力。

任务四 智慧物流配送

一、智慧物流配送概述

（一）智慧物流配送的含义

智慧物流配送

2015年7月，中华人民共和国商务部办公厅下发的《关于智慧物流配送体系建设实施方案的通知》指出，"智慧物流配送体系是一种以互联网、物联网、云计算、大数据等先进信息技术为支撑，在物流的仓储、配送、流通加工、信息服务等各个环节实现系统感知、全面分析、及时处理和自我调整等功能的现代综合性物流系统，具有自动化、智能化、可视化、网络化、柔性化等特点。发展智慧物流配送，是适应柔性制造、促进消费升级、实现精准营销，推动电子商务发展的重要支撑，也是今后物流业发展的趋势和竞争制高点。"

智慧物流配送是为适应智慧物流发展的新要求，升级原有的配送设备，应用大数据、人工智能算法和无人机等新型软硬件技术，对配送的全流程进行信息化、透明化管理，实现无人配送、即时配送和主动配送的物流活动。智慧配送可以降低配送成本，提升配送效率，增加客户对配送服务的满意度。

（二）智慧物流配送的体系构成

智慧物流配送体系是现代物流运行的重要组成部分，由智慧物流配送节点、智慧物流配送设备、智慧物流配送信息平台，及智慧物流配送管理优化构成。

1. 智慧物流配送节点

在实体领域，智慧物流配送体系由各种节点、配送线路、供应链网络组成，而智慧物流配送节点则是这个体系中最关键的要素之一。在智慧物流配送体系中，最重要的节点是物流配送园区、配送中心和末端配送站点。一般来说，在物流配送体系服务功能上，物流配送园区侧重于发挥集货调配功能，配送中心侧重于专业配送功能，末端配送站点侧重于对最终用户提供存取服务功能。

2. 智慧物流配送设备

目前，配送需求剧增，不断增长的业务量使现有的人力、物力越来越难以满足日益增长的服务需求。现阶段，物流企业努力实现配送环节的自动化、无人化，这是成本控制的需要，也是行业进步的需要。

（1）无人机。无人机（又称无人航空器），就是非载人、由地面控制人员通过无线信号控制飞行，或者在飞行器上事先设定好航线进行自主飞行的飞行器。随着无人机技术的不断发展，其应用领域也在不断拓展中。近些年来，无人机开始应用于物流配送领域，如美国的谷歌、亚马逊、UPS快递等科技、物流公司，德国的DHL邮政巨头以及中国的顺丰快递公司均在进行"无人机快递"项目的研究实验和应用。配送无人机如图5-3所示。

图5-3 配送无人机

无人机配送，即通过利用无线电遥控设备和自备的程序控制装置操纵的无人驾驶的低空飞行器运载包裹，自动送达目的地，其优点主要在于解决偏远地区的配送问题，提升配送服务的质量，提高配送效率，同时减少人力成本。缺点主要在于恶劣天气下无人机会无法送货，在飞行过程中，无法避免人为破坏等。

无人机通过4G/5G网络和无线电通信遥感技术与调度中心和自助快递柜等进行数据传输，实时地向调度中心发送自己的地理坐标和状态信息，接收调度中心发来的指令，在接收到目的坐标以后采用GPS自控导航模式飞行，在进入目标区域后向目的快递柜发出着陆请求、本机任务报告和本机运行状态报告，在收到着陆请求应答之后，由配送站点（快递柜）指引无人机在停机平台着陆、装卸快递以及进行快速充电。无人机在与调度中心失去联系或者出现异常故障之后将自行飞往快递集散分点。

（2）无人配送车（配送机器人）。无人配送车是智慧物流体系生态链中的终端，其具备高度的智能化和自主学习能力，面对的配送场景非常复杂，能够应对各类订单配送的现场环境、路面、行人、其他交通工具以及用户的各类场景，进行及时有效的决策并迅速执行。如图5-4所示，无人配送车是具备人工智能的配送机器人，具有自主规划路线、规避障碍的能力，可以自如地穿梭在道路上。

收货人通过App、手机短信等方式收到货物送达的消息，在手机短信中直接点击链接或者在配送机器人的相应位置输入提货码，即可打开配送机器人的货仓，取走包裹，同时配送机器人也可以支持刷脸取货以及语音交互。

图5-4　无人配送车

配送机器人进行无人配送的关键技术主要包括高精度地图数据、智能导航系统、大数据技术应用及无人配送技术的安全措施。

3. 智慧物流配送信息平台

智慧物流配送体系的核心是智慧物流配送信息平台。智慧物流配送信息平台一般具有智能仓储管理与监控功能、智能配送管理与监控功能、智能电子交易功能、统计与智能数据分析功能。

4. 智慧物流配送管理优化

智慧物流配送管理优化涉及车货匹配、车辆配载优化与车辆路径优化、配送路线优化、配送环节协同等多个决策优化问题，需要运用大数据、云计算等现代信息技术，提高配送管理优化的智能化、科学化水平。

（1）车货匹配。现代物流配送要求提高分拨效率，促进物流园区、仓储中心、配送中心货物信息的精准对接，加强人员、货源、车源和物流配送服务信息的有效匹配。

（2）车辆配载优化与车辆路径优化。车辆配载优化问题（vehicle filling problem，VFP）和车辆路径优化问题（vehicle routing problem，VRP）都是物流配送中的重要环节，车辆路线安排影响货物装载方案是否有效；车货配载方案决定车辆路线安排的高效性。

（3）配送路线优化也是配送过程中重要的组成部分。基于不同的情况与不同约束条件，车辆路线问题包括随机车辆路线问题、模糊车辆路线问题、带能力约束的车辆路线问题、带时间距离约束的车辆路线问题和带时间窗口的车辆路线问题等。

（4）配送环节协同。配送环节协同是指实现配送资源的自动调配，运用北斗等导航定位技术，实时记录配送车辆位置及状态信息，利用云计算技术，做好供应商、配送车辆、门店、用户等各环节的精准对接。

配送环节协同是利用信息平台对各物流配送中心、用户等的资源和数据进行统一整合，根据实际的物流配送任务按需分配资源，此外，利用先进的云计算技术实现物流数据的处理和物流资源的科学配置，同时，经各配送中心、用户协商确定物流配送的协作方式和协作流程，提升了各物流配送中心的配送效率。

5. 配送流程优化

物流配送体系从订单处理到配货作业、流通加工，再到送货，存在客观的流程关系，尤其是对于多品种、多供应商、多用户的情况，各作业程序间是否搭配合理、存货是否经济、补货是否及时、配货是否科学等，都直接关系着配送企业的效率和效益。

现代配送强调加强配送流程控制，运用信息技术，加强对物流配送车辆、人员、环境及安全、温控等要素的实时监控和反馈。配送流程设计涉及时序优化、服务优化、成本优化、技术优化、质量优化等优化指标。在进行流程优化时，应根据需要，针对某一个或多个指标进行优化。

知识拓展

漳州市开启绿色智慧物流新时代

遇到红灯会停下来安静等待，碰到障碍会自动刹车避让，到目的地会自动发送取货信息……近日，漳州中心城区的道路上，一辆没有驾驶室、驾驶员的绿色方形小车格外引人注目。

"车辆左转弯，请保持车距，注意安全。"无人驾驶配送车从漳华路平稳地驶进福海阳光小区。当抵达小区配送点时，居民陈美丽拿出手机扫描车上的二维码，并输入提前收到的取货码，开门、取货。"这种线上下单，线下无接触取货的方式很便利。"陈美丽说。

"这是我市首次引进的L4级无人配送车，代表着我市将迎来绿色智慧物流新时代。"福建好菜到电子商务有限公司总经理李圳介绍，L4级无人配送车，装载空间为5立方米，载重1吨，满载状态下的续航里程可达180千米，平均时速为40千米。车上装有8个摄像头、3个激光雷达，可以清晰识别红绿灯、车道线以及障碍物。上路前，企业对每一条固定线路都做了详细的调研和规划，还购买了商业保险，无须担心复杂路况的安全问题。

无人配送车的投用，缓解了春节期间快递配送人力不足问题。李圳告诉记者，无人配送车以漳龙物流园为起终点，目前已试点覆盖中心城区20多个配送网点，包括福海阳光、群裕、御龙天下等小区，以及公司的朝阳生鲜仓库、石亭董坑村仓库等地。经测算，无人配送车的应用可以降低企业近50%的物流成本及80%的安全管理费用。

据了解，福建好菜到电子商务有限公司是省内首家成批引进L4无人配送车的公司，除了此次引进的两辆无人配送车，公司将陆续引进50辆，积极打造城市智慧物流配送软硬件系统，以"数据+技术+服务"为核心，打造具有"供+销"特色的城乡双向流通供应链服务平台。

资料来源：漳州市开启绿色智慧物流新时代. 闽南网［EB/OL］.（2024-02-17）［2024-08-17］. https://baijiahao.baidu.com/s?id=1791114940373092257&wfr=spider&for=pc.

二、智慧物流配送的典型应用

（一）城市地下物流配送系统

地下物流配送系统是一种新兴的运输和供应系统，是现代物流创新发展的新技术，是一种具有革新意义的物流配送模式。目前世界上的一些发达国家，包括美国、德国、荷兰、日本等在地下物流配送系统的可行性、网络规划、工程技术等方面展开了大量的研究和实践工作。研究表明，地下物流配送系统不仅具有速度快、准确性高等优势，而且是解决城市交通拥堵、减少环境污染、提高城市货物运输的通达性和质量的重要有效途径，符合资源节约型社会的发展要求，是城市可持续发展的必要选择。

地下物流配送系统是指运用自动导向车和两用卡车等承载工具，通过大直径地下管道、隧道等运输通路，对固体货物实行运输及分拣配送的一种全新概念物流系统。在城市，地下物流配送系统与物流配送中心和大型零售企业结合在一起，实现网络相互衔接，客户在网上下订单以后，物流中心接到订单后，迅速在物流中心进行高速分拣，通过地下管道物流智能运输系统和分拣配送系统进行运输或配送。也可以与城市商超结合，建立商超地下物流配送。

据悉，在雄安新区的建设中，我国地下物流配送系统的科学家已经提出了在雄安新区建设和运营中开始建设智能地下物流配送系统的规划方案，提出了雄安新区应用地下物流配送系统来解决城市物流配送带来的拥堵问题的建议，探索和应用智慧的地下物流配送创新模式。

（二）基于无人机、自助快递柜的无人机配送系统

该无人机配送系统主要应用于快件配送服务，能有效提高配送效率，减少人力、运力成本，提高服务的品质和质量。无人机配送系统构成如图5-5所示。

1. 无人机

四旋翼或八旋翼飞行器，配有GPS自控导航系统、室内GPS接收器、各种传感器以及无线信号发收装置。

2. 自助快递柜

无人机向快递柜发送着陆请求、本机任务报告和本机运行状态报告后，快递柜将无人机编号、该机任务以及任务优先权等信息输入系统，由排队决策系统分配停机平台，再由无人机着陆引导系统引导无人机降落，或者向无人机发出悬停等待指令。无人机收到快递柜接受着陆指令后，将持续地将本机上室内GPS接收器收到的红外激光定位信号和本机编号回传给快递柜，快递柜将精确掌握无人机坐标信息，并引导无人机精准着陆。

3. 快递盒

快递盒内配置蓝牙和信息存储模块，主要用于装载快件，便于无人机运输。

4. 快递集散分点

各快递集散分点负责不同区域间的快件集散。无人机接收调度中心的指令，将异地快

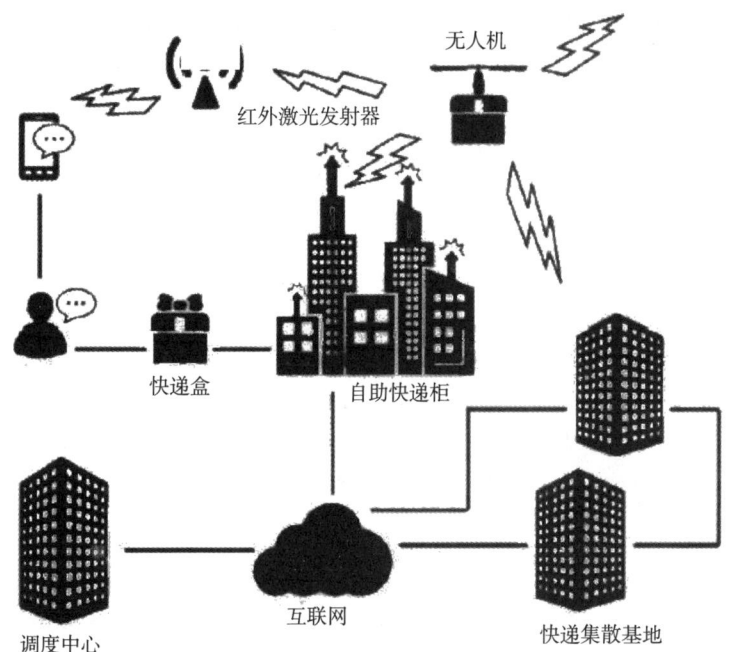

图5-5 无人机配送系统构成

件运往分点,分点发出相关指令引导无人机进行降落、卸件,卸下的快件将被整理运往机场。同时调度中心将相关快递信息更新到目的区域的调度中心。

5. 快递集散基地

异地快递在送达本区域后将先运往快递集散基地,基地根据快递盒所输入的快件信息将快件进行分类,并将其运往相关快递集散点,同时快递基地实时将到达的快递信息更新,并将数据发送到公司调度中心。

6. 调度中心

调度中心管理本区域所有快件的接收与投放,同时对无人机进行系统维护、数据更新。调度中心也实时监测无人机和自助快递柜的链接状态,对出现的问题进行及时维护。

(三)互联网+同城配送

同城配送是指配送范围控制在市区范围内点到点间的短距离货物运输服务,被称为"最后一公里配送"。"互联网+"时代的同城配送,依靠互联网平台,以信息技术为支撑,整合海量社会运力资源,实现运力与企业配送需求精确、高效匹配,为各类客户提供城市范围内的配送服务。

基于互联网的同城配送大致需求如下。

1. 电商类包裹

在"互联网+"时代下,人们生活消费习惯深受互联网经济影响,电子商务蓬勃发展,伴随而生的电商包裹成为同城配送的主要货源之一。目前,国内有超过一半的包裹来自电商平台,而这些包裹的同城配送则是由快递员(司机)将包裹从网点(分拨中心)配送到消费者手中。

2. 同城O2O类包裹

可分为两种需求:一种为确定性订单需求,要求司机在指定时间去商户(客户)处提取货物并在指定时间内配送至消费者手中;另一种为随机性需求,如"网约车"随时接单服务,客户随机叫车服务,司机根据平台推送接单并快速响应服务,上门取货并配送至目的地。

3. 生产物资同城配送

互联网技术从消费端延伸到生产端,生产资料同城配送需求在城市配送的前景更是广阔。司机在"公路港"集货(取货),并在指定时间将生产物资送到客户处(最后一公里配送),或是在客户手中提取生产物资并送到"公路港"(第一公里配送)。

(四)互联网+众包物流

"互联网+众包物流"是将原来需要由专职专业的配送人员完成的工作,以自由、自愿、有偿的方式,通过互联网平台外包给社会上的一些群体来完成,众包人员相对于专职专业人员来说是利用自己的空闲时间从事兼职工作,他们根据自己的时间、配送地点等因素自行选择是否承担物流任务,到指定地点取件将货物送到指定顾客手中并取得相应的酬劳。

众包物流作为一种新兴的第三方配送模式,其主要流程是由各类O2O商户发单、配送员抢单后,将货物送到消费者手中的配送形式,能够有效提升外卖等企业的配送能力和服务水平。市面上的京东到家、达达,以及一些类似于美团外卖的电商平台等,皆采用众包物流的配送模式。众包物流的本质其实就是"互联网+物流"。

任务五　智慧物流包装

一、智慧物流包装概述

(一)智慧物流包装的含义

物联网、大数据、人工智能与信息技术等应用于物流包装领域,产生了智慧物流包装。对于智慧物流包装的认识最早从"智能包装"开始。随着包装技术的进步和智能包装应用的不断发展,智能包装在现代物流中发挥着越来越重要的作用,其对包装商品的质量、状态及对物流信息的收集和反映,很大程度上促进了现代物流的发展,是实现智慧物流的重要支撑。

智慧物流包装

智慧物流包装是智能包装在物流领域的应用和价值体现。智慧物流包装是指在现代物流运作中,为保护产品、感知信息和优化服务,以包装为载体,通过数字化与智能化技术手段，使之具有感知、监控、记录、智能处理和信息传递的现代化功能，实现包装的可视化与智慧化，满足物流与供应链管理高效运行的需要。

智慧物流包装也有两重含义：其一是新型智能材料、结构、技术施加于包装之上，形成具有智慧属性的物流包装；其二是包装作业的智慧化，通过智能算法选择合适包装箱，并通过自动化、智能化包装机械设备施之以包装。

（二）智慧物流包装的体系构成

智慧物流包装通过先进材料、新型结构及信息系统对内装物的质量和包装安全性进行干预与保障，从工作原理上来看，可将智慧物流包装分为三种类型：信息型智能包装、功能材料型智能包装和功能结构型智能包装。

1. 信息型智能包装

信息型智能包装是智慧物流包装中最为重要、最为普遍的应用形式，主要是指以反映包装内容物品质变化信息为主的新型包装。信息型智能包装可以实现对产品的精细化管理，对产品存储、运输到销售整个过程中的质量、环境、参数信息进行追踪，为产品安全提供更高强度的保障。

信息型智能包装主要通过包装数字化、包装可视化和包装大数据平台进行构建。

（1）包装数字化。包装数字化主要指的是在商品包装上实施的数字化策略，包括在商品包装外观上印制信息码如条形码、二维码、点阵码、图像特征码等，或者在包装中嵌入RFID/NFC电子标签或其他传感器，使该商品包装具备数据采集和信息交互功能。也就是说，包装数字化是以包装为载体，利用二维码、特征图像、RFID、近场无线通信、时间-温度传感器、智能传感器等感知元件，对商品的原材料、生产、仓储、物流、销售、消费等全生命周期进行数据采集和信息传递，给智慧物流大数据平台提供数据源，从而使包装成为实现万物互联的入口。

包装数字化技术包括：条码技术、图像特征识别技术、RFID技术、NFC技术、其他智能传感识别技术以及多传感器集成的组合型感知系统、印刷电子及印刷传感器技术等。

（2）包装可视化。包装可视化利用数字化技术将商品的位置、状态及原材料、生产、仓储、物流、销售等全生命周期的数字化信息，以文字、图像、图形、动画及音视频等可视化的方式，在包装盒体、终端设备或后台屏幕上能实时呈现，以达到实时监控、交互、分析、调整和决策的目的。

智慧物流包装的可视化，是通过一些智能标签实时显示包装体内的温度、湿度及新鲜度等随时间变化的情况，或者通过智能传感器获得的数据，在系统平台的显示终端上实现商品的仓储、流通及位置和环境等各类信息的可视化。

（3）包装大数据平台。智慧物流包装是"互联网+芯片+包装"的应用，能够收集商品全生命周期大数据（包括供应链大数据、防伪溯源大数据等）。构建基于互联网和云计算的智慧物流包装大数据平台，收集、处理和应用大数据，是智慧物流包装的核心技术与功能之一。

智慧物流包装大数据平台通过对包装商品的数据采集、存储及整合，实现了对包装商品从源头到终端每一个环节真实可靠的信息管理，可以为消费者提供智能化的防伪溯源服务，为政府及行业监管机构提供数据平台支持，为包装印刷企业提供低成本、高效益的转型方案，为商品生产企业提供商品营销大数据分析，为订单、物流、结算、售后等提供智能化管理服务。

2．功能材料型智能包装

功能材料型智能包装，是指应用新型包装材料对产品包装进行包装设计，通常采用光电、温敏、湿敏、气敏等功能材料与包装材料复合制成，使得包装对环境因素具有某种"识别""判断"和"控制"的功能，可以智能识别和指示包装微空间内的温度、湿度、压力、密封程度、保存时间等重要参数，还能自适应器物本身的不同特质和突变或渐变的外部环境，自动调整包装内部环境。与传统材料相比，智能包装材料具有感应性、识别性、调控性的特点，智能包装材料能够根据环境变化调整自身条件以适应环境变化带来的影响。

功能材料型智能包装是一种以材料为基础的智能化包装形式，基于对材料本身及其应用在材料智能型包装上所表现出来的功能特征，可分为变色材料包装、发光材料包装、智能水凝胶材料包装、活性材料包装等。

3．功能结构型智能包装

功能结构型智能包装是指为满足安全的产品包装、可靠的物流运输等某些特定需求，从而对包装结构进行相应的增加或改进的一类智能型包装。相较于功能性材料的研发，功能结构型包装多依靠于生物化学原理，大多数是物理学上的原理，通过创新整合使得食品包装更具有简便性和安全性，为其提供更好的市场效果。在功能结构型智能包装中最典型的有自动报警、自动加热和自动冷却。

二、物流包装作业智能化

（一）智能包装机械

智能包装机械是指包装作业中结合先进的工控技术，融合机电一体化，为产品包装提供从自动开箱—自动套膜—自动装箱—在线称重—自动贴标—自动封箱—自动打包捆扎等自动化作业的无人化、智能化包装设备。一般也称为包装机器人。应用智能包装机械能够有效提高工作效率，提升包装品质，降低用人成本，优化工作环境。

智能包装机械能够进行开箱、装箱、封箱、捆扎、码垛、自动分装、托盘货物拉伸膜缠绕等工序流程作业，包括具有自动控制功能的缠绕机、打包机、码垛机、贴标机、托盘分配机、封箱机、真空机、收缩机和封口机等。如图5-6所示，即为一台包装机器人。

（二）包装箱型智能推荐

包装箱型智能推荐，即根据包装物的属性、数量、重量、体积等信息，通过智能打包系统的算法支持，自动选择合适箱型及数量进行匹配，以达到减少耗费、节约成本、方便物流的目的。当前包装箱型智能推荐系统在菜鸟物流、苏宁物流等得到充分应用。

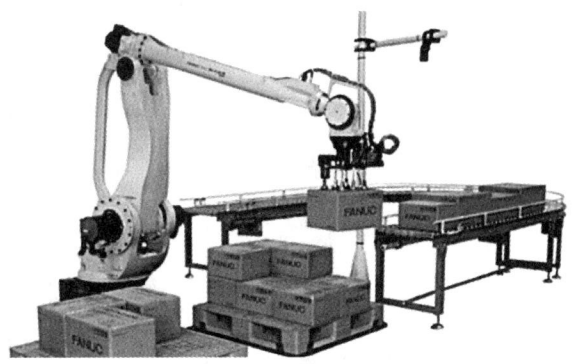

图5-6　包装机器人

装箱问题在物流与生产系统中是一个经典并且非常重要的优化问题。系统通过包装推荐功能找到合适大小的包装箱推荐给业务操作人员来包装客户的商品，而包装推荐就是装箱问题的一个典型应用，其本质就是如何合理地放置商品以达到包装箱的装填率最大化。

装箱问题是复杂的离散组合最优化问题。一般来说，组合优化问题通常带有大量的局部极值点，往往是不可微的、不连续的、多维的、有约束条件的、高度非线性的NP完全问题，装箱问题也不例外，同许多组合最优化问题一样属于NP-hard问题。包装箱型智能推荐，就是要求把一定数量的物品放入容量相同的一些箱子中，使得每个箱子中的物品大小之和不超过箱子容量，并使所用的箱子数量最少。通常用到数学规划法、构造法、数值优化方法、遗传算法、模拟退火算法等方法进行求解。

（三）可循环使用的智能包装系统

可循环使用的智能包装系统，即依托可回收、可折叠、可重复使用的包装箱进行物流作业活动，同时在包装箱内部嵌入传感器、控制器等智能硬件，能够实现端到端的无纸化操作、智能防护和跟踪溯源，实现包装箱的可视化管理和智能调度。

可循环使用的智能包装系统包括远程云服务器、移动终端、管理终端和包装盒。①远程云服务器包括信息接收模块、信息发送模块、数据存储模块和数据处理模块。②移动终端包括注册模块、支付结算模块、操作模块、信息发送模块及信息接收模块。③管理终端包括信息接收模块、信息发送模块、数据统计模块和支付结算模块。④包装盒包括可拆装盒体、密码锁和二维码。

三、智慧物流包装的典型应用

（一）果蔬新鲜度监控

物流中果蔬腐败智能化实时监测预警技术系统，由腐败机制与评判数据库、实时传感技术和设备、监测预警系统三个部分组成，其系统结构如图5-7所示。

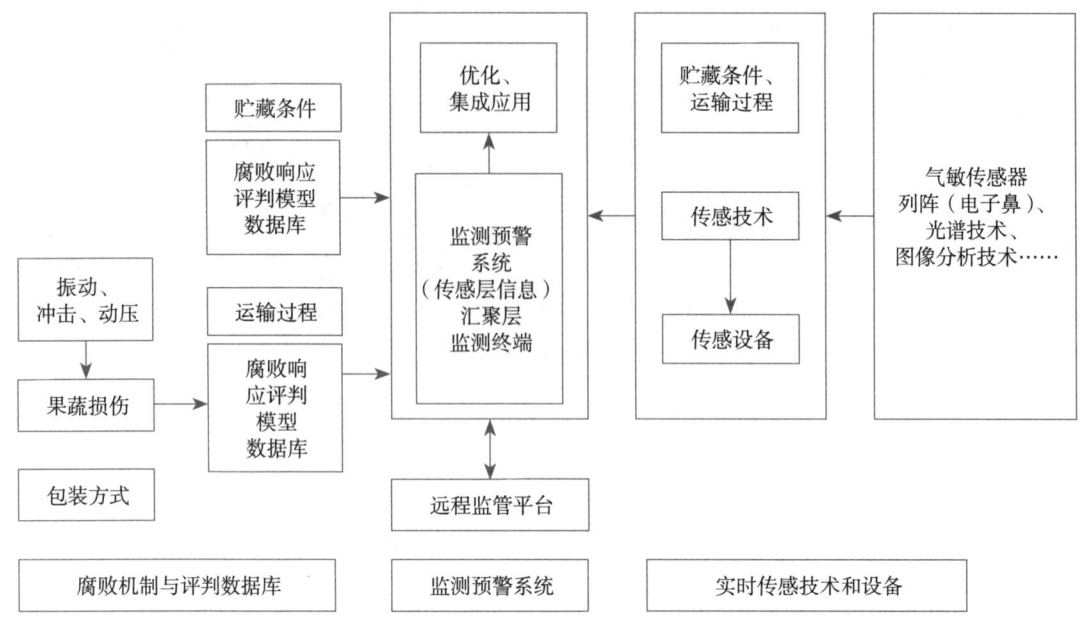

图5-7 果蔬腐败智能化实时监测预警技术系统结构图

（二）食品溯源

通过使用RFID技术智能化的包装产品能够在整个供应链中轻松地实现跟踪与追溯，确保端到端（即从核心原材料到产品使用寿命结束及再利用的整个过程）的完整透明度。

这项集成技术同样能够检测智慧物流包装在送达消费者前是否已经被篡改。在送达消费者后，消费者通过智能手机，可以收到额外信息并且进行互动。

（三）防伪追溯

2015年，Thinfilm公司便将智慧物流包装与红酒瓶结合，打造了一款"智能葡萄酒瓶"。据介绍，此款葡萄酒瓶融入了Open Sense技术，瓶身标签含有唯一的标识，能够检测出瓶子打开的时间，并能向消费者推送定制信息。同时，这样的智慧物流包装还有助于打击假酒现象。此后，Thinfilm公司将目光放在了医疗药品智慧物流包装上，宣布与从事医疗保健和消费品包装的Jones Packaging Inc.合作，将NFC Open Sense技术与医疗药品相结合。

在国内，茅台醇的物联网感知包装也是具有代表性的一例。茅台醇包装支持NFC芯片防伪追溯功能，消费者可借此鉴别茅台醇真伪，通过产品生命值了解茅台醇全生命周期信息。茅台醇包装支持区块链数据让茅台醇在生产、运输、仓储、销售、消费、饮用等环节具备数据采集功能，通过区块链分布式数据，协助酒厂经营管理，了解市场。

（四）物流参数监控

产品物流多参数智能监测系统，由传感层、信息汇聚层和智能监测层组成，其系统结构如图5-8所示。该系统可在线或远程监控物流中重要产品和危险品的状况，包括环境温湿度、振动和冲击强度、气体浓度以及产品运动等。实践表明，该系统能对物流中重要产品和危险品实施有效监控。

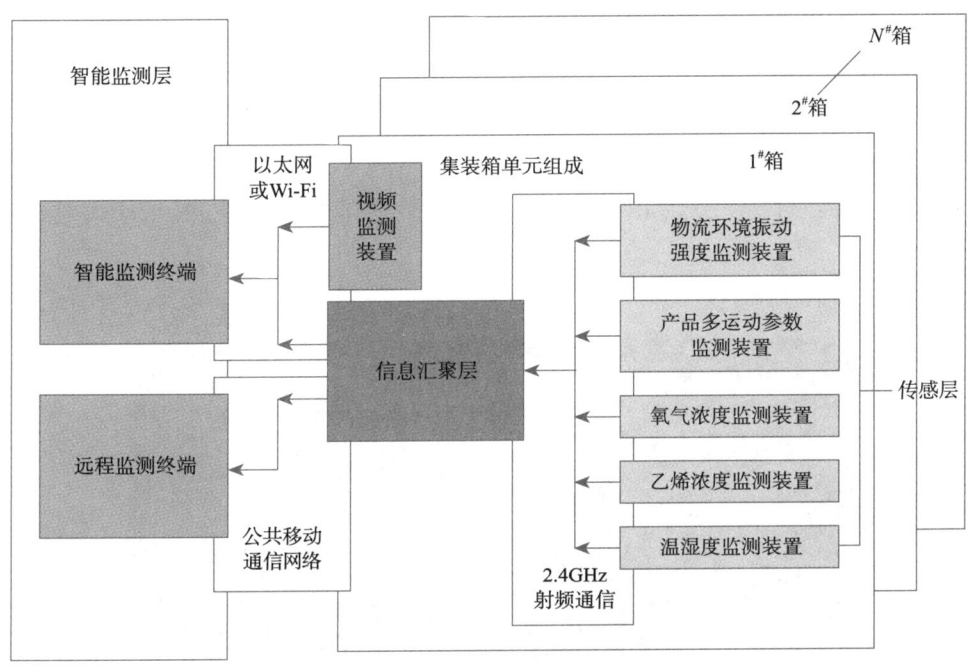

图5-8 产品物流多参数智能监测系统结构图

（五）医疗辅助支持

在医疗领域，NFC技术与药品标签的结合也被认为是智慧物流包装极具前瞻性的创新，因为其提高了药品的附加值。NFC芯片可以通过智能手机进行非接触式读取，从而实现药物的数字识别，可实现剂量建议、通过注射系统自动识别药物、内部物流流程优化及品牌保护等用途。智能药品包装不仅可实现追踪和验证功能，还可以记录药片何时取出包装，以便客观地监控患者对治疗过程的依从性。

知识拓展

智能包装方案

一、欧标周转（EU）箱、料箱、生鲜筐、零件盒等周转箱的智能包装方案
（1）低阶的物联网方案：价格低，需要人工作业。
（2）根据运输包装载具（图5-9）特点，展开方案的初步画像。

图5-9 运输包装载具

（3）结合业务场景，确定方案选型。

①方案一：扫码枪+无源RFID标签（图5-10）（无源RFID标签、RFID扫码枪物联网方案）。

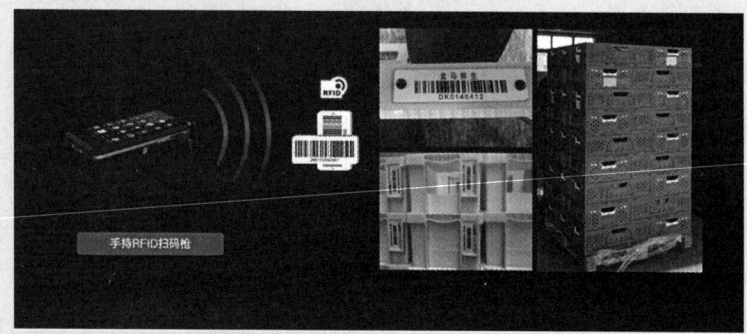

图5-10 扫码枪+无源RFID标签

方案介绍：该方案主要在箱体上贴上RFID无源标签，通过UHF高频手持扫码设备读写标签。

使用场景：适用在日常出入库次数较少的场景，空间有限的画面，RFID手持设备使用非常灵活、方便。

②方案二：RFID屏蔽通道门+无源RFID标签（图5-11）（无源RFID标签、屏蔽RFID通道门物联网方案）。

图5-11 RFID屏蔽通道门+无源RFID标签

方案介绍：该方案主要借助架设RFID信号屏蔽通道（第三代屏蔽技术），适合各类复杂环境与高功率读取，防止发生窜读现象，适用于高吞吐量的场景。

配套箱体：欧标周转箱、物流箱、小型周转箱、周转筐、生鲜筐、储物盒等。

使用场景：适用于日常出入库经常、出入数量较大、对读取速率有一定规定的画面，该细则需要场地有一定的空间。

二、托盘、围板箱、料架等周转箱的智能包装方案

（1）中阶的物联网方案：现场推进无线网关，实现无人化资产管控。

（2）根据运输包装载具特点，展开方案的初步画像。

（3）结合业务场景，确定方案选型。

物联网方案：有源信标+物联网关（图5-12）。

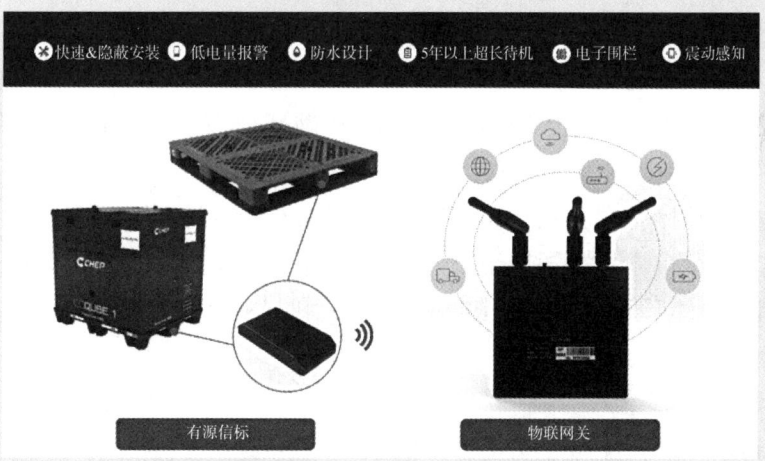

图5-12　有源信标+物联网关

方案介绍：该方案采取LPWAN低功耗广域网科技，由有源终端与物联网关组合应用，使用高可靠性的Sub-GHz频段传输协议，距离覆盖最远可达3千米。

使用场景：适合进出存自动化管理、实时盘点、防丢失管理、效率分析、货托共管等场景。

任务六 智慧物流装卸搬运

一、智慧装卸搬运概述

（一）智慧装卸搬运的含义

为提升传统装卸搬运的效率，解决物流作业装卸搬运的"瓶颈"问题，人们不断将机械化、自动化、信息化、智能化作业手段应用于装卸搬运领域，装卸搬运沿着机械化、自动化、智慧化发展方向不断进步。按照装卸搬运所采用的工具，搬运装卸活动一般分为人工作业、机械化作业、半自动化作业、全自动化作业、智慧装卸搬运集中形式。

智慧物流装卸搬运

智慧装卸搬运是自动化装卸搬运作业发展的更高级阶段，它不仅实现了作业过程的自动运行与自动控制，而且应用物联网、人工智能等技术，实现作业环境的智能感知、作业方式的智能选择、作业状态的智能控制以及应急情况的智能处置，从而达到装卸搬运无人化运作要求。当前，智慧装卸搬运在智能工厂、无人仓库、智慧港口等物流作业中应用广泛，是物流场所升级改造、物流作业效率提升、物流管理水平优化的重要内容和有效途径。

（二）智慧装卸搬运的体系构成

一般来说，根据作业特点的不同，装卸搬运作业包括堆垛拆垛、拣选输送、搬运移动等作业内容，智慧物流技术手段应用于上述作业场景中，由此形成智慧装卸搬运体系。因此，智慧装卸搬运体系可以从智慧装卸作业系统、智慧搬运作业系统和智慧拣选作业系统三个部分进行分析构建。

1. 智慧装卸作业系统

根据装卸设备的类型和功能分类，智慧装卸作业系统主要包括码垛机器人、龙门吊自动装卸系统、卡车自动装卸系统等。

（1）码垛机器人（图5-13）。码垛机器人是用在工业生产过程中执行大批量工件、包装件的获取、搬运、码垛、拆垛等任务的一类工业机器人，是集机械、电子信息技术、智能技术等于一体的高新机电产品。码垛机器人广泛应用于纸箱、塑料箱、瓶类、袋类、桶装、膜包产品及灌装产品等的装卸作业，可配套于三合一灌装线等，对各类瓶罐箱包进行码垛。

码垛机器人主体多采用优质轻巧的铸铝材料制造和连杆式关节型的机构形式，利用CAD和FEM有限元技术进行结构优化设计，具有较高的机械性能和抗震能

图5-13 码垛机器人

力；驱动系统采用模块式数字化AC伺服电机和RV减速器；针对不同类型的产品和包装件，有真空吸持、夹持、叉式等多种形式的智能末端执行器。

（2）龙门吊自动装卸系统（图5-14）。龙门吊自动装卸系统主要实现以下功能：利用机器视觉系统自动获取到达装卸位置的集卡及集装箱身份标识信息，由码头、场站操作系统根据标识将装卸位置指令发

图5-14 龙门吊自动装卸系统

送给信息处理系统；机械运动控制系统依据激光扫描系统探测区域堆放集装箱的情况及装卸位置指令，优化装卸运动轨迹并控制机械运行，实现龙门吊自动装卸控制。

龙门吊自动装卸系统主要适用于港口码头、铁路站台集装箱装卸过程。系统建成后，集卡到达龙门吊装卸位置下方后的数据获取、与码头（场站）操作系统的信息交互、转堆和收发箱指令执行及确认、小车装卸运动轨迹优化、运动过程驾驶控制等一系列原来由龙门吊司机操作的环节全部实现自动化，从而实现集装箱装卸高效节能、安全可靠。

（3）卡车自动装卸系统（图5-15）。卡车自动装卸系统是一种集成在卡车和装卸平台之间的自动化输送设备，通过相互协同运作，代替人力和叉车，完成货物的全自动化装卸。卡车自动装卸系统主要分两部分：一部分装卸主体设备被安装在卡车内部；另一部分被集成在装卸平台上，由平台主体结构、四条平行的固定式滚轨传送系统、链式传送系

图5-15 卡车自动装卸系统

统、气动提升滑轨系统、控制系统、激光扫描仪、车台对接装置和安全限位系统等组成。

2. 智慧搬运作业系统

智慧搬运作业系统是利用自动导引搬运工具（automated guided vehicle，AGV）进行物流搬运的作业系统。AGV是一种柔性化和智能化物流搬运机器人，国外从20世纪50年代在仓储业开始使用，目前已经在制造业、港口、码头等领域得到普遍应用。智慧搬运机器人，如图5-16所示。

AGV之所以能够实现无人驾驶，导航和导引对其起到了至关重要的作用，随着技术的发展，能够用于AGV的导航/导引技术主要有直接坐标导引、电磁导引、磁带导引、光学导引、激光导引、惯性导引、视觉导引及GPS导引等。

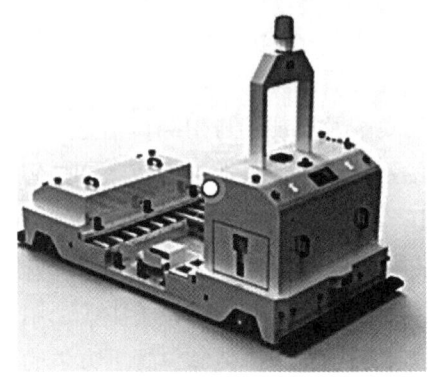

图5-16　智慧搬运机器人

3. 智慧拣选作业系统

智慧拣选作业系统，是按照订单要求，以基于人工智能算法的软件系统为核心，通过机器人、堆垛机、输送机等自动化、智能化拣选设备为工具手段，将商品从存储的货架或货垛中取出，并分放到指定位置，完成用户配货要求的作业系统。从拣选作业方式特点来看，智慧拣选作业系统主要包括自动分拣系统、机器人分拣系统和"货到人"拣选系统三类。

（1）自动分拣系统（图5-17）。自动分拣系统（automatic sorting system）是利用自动控制技术完成产品分拣与输送的输送设备，是先进配送中心所必需的设施条件之一。自动分拣系统具有很高的分拣效率，通常每小时可分拣商品6000～12000箱，自动分拣系统是提高物流配送效率的一项关键因素。

（2）机器人分拣系统（图5-18）。基于快递物流客户高效、准确的分拣需求，机器人

图5-17　自动分拣系统

图5-18　机器人分拣系统

分拣系统应运而生。机器人分拣系统主要应用于快递分拣领域，将大量的包裹通过快速条码扫描，连接电商物流数据平台或手工录入获取物流出口信息，通过调度分配机器人在工作场地内进行自主定位和无人导航，以最优路径将快递运送到指定分选点，分拣出口下设集中打包站，当快递积累到量后打包并运送到上车点，实现快递的自动分拣。

（3）"货到人"拣选系统。"货到人"（goods to person or goods to man，G2P/G2M）拣选，即在物流拣选过程中，人不动，货物被自动输送到拣选人面前，供人拣选。"货到人"拣选是物流配送中心一种重要的拣选方式，与其对应的拣选方式是"人到货"（P2G/M2G）拣选。"货到人"拣选有超过40年的发展历史。最早的"货到人"拣选是由自动化立体库完成的，托盘或料箱被自动输送到拣选工作站，完成拣选后，剩余的部分仍然自动返回立体库中储存。这种拣选方法一直沿用到现在，并逐渐显示出其重要性。

典型的"货到人"拣选系统主要有AS/RS自动化立体库存储、Miniload拆零拣选、垂直旋转式货柜、自动导向搬运车系统（automated guided vehicle system，AGVS）、多层穿梭车等。如图5-19所示，即为基于AGVS的"货到人"拣选系统。

图5-19　基于AGVS的"货到人"拣选系统

二、智慧装卸搬运的典型应用

（一）在智慧仓储领域的应用

仓储领域是智慧装卸搬运设备及技术应用的主要领域，从具体应用案例上看，通过智慧装卸搬运技术的应用可以实现仓储货物的自动卸车、自动输送、自动分拣、自动取货、自动装车以及信息数据的自动更新等业务工作。

以京东昆山无人分拣中心为例进行介绍，京东昆山无人分拣中心整体布局，如图5-20所示。

昆山无人分拣中心可以显著提升分拣效率，分拣能力达到9000件/小时，同时，在大幅节省人员同等场地规模和分拣货量的前提下，据测算该分拣中心可以节省180个员工人力。

图5-20　京东昆山无人分拣中心整体布局

(二)在智能工厂领域的应用

智能工厂必备的硬件包括多轴机械手臂工业机器人、全自动化生产线和对料箱进行自动识别的自动化立体仓库。除了这些定点的智能装备之外,还需要连接器,包括来回穿梭的智能AGV小车、使用高速巷道式堆垛机等。智能工厂是集智能化、自动化、模块化、数字化、精益柔性制造于一体的数字化工厂。

智能工厂中的每个环节都需要智能化,而智慧装卸搬运工具如AGV起到了连接各个环节的作用,因而成为智能制造工厂中不可或缺的智能装备。由多个AGV组成的自动运输系统,是实现物流自动运输的重要手段,对于提高灵活性、降低成本、生产时间和资源耗费方面具有重要意义。无论是大型无人工厂,还是熄灯工厂(只有机器工作无须照明的工厂),AGV系统都是智能工厂一个重要组成部分。它能高效地完成原材料的供送、成品的转移输送、仓储货物柔性配送等。在生产制造过程中,AGV系统还可以与制造执行系统、仓储管理系统、生产线控制系统等进行数据交换与对接。同时,图像识别技术、激光导引技术、导航技术等的技术结合将推动AGV的发展,从而推动柔性生产线、自动化工厂、智能物流的快速前进与发展。

(三)在自动化码头领域的应用

自动化码头是智慧装卸搬运系统应用的重要领域之一。自动化码头与传统码头最大的区别在于,通过使用先进的管理和控制软件使得运营设备部分或全部替代通常由人工完成的集装箱搬运和装卸工作。AGV则作为取代传统码头内集卡的全自动无人驾驶的水平运输设备。

上海洋山港四期自动化码头是当前世界上最大的自动化码头,其码头装卸作业采用"远程操控双小车集装箱桥吊+轨道吊+AGV"的生产方案,主要由码头装卸、水平运输、堆场装卸的自动化装卸设备及自动化码头生产管控系统构成。

AGV自动导航卡车(图5-21)在地面磁钉的引导下,载着集装箱开往目标箱区域。AGV根据磁钉位置可以准确找到所在位置,并且根据预设规划路径高精度运作。通过"智能"大脑,AGV可以自定行车路线,有效规避碰撞。洋山港四期的锂电池驱动AGV除了无人驾驶、自动导航、路径优化、主动避障功能外,还支持自我故障诊断、自我电量监控等功能。

图5-21 AGV自动导航卡车

项目小结

本项目主要介绍了智慧物流相关内容。在智慧物流仓储、运输、配送、包装及装卸搬运等活动环节中,阐述智慧物流技术如何推动物流系统的高效率发展。在智慧物流信息系统方面,重点阐述了智慧物流信息系统架构。在智慧物流仓储部分,从智慧仓储信息系统、智慧仓储技术和智慧仓储管理三个视角阐述智慧仓储体系构成。在智慧物流运输部分,阐述智慧运输体系构成,介绍了智慧物流运输体系的6个部分,并对典型智慧运输应用进行详细说明。在智慧物流配送部分,从智慧物流配送节点、智慧物流配送设备、智慧物流配送信息平台等多个方面阐述智慧配送体系构成,并对典型智慧配送应用进行详细说明。在智慧物流包装部分,对典型智慧物流包装应用进行详细说明。在智慧物流装卸搬运部分,重点从智慧装卸作业系统、智慧搬运作业系统和智慧拣选作业系统三个部分进行智慧仓智慧装卸搬运体系说明,最后对其典型应用进行阐述。

关键概念

智慧物流信息系统　智慧仓储　智慧运输　智慧配送　智慧包装　智慧装卸搬运

思考题

1. 智慧云仓有哪些不同应用类型?
2. AGV导航方式有哪些?
3. 智慧物流运输体系的基本构成有哪些部分?
4. 智慧物流配送的典型应用模式有哪些?
5. 智慧物流包装机械主要有哪些类型?
6. 未来智慧物流包装技术发展趋势是什么?

案例分析

信息技术为仓储物流插上"智慧的翅膀"

目前,5G、人工智能、大数据、云计算等新一代信息技术的综合应用正加速仓储物流企业从传统仓储向智能化仓储转变。高新物流有限公司用3年的时间打造了智慧物流仓储项目,这期间,宁波保税区海关全程跟进(图5-22),将顺势监管理念融入系统的研发测试工作,结合"一仓多能""按状态分类监管"等创新政策,提出前瞻性功能建议;对仓库网格化区分、视频监控设备安装、现有货卡信息完善等系统配套设置进行现场指导,帮助企业规划完善仓储、物流、报关等各个环节。

高新物流不是个例，截至2023年6月，宁波保税区内已有多家大宗仓储物流企业相继完成智能化改造升级，除应用AI智能图像识别外，"二维码+网格化"数字管理也是常见模式，只要用移动设备扫一扫库位上张贴的二维码，该批货物的报关单、账册编号、品名规格、库存状态等完整信息一览无余。物畅其流、通达天下。仓储

图5-22　宁波保税区海关全程跟进

物流串起了产业链供应链的重要动脉，也是跨境电商等外贸新业态高质量发展的关键一环。中外运物流（宁波）有限公司负责人杨孝伟感叹："现在行业竞争不断加剧，物力、人力、仓储成本不断增加，跨境仓储企业要想挣脱困境，就必须对仓库进行数字化、智能化升级改造，这是必经之路。"

不同于高新物流这样主营大宗商品的仓储企业，跨境电商商品的仓储物流有其独特性，例如，商品种类繁多、理货上架难度大、拣货环节复杂、人工干预较多等，因此对仓库管理系统的搭建提出了更高的要求。宁波保税区海关指派专人分仓对接，对仓库的最小存货单位进行梳理分析，为仓库区域设置和流水线分布提供个性化方案；打通企业仓库管理系统和海关信息化系统，将包裹出区查验等监管环节嵌入企业作业流程，通过"隐形监管"提升企业作业效率；探索扩展商品条码的应用范围，实现库内商品一码通查，进一步缩减盘库时间。智能化仓库投入运行后，储位空间利用率超过95%，是普通平层库的3~5倍，打包能力也提升了30%左右。据统计，宁波保税区内完成智能化改造的跨境仓储企业2023年前5个月实现订单600多万票，同比增长超过50%。而在推进仓储物流企业智慧化改造的过程中，海关自身的监管效能也获得了提升。

接下来，宁波保税区海关将以"智慧海关"建设为抓手，通过开发应用"智慧结转""码上查"等系统功能，进一步提升辖区的仓储物流能力。

资料来源：信息技术为仓储物流插上"智慧的翅膀". 宁波市人民政府网［EB/OL］.（2023-06-19）［2024-10-18］. http://www.bl.gov.cn/art/2023/6/19/art_1229044479_59071532.html.

● 结合案例分析

1. 智慧仓储物流技术有哪些？
2. 智慧仓储物流技术为跨境仓储企业、海关等都带来了哪些影响？
3. 查阅资料，了解跨境电商商品的仓储物流有何特点？

实训演练

1. 实训目的

对自动化港口智慧码头装卸搬运技术与系统进行调查。通过本次实训，能够熟悉智慧物流装卸搬运的应用类型；分析智慧物流搬运系统设备及技术原理；了解港口智慧装卸搬运技术的应用与发展趋势；灵活分析智慧搬运技术在现实应用中的合理性、先进性；提升问题发现与分析解决的能力。

2. 实训方式

采用案例资料分析、参观调查与小组讨论相结合的方式进行实训。通过实地参观或者视频资料场景的学习，在实践中学习、理解并分析智慧搬运技术与系统的现实应用。

3. 实训内容及步骤

（1）准备阶段。

①教师提供港口码头智慧物流搬运系统应用的相关背景资料，包括技术发展趋势、典型企业案例等。

②学生分组，每组选择或由教师指定一个具体的自动化码头智慧物流装卸搬运场景作为实训对象。

③各小组收集相关资料，明确实训目标与任务。

④各小组进行调查方案的分工协作。

（2）调查内容。

①小组内讨论国内外智慧港口有哪些，分析智慧港口发展需求与趋势等。

②对智慧港口装卸搬运任务、场景、设备、技术等展开调查分析。

③讨论并分析智慧装卸搬运系统中不同技术应用的特点及未来发展趋势。

④对调查报告及发展策略进行小组内评审，优化完善调研报告。

（3）总结与反思。

①各小组对实训过程进行总结，撰写实训报告，包括智慧装卸搬运技术类型、设备、系统及未来发展趋势、应用障碍问题等内容。

②组织全班交流分享，每个小组轮流汇报实训成果与经验教训。

③小组成员轮流汇报成果，回答问题，增强团队协作与应变能力。

④教师对实训进行点评，强调智慧装卸搬运技术运用的重要性，并提出改进建议。

4. 实训结果

通过本次实训，能够全面了解和掌握自动化码头中智慧装卸搬运技术的规划与应用知识，提升解决实际问题的能力。调研报告与实训报告将作为成绩评定的重要依据之一，同时也是对所学知识和技能的综合运用能力的检验。

项目六 智慧供应链

学习目标

1. 知识目标

掌握智慧供应链的基本定义,能够准确阐述智慧供应链预测的基本方法。

理解智慧供应链中库存管理常见的策略及其应用,包括如何提高物流效率、降低库存成本。

熟悉智慧供应链中采购管理基本环节,了解常见的采购策略准时(just in time,JIT)采购。

掌握准时采购的基本原理和要点,熟悉供应商管理的常见方式。

掌握智慧供应链中分销基本环节和要点,掌握常见的集中物流运作方式。

2. 技能目标

能够运用所学知识,对具体智慧供应链的市场需求进行预测分析,并提出合理化建议。

能够运用智慧供应链管理的理念和方法,优化产品供应、生产和分销等各个环节,提升供应链响应速度和灵活性。

学会利用现代信息技术手段,如大数据分析、物联网应用等,推动智慧物流与智慧供应链的创新实践。

提升解决实际问题的能力,能够在复杂环境下对智慧物流与智慧供应链进行规划、设计与改进。

3. 素养目标

培养创新思维和开放视野,关注智慧供应链领域的最新动态和技术进展。

增强团队协作意识和沟通能力,以便更好地在供应链管理中发挥协同作用。

塑造职业道德和社会责任感,在推动智慧供应链发展中注重可持续发展和社会效益。

形成更新知识的意识,不断适应智慧物流与智慧供应链领域的快速变化和升级需求。

案例导入

联合利华协同式供应链库存管理技术应用

联合利华集团是一家全球性日化企业，旗下拥有400多个品牌，在190多个国家开展业务，每天为约25亿消费者提供服务。鉴于其运营的规模和复杂性，准确的需求预测对于联合利华保持有效的库存水平、最大限度地减少缺货和积压以及确保及时向客户交付产品至关重要。

在实施协同式供应链库存管理（collaborative planning forecasting and replenishment，CPFR）流程之前，联合利华在需求预测方面面临多项挑战，其中包括：①数据孤岛：信息分散在各个部门，难以整合和分析数据进行准确预测；②缺乏合作：供应商、零售商和内部团队等不同利益相关者之间的沟通有限，导致预测不一致，供应链效率低下；③静态预测模型：传统的预测方法依赖于历史数据，没有考虑到市场状况的实时变化，导致需求预测不准确。

为了应对这些挑战并提高需求预测的准确性，联合利华采用了CPFR流程。联合利华实施CPFR涉及几个关键步骤：①建立协作环境。联合利华专注于通过打破孤岛和鼓励内部团队、供应商和零售商之间的公开沟通来培养协作文化。这有助于建立一个统一的愿景，并对准确的需求预测的重要性有共同的理解。②数据集成。联合利华投资了先进的数据管理系统，以整合和标准化来自各种来源的数据。这使该企业能够创建一个单一、全面的供应链视图，这是准确预测需求的基础。③实时数据分析。通过利用先进的分析和机器学习算法，联合利华能够分析实时数据，并将市场趋势、季节波动和其他外部因素纳入其需求预测。这使该企业能够创建更准确、更动态的预测，更好地反映当前的市场状况。④持续改进。联合利华实施了持续改进流程，定期审查和完善其预测模型和流程，以确保持续的准确性和效率。

资料来源：联合利华&京东：CPFR智能预测提升供应链效率方案. 条码协会 ECR专业委员会公众号［EB/OL］.（2023-04-07）［2024-10-18］. https://mp.weixin.qq.com/s/uDFxxxa3WIAVs_BFYBny6w.

问题

结合案例分析，联合利华如何通过CPFR提高预测准确性？

任务一 需求预测和管理

一、预测及其分类

（一）什么是预测

所谓预测，就是人们对某一不确定的或未知事物（或事件）的表述，即对某一事物的行为特征量在未来某一时段内可能发生的变化特征量或变

需求预测和管理

化趋势作出估计和推断。需求预测就是在寻找和研究需求变化的现象及其演变逻辑关系的基础上去揭示需求未来的面貌。事实上，与未来事实完全一致的预测是几乎不可能的。尽管预测不可能百分之百准确，但它仍具有不可忽视的重要作用。

作为一门科学，预测是在一定的理论指导下，以事物发展的历史和现状为出发点，以调查研究资料和统计数据资料为依据，在对事物发展进行深入的定性分析和严密的定量计算的基础上，研究并认识事物的发展变化规律，进而对事物的未来变化预先做出科学的推测。

预测在供应链管理中，不仅是长期的战略性库存决策的重要依据，而且也是短期的日常经营活动的重要依据。任何企业都应当通过预测来指导自己的供应、生产和销售管理活动。预测为编制采购计划、控制库存水平提供了基础。

（二）预测的分类

按不同的目标和特征可以将预测分为不同的类型。这里是按主客观因素在预测中的作用、预测期限的长短进行分类的。

1. 按主客观因素所起的作用分类

按主客观因素所起的作用可将预测分为定性预测方法与定量预测方法。

（1）定性预测方法。定性预测方法也称主观预测方法，是预测者根据自己掌握的实际情况、实践经验、专业水平，对事物的发展前景做出的判断。它简单明了，不需要数学公式定性预测方法，其依据是来源不同的各种主观意见。

（2）定量预测方法。定量预测方法又称统计预测法，其主要特点是利用统计资料和数学模型来预测。然而，这并不意味着定量方法完全排除主观因素，相反，主观判断在定量方法中仍起着重要的作用，只不过与定性方法相比，各种主观因素所起的作用小一些罢了。与定性方法相比，定量方法的科学性、精确性和可操作性要更强一些。

多定量方法主要包括时间序列法、回归分析法、趋势分析法、人工神经网络方法、模糊预测法、专家系统预测法和数据挖掘技术等，其中人工神经网络方法、模糊预测法、专家系统预测法和数据挖掘技术等是基于计算机大量运算的预测方法。需要说明的是，为使预测更符合实际，经验、判断和数学模型都起一定的作用，但没有哪一种方法一直都能奏效。

2. 按预测时间的长短分类

按预测时间的长短可将预测分为长期预测、中期预测和短期预测。

（1）长期预测。长期预测是指对1年或2年以上的需求所做的预测。它是企业制定长期发展规划、投资计划的依据。长期预测一般是利用市场调研、技术预测、经济预测、人口统计等方法，加上综合判断来完成，其结果大多是定性的描述。

（2）中期预测。中期预测是指对一个季度以上、两年以下的需求所做的预测。它是制订年度计划、季度计划、库存预算、投资等的依据。中期预测可以通过集体讨论、时间序列法、回归法、经济指数相关法等方法结合判断而做出。

（3）短期预测。短期预测是指以日、周、旬、月为单位，对一个季度以下的需求前景所做的预测。它是采购、安排库存等具体经营活动的依据。短期预测可以利用趋势外推、指数平滑等方法与判断的有机结合来完成。

二、预测管理

在许多具体商业领域中都要进行正确的预测，通过预测会带给企业许多真正的效益。如果应用计算机进行预测管理，那将带来比以往任何时候都大的效益。它可以使企业对收集的各种数据进行分析，做出正确的预测，并可以将这些预测通过企业内部的网络进行传递，这些预测通过企业内部的网络进行传递，使企业的各个部门都可以获得预测的信息。正是基于以上的原因，在供应链管理中应该注重预测的管理，这对市场战略、供应链战略、伙伴关系、制造管理、库存管理等都起着十分重要的作用。

知识拓展

日本朝日啤酒株式会社从1988年开始，为了给客户提供新鲜的啤酒，公司开始推行"鲜度管理"。为了进一步提高啤酒的物流效率，他们将啤酒厂—零售店—消费者的物流流程作为一个整体进行管理，并将"鲜度"作为客户满意的目标。

为了实施鲜度管理方案，公司调整了管理体制。业务部门的目标是准确预测需求，制订计划，当生产计划与实际的动态产生偏差时，迅速采取措施，使预测精度上升。同时，生产部门制订了相应的弹性生产计划，以应对变化的市场和小批量生产订单，物流部门为了减少在途库存而及时向生产部门提出生产建议，将产地和销售有机联系起来，可以有效地减少库存；业务部门根据物流部门提供的库存动态信息调整业务计划。

公司建立了生产、销售、物流集成信息系统，各部门都利用这一信息平台进行信息交换，并且各部门之间的计划制订公开化，比如，销售部的计划由生产、销售部门共同确定；生产部门的计划是在销售计划确定后与销售部门一起来制订的。物流部门的职责是根据集成信息系统各主干数据库提供的信息，根据销售计划、生产计划调整各集团库存及配送计划，向各地区的物流部门传送数据。由于各部门共用同样的数据库，这样，整个生产、销售和物流系统的不确定因素大大减少。

三、智慧供应链预测管理的应用

1. 智慧供应链预测的范围

企业中有如下几个方面经常要进行预测管理（表6-1）。

表6-1 企业预测管理项目

收入与利润规划	资金规划
生产资源排程	产品销售预测
批发价的谈判	电话服务中心规划
进出库存安排	工程规划
简化生产量规则	客户服务规则；网站规则
网络带宽利用	促销费用规划
跨企业的操作规划	季节性需求规划

无论是制造商、分销商，还是零售商，它们在进行供应链的整合时，都要认识到以上这些项目的未来需求，并对此进行预测。这对于降低成本，增进客户的满意度有重大的意义。为了能达到这一点，许多公司开始采用预测应用软件，使企业对未来的资源和产品的需求模块化，这样就能在企业运营的各个方面进行优化，例如，销售渠道、库存管理、产品促销等，最终达到增加利润的目的。

2．成功的智慧供应链预测管理的要点

企业进行预测管理至少可以带来如下三方面的利益。

（1）优化业务流程，减少运营成本。

（2）增加销售机会，使利润最大化。

（3）为商业决策提供精确的信息。

另一方面，企业如果进行不正确的预测或没有进行预测，都将导致企业错误的规划、错误的决策，甚至企业经营的失败。

进行正确的供应链预测要重视以下几个要点。

（1）防止预测外的生产排程。凡预测外的生产流程变更都将导致生产成本的上升，例如，员工的变换、设备的互更、原材料在工厂内调度路线变更等，正确调配原材料的数量和完成订单的产品，要进行正确的库存水平管理，以节约装运成本，防止客户需求以外的装运量。

（2）整合企业间协作运营规划。正确的预测支持了企业决策过程，因为它提供了决策的下限，主动地执行了绩效的跟踪和测量。就制造业来说，预测管理是非常需要的，它使原材料和成品的库存成本大量下降，同时在低成本的操作中可以获得较高的客户满意度。

任务二 库存策略与优化

一、库存在智慧供应链管理中的地位和作用

一般来讲，人们设置库存的目的是防止短缺，但在供应链管理环境下，库存不再是维持生产和销售的必然选择，而是作为一种平衡供应链的机制。通过加强库存控制，来提高供应链的系统性和集成性，增强企业的敏感性和对市场的反应能力。库存出于种种考虑而存在，但它其实是一种无奈的结果。库存是由于人们无法预测未来的供需变化，才不得已采取的应付外界变化的手段，也正是因为人们无法使所有的工作都做到尽善尽美和确有把握，才产生一些人们并不想要的冗余和囤积。

库存策略与优化

因此，供应链管理的终极目标就是要实现供应链上的供应商、制造商和零售商的零库存，其库存控制的目的就是要在满足顾客服务要求的前提下，通过对企业库存水平的控制，力求尽可能降低库存成本，提高物流系统的效率，以增强企业的市场竞争力和快速反应能力。

二、传统库存控制方法及其存在的问题

在传统的库存控制中，通过确定订货量、订货时间来寻求库存总费用的最小值。从单一的库存角度看，这种订货方式有一定的合理性，但是如果放在供应链整体环境中来考虑的话，这些方式显然是不够的。从供应链角度看，传统库存控制存在的问题主要有以下几个方面。

1. 没有智慧供应链的整体观念

虽然供应链整体绩效取决于各个节点的绩效，但并不是各节点绩效的简单相加，供应链整体绩效是各节点企业进行整合后的效益，应大大高于各节点效益之和。但是在传统库存控制中，供应链中各部门都成为相互独立的单元，都有各自独立的目标和使命。有些目标和供应链的整体目标是不相干的，更有可能是相冲突的。因此，这种各自为政的工作方式，必然导致供应链整体绩效的低下。

2. 信息传递系统不完善，效率低下

在供应链中，各个节点企业之间的需求预测、库存状态、生产计划等都是供应链管理的重要数据，这些数据分布在不同的供应链节点企业之间，要做到有效、快速地响应用户需求，就必须适时地传递这些信息。

3. 忽视不确定性对库存的影响，安全库存过高

库存控制受到许多不确定性因素的影响，如订货提前期、货物运输状况、原材料的质量、生产过程的时间需求变化等。为了减少不确定性对库存控制的影响，必须了解不确定性的来源和影响程度。

4．库存控制策略简单化

在库存控制中，企业应利用跟踪到的信息去制定库存控制策略，有些供货商在交货与质量方面可靠性好，而有些则相对较差；有些物品的需求可预测性大，而有些可预测性较小，库存控制策略应能反映这种情况，而许多公司对所有物品都采用统一的库存控制策略，物品的分类控制也没有反映供需中不确定性的差异。

5．产品的设计过程没有考虑供应链上的库存因素

现代产品设计与制造技术的出现使产品的生产效率大大提高了，但是供应链库存的复杂性常常被忽略了，结果所省下来的费用都被供应链上的分销与库存费用给抵消了。同样，在引入新产品时，如果不进行供应链的规划，也会产生如运输时间过长、库存费用过高等问题。

三、智慧供应链管理环境下的库存控制策略

1．供应商管理用户库存

供应商管理用户库存（vendor managed inventory，VMI），是一种供应链集成化运作的决策代理模型，它把用户的库存决策权代理给供应商，由供应商或批发商行使库存决策的权利。这种库存管理策略打破了传统的各自为政的库存管理模式，体现了供应链的集成化管理思想。

而VMI在用户与供应商之间实行合作，把零售商与供应商看成一个连续体。一头是信息共享，零售商协助供应商更好地做计划；另一头是寄售方式，在一个相互同意的目标框架下由供应商管理和拥有库存，直到零售商将其售出为止。在系统中，供应商决定每一种商品的合理库存水平，以及维持这些库存所采取的策略。

VMI系统的最大优点是供应商对订货时间及库存状态有清楚的认识，能有效控制需求信息传递过程中的扭曲现象。在VMI中，零售商提供信息，供应商做出决策并完全控制订货量的变化。供应商能够减少预测的不确定性，更好地协调生产与配送，减少安全库存，降低储存与发货成本。对销售商来讲，VMI的实施，可以消除多余的订货部门，除去工作流程中没必要的控制步骤，为建立零售商-供应商战略联盟提供了一个好机会。

VMI的实施主要有以下步骤：首先，必须洽谈协议中的契约性条款。供应商与销售商通过协商，一起确定处理订单的业务流程以及控制库存的相关参数、库存信息的传递方式，所有权及其转移时间、信用条件、订货责任等。其次，必须完成以下几项工作：①供应商与销售商一起建立一体化的顾客信息系统，且该系统为双方都提供接口；②供应商与零售商都必须使用有效而且一致的预测技术，否则双方的预测数据容易产生差异；③供应商必须建立起完善的销售网络管理系统，以保证自己产品的需求信息和物流过程的畅通，为此，必须解决产品分类，编码的标准问题，以及商品储存与运输过程中的识别问题；④技术的准备，在实施VMI的过程中，必须提供相应的技术支持，包括条码技术、物流识别技术、电子数据交换系统等。

> **知识拓展**

航空装备VMI，航空供应链应用与创新价值

中国航空工业供销西北有限公司（以下简称"西北公司"）隶属于中国航空工业集团公司（以下简称"中航集团"），原为第三机械工业部西北地区物资供应管理站，负责西北地区航空工业部各厂、所、校所需的物资供应和管理工作。西北公司秉承"立足航空、面向军工、辐射高端制造业"的理念，全面打造高效统一的航空工业集中采购与集成服务平台，努力实现成为行业领先的供应链集成服务商的使命和愿景。用心服务、创造价值。西北公司按照中航供应链统一的战略部署，搭建起适用于航空集中采购、军品运输和供应链集成服务的业务布局，建设覆盖中航集团所在区域的集仓储、特种运输、配送服务为一体的第三方物流体系。

一、需求与痛点

目前，航空供应链发展面临较大难题，以航空系统内SHDQ公司为例，其发展困难主要聚焦在：供应商管理体系不完善，成员企业间缺乏"协同与双赢"观念；信息传递效率低下，供应链系统缺乏柔性；采供管理实施难度大，新、旧库存资金占用额居高不下；传统模式转型艰难，缺乏分配机制的有效保障。

二、实践内容

针对上述问题，西北公司主要通过运作模式①正确地选择合作对象，建立战略合作伙伴关系。这种关系建立在职责明确、利益分享、风险共担、相互信任的基础上。②建立强大的信息平台，实现信息共享。充分、准确、及时的信息沟通是决策和响应行动的依据。③建设完善的物流支持系统，保证供给。④流程标准化管理，简化流程。⑤保障质量。

三、实施效果

通过在SHDQ公司实施VMI供应链服务，SHDQ公司实现了阶段性的降本增效和生产运作效率的提高，具体效果如下。

（1）在信息安全的前提下实现信息透明。SHDQ公司开发一套和供应商共享的VMI系统，使得ERP系统可以自动、定期地把送货需求，VMI库存，物料消耗等资料传递给供应商；而供应商则把仓库的库存传递给SHDQ公司，使双方都清楚物料的需求状况和库存状况，实现了自动化的信息传递和共享，同时避免把不必分享的资料泄露给对方，有效地保护了信息的安全。

（2）合理分摊库存成本。库存存储成本是指货物存货放在仓库中需要支付的费用，包括资金成本，仓库成本和物资损耗与变质成本。SHDQ公司通过设立VMI仓库，分摊了一部分仓库成本和物资损耗与变质成本，而供应商则通过集中采购也实现了自身利润的增加，实现了"双赢"。

（3）提高物流效率。SHDQ公司在VMI运作模式下，直接从仓库补料，由于仓库在生产线旁边，一般半小时就可以将物料直接送至生产线上，这样极大地缩短了补货时间，降低了缺料对生产的影响，节省了运输费用。

（4）共同控制库存水平。合作双方共同签订协议来明确各自的权利与义务，供应商按照规定的库存水平和需求数据在预备库存，并且按时报告库存的状态；这需要配合信息系统，将仓库的库存，送货需求，生成库存水平报告，清楚地显示当前所有物料的库存水平。

（5）提高采购效率，降低采购风险。客户的订单管理工作量大大减少，加快了物料采购的速度。

资料来源：航空装备VMI，航空供应链应用与创新价值.网易网［BE/OL］.（2021-08-27）［2024-10-18］. https://www.163.com/dy/article/GIE85O7Q0519R4OR.html.

2．联合库存控制

联合库存控制是一种风险分担的库存控制模式。在传统的分销模式中，分销商根据市场需求直接向工厂订货，每一个销售商都有自己的库存，但是在一些高价值商品，如汽车的销售中，由于用户对车型、颜色、款式、价格的不同要求，分销商不得不进行大量的库存备货，这样大量的库存使销售商难以承受。如果采用地区分销中心的库存方式，就可以减少不必要的库存量，各销售商只需要保持少量的库存量，大量的库存由地区分销中心储备，从而减轻了各销售商的压力。在这里，分销中心就起到了联合库存控制的功能，它既是一个商品的联合库存中心，同时也是需求信息的传递枢纽。

建立联合库存管理机制，要从以下几个方面着手。

（1）建立共同合作目标。供需双方要本着互惠互利的原则，找出供需双方在市场目标中的共同之处和冲突点，通过协商形成共同的目标，如用户满意度、利润的共同增长和风险的减少等。

（2）建立联合库存的控制方法。联合库存中心充当协调供需双方利益的角色，起协调控制器的作用，因此需要对库存优化的方法进行明确的规定。这些内容包括如何在多个需求商之间调节与分配库存量，库存的最大量和最低库存水平、安全库存的确定、需求的预测等。

（3）建立信息沟通系统。信息共享是建立联合库存控制系统的重要条件之一，为了提高供应链中需求信息的一致性和稳定性，减少冗余库存，应增加供应链各方对信息获得的及时性与透明性。为此，应建立信息沟通的渠道或系统，以保证需求信息在供需双方之间流动的畅通与准确。

（4）建立利益分配、激励机制。要有效运行联合库存控制系统，必须建立一种公平的利益分配机制，并对参与协调库存控制的各个企业进行有效的激励，以防止个人主义的发生。建立快速供应系统。快速反应系统通过供需双方建立伙伴关系，利用EDI等信息技术，进行销售时点的信息交换，共享信息资源，以实现缩短订货提前期、减少库存、提高服务水平和企业快速反应能力的目的。

联合库存控制与供应商用户库存不同，它强调双方同时参与，共同制订库存计划，使供应链过程中的每个库存管理者都从相互的协调性来考虑，保证供应链中相邻的两个节点之间的库存管理者对需求的预期的一致性，从而消除了需求放大现象。

3. 多级库存控制

多级库存优化控制是对供应链资源的全局性优化控制方法，它是在单级库存控制的基础上形成的。多级库存控制的方法有以下两种。

（1）中心化库存控制策略。中心化库存控制策略是将库存中心放在核心企业上，由核心企业对供应链系统进行控制，协调上游企业与下游企业的库存活动，这样，核心企业也同时成了供应链上的数据交换中心，担负着数据的集成与协调功能。在多级库存控制策略中，可采用"级库存"取代"点库存"来解决需求放大现象这个问题。在一个销售系统中，每一阶段或层次称为一级。系统每一阶段或层次的库存等于该级本库存加上所有下游库存，采用多级库存控制策略后，每个库存点不但要检查本级库存点的库存数据，而且还要检查其下游需求方的库存数据。级库存控制策略的库存决策，是基于对其下游企业的库存状态掌握，因此完全避免了信息扭曲现象。

（2）非中心化库存控制策略。非中心化库存控制策略是各个库存点独立地采取各自的库存策略。它把供应链的库存控制分为三个成本归结中心，即制造商成本中心、分销商成本中心和零售商成本中心。各个中心根据自己的库存成本最优化原则做出库存控制策略，订货点的确定可完全按照单点库存的订货策略进行。非中心化库存控制策略在管理上比较简单，能够使企业根据自己的情况独立地做出决策，有利于发挥企业的自主性和灵活性。

任务三　采购策略与供应商管理

近年来，市场一改过去供大于求的局面，物资采购部门如何能够顺应新的竞争环境的需要，为生产源源不断地输送原材料，使企业从资源的约束中解放出来，形成新的竞争优势，供应链管理思想就是在这种新的竞争环境下出现的。

采购策略
与供应商管理

一、智慧供应链管理环境下采购的特点

供应链采购是指供应链内部企业之间的采购，即供应链内部的需求企业向供应商企业采购订货，供应商企业将货物供应给需求企业。从采购性质来看，供应链采购是一种基于

需求的采购，需要多少就采购多少，什么时候需要就什么时候采购，采购回来的货物直接送需求点进行消费；供应链采购同时又是一种供应商主动型采购，由于供应链的需求者的需求信息随时都能传送给供应商，所以供应商能随时掌握用户需求信息，能够根据需求状况、变化趋势，及时调整生产计划、补充货物，适时适量地满足用户需要。

1．从传统的为库存而采购转变成为订单而采购（即为需求而采购）

在供应链管理模式下，采购活动是以订单驱动方式进行的，制造订单的产生是在用户需求订单的驱动下产生的，然后，制造订单再驱动采购订单，采购订单再驱动供应商，这种准时化的订单驱动模式，使供应链系统得以准时响应用户的需求，从而降低了库存成本，提高了物流速度和库存周转率。

2．使采购管理从事后把关转变为事中控制（即外部资源管理）

正如前面所指出的传统采购管理的不足之处在于与供应商之间缺乏合作，缺乏柔性和对需求快速响应的能力，在供应链管理采购模式下，采用新的供需合作模式，增加了和供应商之间的信息联系和相互之间的合作，这样使供应商对采购部门的要求能够得到实时的响应，并对产品的质量进行事中控制。

3．从一般买卖关系向战略合作伙伴关系转变

与供应商建立战略合作伙伴关系，改变了以往的与供应商之间临时的或短时期的合作关系，首先可以降低由于不可预测的需求变化而带来的风险，如运输过程的风险、信用的风险、产品质量的风险等；其次，通过共享库存数据，从而使采购的决策过程变得透明，以减少需求信息的失真现象；同时，供需双方还可为制订战略性的采购供应计划进行协商，为共同解决问题提供便利，不必为日常琐事消耗时间与精力；另外，通过合作伙伴关系，供需双方都能降低交易成本，并避免了许多不必要的手续和谈判进程，信息的共享避免了信息不对称决策可能造成的成本损失。

4．买方主动型向卖方主动型转变

就采购而言供需双方都有利益：买方获得物资保障生产；卖方销售货物获得利润。所以既然买方可以主动，则卖方当然也完全可以主动。而这两个主动比起来，卖方的主动更富有效率和效益，因为它不但为买方节省了采购资金，而且也为自己主动调整生产计划和送货计划而实现了最大的节约，真正实现了供需双方的"双赢"。

二、准时采购

1．准时采购基本原理

准时（just in time，JIT）采购是一种先进的采购模式，也是一种管理哲理。它的基本思想是：在恰当的时间、恰当的地点、以恰当的质量、数量提供恰当的物品。它是从准时生产发展而来的，是为了消除库存和浪费而进行的持续性改进。

如前所述，在供应链环境下的采购模式与传统采购模式的不同之处在于采用订单驱动的方式。订单驱动使供应与需求双方都围绕订单运作，也就实现了准时化、同步化运作。

要实现同步化运作，采购方式就必须是并行的，当采购部门产生一个订单时，供应商即着手物品的准备工作。

2．准时采购对于供应链管理的意义

准时采购对于供应链管理思想的贯彻实施有重要的意义。从前面的论述中可以看到，供应链环境下的采购模式和传统的采购模式的不同之处在于，它采用的是订单驱动的方式。订单驱动使供应与需求双方都围绕订单运作，从而实现了准时化、同步化运作。要实现同步化运作，采购方式必须是并行的，当采购部门产生一个订单时，供应商即着手物品的准备工作。与此同时，采购部门编制详细采购计划，制造部门进行生产的准备，当采购部门把详细的采购单提供给供应商时，供应商就能很快地将物资在较短的时间内交给用户。

3．准时采购的特点

准时采购和传统采购方式有许多不同之处，其主要表现在以下几个方面。

（1）采用较少的供应商，甚至单源供应。传统的采购模式一般是多头采购，供应商的数目相对较多。从理论上讲，采用单供应源比多供应源好。一方面，管理供应商比较方便，也有利于降低采购成本；另一方面，有利于供需之间建立长期稳定的合作关系，质量上比较有保证。但是，采用单一的供应源也有风险，比如供应商可能因意外中断交货，以及供应商缺乏竞争意识等。

（2）对供应商的选择标准不同。在传统的采购模式中，供应商是通过价格竞争进行选择的，供应商与用户的关系是短期的合作关系，当发现供应商不合适时，可以通过市场竞标的方式重新选择供应商。但在准时采购模式中，由于供应商和用户是长期的合作关系，供应商的合作能力将影响企业的长期经济利益，因此对供应商的要求比较高。在选择供应商时，需要对供应商进行综合的评估，在评价供应商时价格不是主要的因素，质量是最重要的标准，这种质量不单指产品的质量，还包括工作质量、交货质量、技术质量等。高质量的供应商有利于建立长期的合作关系。

（3）对交货准时性的要求不同。准时采购的一个重要特点是要求交货准时，这是实施精细生产的前提条件。交货准时取决于供应商的生产与运输条件。作为供应商，要使交货准时，可从以下两个方面着手：一方面，不断改进企业的生产条件，提高生产的可靠性和稳定性，减少延迟交货或误点现象。作为准时化供应链管理的一部分，供应商同样应该采用准时化的生产管理模式，以提高生产过程的准时性。另一方面，为了提高交货准时性，运输问题不可忽视。在物流管理中，运输是一个很重要的问题，它决定了是否能准时交货。

（4）对信息交流的需求不同。准时采购要求供应与需求双方高度共享信息，保证供应与需求信息的准确性和实时性。由于双方的战略合作关系，企业在生产计划、库存、质量等方面的信息都可以及时进行交流，以便出现问题时能够及时处理。

（5）制定采购批量的策略不同。小批量采购是准时采购的一个基本特征。准时采购和传统的采购模式的一个重要不同在于，准时化生产需要减少生产批量，直至实现"一个流生产"，因此采购的物资也应采用小批量采购的办法。当然，小批量采购自然增加运输次数和成本，对供应商来说，这是很为难的事情，特别是当供应商在国外时，实施准时采购的难度更大。解决的办法是采用混合运输、代理运输等方式，或尽量使供应商靠近用户等。

4．准时采购的原理与方法

前面分析了准时采购法的特点和优点，我们可以看到准时采购和传统采购的一些显著差别。要实施准时采购，以下三点是十分重要的：①选择最佳的供应商，并对供应商进行有效的管理是准时采购成功的基石；②供应商与用户的紧密合作是准时采购成功的钥匙；③卓有成效的采购过程质量控制是准时采购成功的保证。

5．准时采购的实施

（1）创建准时采购班组。世界一流企业的专业采购人员有3个责任：寻找货源、商定价格、发展与供应商的协作关系并不断改进。因此专业化的高素质采购队伍对实施准时采购至关重要。因此，首先应成立两个班组，一个班组是专门处理供应商事务的班组，该班组的任务是认定和评估供应商的信誉、能力，或与供应商谈判签订准时化订货合同，向供应商发放免检签证等，同时要负责供应商的培训与教育。另外一个班组是专门从事消除采购过程中浪费的班组。这些班组人员对准时采购的方法应有充分的了解和认识，必要时进行培训，如果这些人员本身对准时采购的认识和了解不彻底，就不可能指望供应商的合作了。

（2）制订计划，确保准时采购策略有计划、有步骤地实施。制定采购策略，改进当前的采购方式，减少供应商的数量，正确评价供应商，向供应商发放签证。在这个过程中，要与供应商一起商定准时采购的目标和有关措施，保持经常性的信息沟通。

（3）精选少数供应商，建立伙伴关系。选择供应商应从以下几个方面考虑：产品质量、供货情况、应变能力、地理位置、企业规模、财务状况、技术能力、价格、与其他供应商的可替代性等。

（4）进行试点工作。先从某种产品或某条生产线开始试点，进行零部件或原材料的准时化供应试点。在试点过程中，取得企业各个部门的支持是很重要的，特别是生产部门的支持。通过试点，总结经验，为正式实施准时采购打下基础。

三、供应商关系管理

（一）供应商关系管理原理

供应商关系管理（supplier relationship management，SRM）是一种致力于与供应商建立和维持长久、紧密伙伴关系的管理思想和软件技术的解决方案，旨在改善企业与供应商的关系，围绕企业采购业务相关的领域，通过对双方资源和竞争优势的整合来共同开拓市场，扩大市场需求和份额，降低产品前期的高额成本，实现"双赢"。SRM是以多种信息技术为支持和手段的一套先进的管理软件和技术，它将先进的电子商务、数据挖掘、协同技术等进行集成，为企业产品的策略性设计、资源的策略性获取、合同的有效洽谈、产品内容的统一管理等提供一个优化的解决方案。

（二）供应商关系类型

供应商分类是指在供应市场上，采购企业依据采购物品的金额、采购商品的重要性及供应商对采购方的重视程度和信赖度等因素，将供应商划分为若干个不同的群体。供应商分类是对不同供应商进行分别管理的首要环节，只有在供应商细分的基础上，采购企业才能依据供应商的不同类别实施恰当的供应商管理策略，任何一个企业都不应该用同一模式去管理所有采购物资和供应商。为了将供应商管理的有限精力在不同供应商间合理分配，加强管理的针对性，提高管理的效率，采购企业应根据自身特点将供应商分类，并依据类别进行切实的关系管理。下面介绍几种供应商分类方法。

1. 80/20原则和ABC分类法

ABC分类法是针对采购企业的采购物资而不是针对供应商进行分类的方法，对采购物资分门别类自然可以将提供这些物资的供应商相应地区别开。相应地，采购精力分配也应有所侧重，针对不同重要程度的供应商采取不同的策略。

ABC分类法的思想源于80/20原则，即采购数量仅占20%的物资的采购金额常常占80%，而剩余采购数量为80%的物资的采购金额却只有20%。80/20原则将供应商按照物资的重要程度划分为重点供应商和普通供应商，即占80%采购金额的20%的供应商为重点供应商，而其余只占20%采购金额的80%的供应商为普通供应商。对于重点供应商，应投入80%的时间和精力进行管理与改进。这些供应商提供的物资为企业的战略物品或需集中采购的物资，例如，汽车制造企业需要采购的发动机和变速器，电视机制造企业需要采购的彩色显像管以及一些价值高但供应保障不力的物品。而对于普通供应商则只需投入20%的时间和精力。因为这类供应商所提供的物品的运作对企业的成本、质量和生产的影响较小，例如，办公用品、维修备件、标准件等物资。

当然，根据80/20原则细分的供应商种类并不是一成不变的，随着企业生产结构和产品线的调整，企业要适时地重新划分。例如，随着液晶电视的日益普及，电视机制造企业原来重点采购的显像管慢慢地成为普通物资，而该类供应商也会由重点供应商降级为普通供应商。

2. 按照物资重要程度和供应市场复杂度分类

不同物资对企业生产建设的重要程度不同，所产生的影响也不同。在整个物资采购网络中，企业应该针对不同物资的重要程度，选择不同的供应商关系管理模式。有学者提出了根据采购物资本身的重要程度和供应市场复杂度两大依据对物资进行分类的方法。按照这种分类方法把各种物资分成战略物资、重要物资、瓶颈物资和一般物资四类。

（1）战略物资。需求量大、价值昂贵，属于生产经营的关键物资，其质量、价格和供应的可持续性对企业生产经营有重大影响。能够提供战略性物资的合格供应商不多。企业要想改为自制机制也不是短时间能实现的。

（2）重要物资。对企业生产经营很重要，价值昂贵，库存占有资金大，市场供应充足，企业选择余地大。

（3）瓶颈物资。企业对该类物资需求量不大，但是其质量的好坏对企业的生产影响很大，而且企业对该类物资讨价还价余地有限。

（4）一般物资。本身价格不高，种类繁多，供应市场上也容易获得。

任务四　分销策略与销售管理

一、分销管理概述

分销管理是指随着企业业务的不断扩展，经营网点遍及全国各地。在手工、电话、传真等传统方式下，企业分销渠道存在许多问题：企业总部无法实时监控各分公司、办事处、营业网点的经营状况；订货、销售、库存等数据和信息反馈不及时，商品积压、缺货情况经常出现；往来单据、经营数据采集严重滞后，准确性差，不利于统计、分析和处理；客户需求和市场信息不能及时反馈到总部，使企业制订生产预测和商品调拨计划带有较大的盲目性，经营决策缺乏准确数据和信息支持等。

分销策略与销售管理

（一）概念

工业化产品生产都要经过产品的市场调研、设计、研发、生产、市场推广、销售和售后服务七个阶段，其中由产品生产到用户购买的过程，是借助外部资源来完成商品的销售服务过程的，这个过程称为分销管理。

（二）分销系统的要素

在分销管理中，分销系统是一个很重要的概念，它包括六个要素，即成本（cost）、资本（capital）、控制（control）、市场覆盖（coverage）、特性（character）和连续性（continuity）。在英文中这六个因素均以字母"C"开头，因此有人称为"渠道六个C"。对这六个"C"的分析是分销系统的基础。

1. 成本

制定分销策略首先考虑到的就是成本问题。分销系统的成本由两部分构成：一是开发的成本，包括固定设备的投资、调研费用。二是维持的成本，包括设备租金、车辆油耗、人员工资等各项可变成本。有些系统开发成本较低，但是维持成本却很高，有些则相反，开发初期需要巨额投入，而后期维持成本却很低。企业在选择分销系统时应从长远发展角度权衡这两种成本。

2．资本

选择分销系统时要考虑不同方式的资金要求和现金流转方式。例如，如果建立自有的分销系统，一般需要大量的资金投入；通过中间商分销产品通常不需要公司进行现金投入。代理商在出售商品之前一般不会要求公司进行现金流转，往往要求在开始阶段给予补贴。

3．控制

控制是指企业对分销渠道的控制能力。如果公司的这种控制能力较强，就能够较好地管理销售人员，了解市场需求的变化，从而以更有效的方式销售自己的产品和服务。企业设立自己的分销系统虽然投资较大，但是能够保证公司对分销渠道的控制。分销渠道越长，公司对价格、销售额、促销方式以及销售方式的控制力就越弱。加强对分销渠道的控制的方法有两种，一是在接近客户的地方建立自己的分销机构，二是尽量缩短分销渠道，具体选择取决于公司的资源与管理能力。

4．市场覆盖

市场覆盖的三层目标分别为达到目标销量、达到目标市场份额、取得满意的市场渗透率。有时由于种种原因企业不能同时实现上述三层目标，而总是顾此失彼。此时企业需要为这三个目标确定优先级，明确哪一个是对公司长远发展最为重要的核心目标。例如，由于渠道和资金有限，一些企业在实际营销过程中并不要求兼顾所有的市场，而是在人口稠密的地区加强市场渗透性。

5．特性

特性包括公司特性和目标市场特性。前者主要是产品的性质，例如，物理性质、技术含量等，此外还包括产品以外的其他与公司相关的内容，例如，公司的规模、声誉和财务状况等。这些性质决定了公司适合采用什么样的渠道销售。比如保险产品要求短渠道销售，而标准化的产品可以通过长渠道销售。

6．连续性

实际上这里要考虑的是分销渠道的寿命，即选择哪些分销方式才能保证销售渠道的畅通与稳定。为避免分销渠道中断，公司必须建立优秀品牌，以防中间商转向其他企业。

（三）分销渠道决策

终端销售点是指商品离开流通领域所进入的消费领域发生地。对于消费品而言，它是零售地点；对于生产资料而言，它是送货站。终端销售点是企业实现自己经营目的的前沿阵地，企业产品能否最终销售出去以及能否最终实现理想的经济效益，都直接与终端销售点的选择和经营有关。因此，作为分销管理的第一步就是选择最符合企业产品或服务特点的终端销售点，然后通过有效管理实现销售目标，否则，从企业到终端销售点的整个分销工作都将会成为低效甚至无效劳动。因此，对于一个企业来说，进入市场组织商品销售的第一步，就是选择终端销售点。

二、订单处理

所谓订单处理，就是由订单管理部门对客户的需求信息进行及时的处理，这是物流活动的关键之一。订单处理从客户下订单开始，到客户收到货物为止，包括所有单据处理活动，与订单处理相关的费用属于订单处理费用。

（一）订单处理系统特点

（1）能够迅速有效地处理大量数据。

（2）能够进行严格的数据编辑处理，确保正确性、时效性。

（3）可以进行数据的存储。

（4）可以提高数据处理的速度，进而加速业务的进程。

（二）订单处理流程

订单处理是企业的一个核心业务流程，包括订单准备、订单传递、订单登录、按订单供货、订单处理状态跟踪等活动。订单处理是实现企业顾客服务目标最重要的影响因素。改善订单处理过程，缩短订单处理周期，提高订单满足率和供货的准确率，提供订单处理全程跟踪信息，可以大大提高顾客服务水平与顾客满意度，同时也能够降低库存水平，在提高顾客服务水平的同时降低物流总成本。

一般的订单处理过程涉及的要素有五个（图6-1）。

1. 订单准备

订单准备是指搜集所需产品或服务的必要信息和正式提出购买要求的各项活动。

2. 订单传送

传送订单信息是订单处理过程中的第二步，涉及订货请求从发出地点到订单录入地点的传输过程。订单传送可以通过两种基本方式来完成：人工方式和电子方式。

3. 订单录入

订单录入指在订单实际履行前所进行的各项工作，主要包括以下几个方面的内容。

（1）核对订货信息（如商品名称与编号、数量、价格等）的准确性。

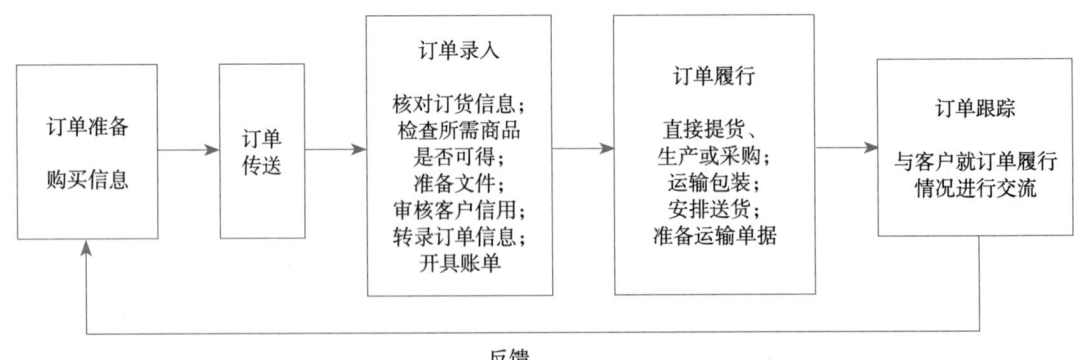

图6-1 订单处理过程涉及的要素

（2）检查所需商品是否可得。

（3）如有必要，准备补交货订单或取消订单的文件。

（4）审核客户信用。

（5）必要时，转录订单信息。

（6）开具账单。

4．订单履行

订单履行是由与实物有关的活动组成的，主要包括以下几个方面的内容。

（1）通过提取存货、生产或采购员购进客户所订购的货物。

（2）对货物进行运输包装。

（3）安排送货。

（4）准备运输单据。

其中有些活动可能会与订单录入同时进行，以缩短订单处理时间。订单处理的先后次序可能会影响所有订单的处理速度，也可能影响到较重要订单的处理速度。这里可借鉴优先权法则：先收到，先处理；使处理时间最短；预先确定顺序号；优先处理订货量较小、相对简单的订单；优先处理承诺交货日期最早的订单；优先处理距约定交货日期最近的订单。

5．订单跟踪

订单处理过程的最后环节是通过不断向客户报告订单处理或货物交付过程中的任何延迟，确保优质的客户服务。具体包括以下几个方面的内容。

（1）在整个订单周转过程中跟踪订单。

（2）与客户交换订单处理进度、订单货物交付时间等方面的信息。

（三）订单处理与物流供应链系统的协调

订单的重要特征体现为订单大小、订单时间以及订单统计的相关特性等要素。

企业为了提高物流效率，降低不必要的成本，在订单类型分析的基础上，对特定商品设定最低订单量。

三、配送管理

配送是物流中一种特殊的、综合的活动形式，是商流与物流的紧密结合，包含了商流活动和物流活动，也包含了物流中若干功能要素。

（一）定义

配送是指在经济合理区域范围内，根据用户要求，对物品进行拣选、加工、包装、分割、组配等作业，并按时送达指定地点的物流活动。

从物流来讲，配送几乎包括了所有的物流功能要素，是物流的一个缩影或在某小范围中物流全部活动的体现。一般的配送集装卸、包装、保管、运输于一身，通过这一系列活动达到将货物送达的目的。特殊的配送还要以加工活动为支撑，所以包括的方面更广。

（二）第三方物流

目前有关第三方物流的定义很多。利波（R. C. Lieb）认为，第三方物流指利用外部公司去完成传统上由组织内部完成的物流功能，这些功能包括全部物流功能或所选择的部分物流功能。伯格伦德（M. Bergiund）等认为，第三方物流指物流服务供应商代替发货商完成物流活动的过程，而活动中至少包括运输、仓储的管理与实施。国家标准《物流术语》（GB/T 18354—2021）指出，第三方物流是"由独立于物流服务供需双方之外且以物流服务为主营业务的组织提供物流服务的模式。"

第三方物流使企业能够在一定程度上摆脱物流对企业的束缚，将精力集中于核心业务，因而受到了企业的欢迎。美国田纳西州大学的一份研究报告称，美国大多数企业在使用第三方物流服务后作业成本可降低62%，服务水平可提高62%，核心业务可集中56%，雇员可减少50%。第三方物流具有以下特征。

（1）信息技术现代性。第三方物流提供商投资建立信息网络，不仅能够实现数据的快速、准确传递，促进物流企业间的交流与协作，还能保证物流服务的高效、快速、准确。通常用于第三方物流的信息技术有仓储管理系统技术、电子数据交换技术、电子资金转账技术和条形码技术等。

（2）服务个性化。第三方物流提供商不仅提供基础的物流服务，而且提供一系列劳动或资金密集型的增值服务，例如，包装贴标签及电子装配等，其服务范围涉及整个供应链，因为只有这样做才能满足企业客户多样化的需求。

（3）联盟动态性。第三方物流企业之间信息共享的程度越深，与单独从事物流活动相比所取得的效果就越好。

第三方物流企业通过动态联盟可弥补单一第三方物流企业自身的缺陷，从而更好地为企业客户提供优质、综合、可靠的物流服务，保证企业客户物流体系的高效运作。

（三）第四方物流

第四方物流供应商是一个供应链的集成商，它对公司内部和具有互补性的服务供应商所拥有的资源、能力和技术进行整合和管理，提供一整套供应链解决方案。第四方物流主要是对制造或分销企业的供应链进行监控，在解决企业物流的基础上，整合社会资源，解决物流信息充分共享、社会物流资源充分利用的问题。

1. 第四方物流特征

第四方物流是提供了一个综合性的供应链解决方案，且能够为整条供应链的客户带来利益。

（1）供应链再造。通过供应链参与者将供应链规划与实施同步进行，或通过独立的供应链参与者之间的合作提高规模和总量。供应链再造改变了供应链管理的传统模式，将商贸战略与供应链战略结合起来，创造性地重新设计了参与者之间的供应链关系，使之成为符合一体化标准的供应链。

（2）业务流程再造。将客户与供应商的信息和技术系统一体化，把人的因素与业务规范有机结合起来，使整个供应链规划与业务流程能够有效贯彻实施。开展多功能、多流程的供应链业务，其范围远远超出了传统外包运输管理和仓储运作的物流服务。

（3）综合效益提高。第四方物流的利润增长取决于服务质量的提高、实用性的增加以及物流成本的降低。由于第四方物流关注的是整条供应链，而非仓储或运输单方面的效益，因此第四方物流为客户及自身带来的综合效益是丰厚的。

（4）运营成本降低。运营成本的降低可通过运作效率的提高、流程的增加以及采购成本的降低来实现，即通过整条供应链外包来达到节约成本的目的。流程一体化、供应链规划的改善和实施将促进运营成本与产品销售成本的降低。同时，采用现代信息技术、科学的管理流程和标准化管理，使存货与现金流转次数减少，工作成本降低。

2．第四方物流运作模式

第四方物流组织具有较大的柔性，它能够根据成员组织的约定和目标，适应不同的组织，反过来也能够被行业结构与行为塑造，形成灵活的运作模式。

（1）协同运作模式。由第四方物流为第三方物流提供其缺少的资源，如信息技术、管理技术等，制定供应链策略和战略规划方案，并与第三方物流共同开发市场，而具体物流业务的实施则在第四方物流指导下由第三方物流完成，它们之间一般采取商业合同或战略联盟的合作方式。在这种模式中，第四方物流为实力雄厚的第三方物流服务商提供供应链战略方案、技术、专门项目管理等补充功能，并主要通过第三方物流为多个客户提供全面的物流服务和最优的解决方案。

（2）方案集成模式。由第四方物流为客户提供整条供应链运作和管理的解决方案，并利用其成员的资源、能力和技术进行整合与管理，为客户提供全面、集成的供应链管理服务。在这种模式中，通常由第四方物流与客户成立合资或合伙公司，客户在公司中占主要份额，第四方物流作为一个联盟的领导者和枢纽，集成多个服务供应商的资源，重点为一个主要客户服务。

（3）行业创新模式。第四方物流通过与具有各种资源、技术和能力的服务商协作，为多个行业的客户提供供应链解决方案。它以整合供应链的职能为重点，以各行业的特殊性为依据，领导整个行业供应链实现创新，给整个行业带来变革与最大化的利益。这种模式以第四方物流为主导，联合第三方物流及其他服务供应商，提供运输、仓储、配送等全方位的高端服务，为多个行业客户制定供应链解决方案。

（4）动态联盟模式。这种模式是一些相对独立的服务商和客户，受市场机会驱动，通过信息技术相连接，在某个时期内结成的供应链管理联盟。这些企业在设计、供应、制造、分销等领域分别为联盟贡献自己的核心能力，以实现利润共享和风险分担。

> **知识拓展**

江西"互联网+第四方物流"模式再次入选全国城乡高效配送典型案例

寻乌县供销电子商务有限公司（以下简称"寻乌县公司"）是江西省供销电子商务有限公司控股企业。寻乌县公司依托"供销e家"平台，以实现"农产品上行和工业品下行"为目标，致力于服务"三农"。公司积极整合圆通、中通、申通、德邦等物流快递企业资源，打造县、乡、村三级网络直通"快车"，实现了电商与物流的强强联手，互动互补。公司在寻乌县15个乡（镇）设立"乡（镇）综合服务站"，173个行政村设立"村级综合服务站"。

寻乌县公司积极推动物流产业资源整合，着力化解物流收费贵和物流企业"散、乱、小"的问题。针对当地乡村物流配送体系不完善、配送效率不高的问题，2020年以来，寻乌县公司整合"四通一达"等物流快递企业资源，打造县、乡、村三级网络直通"快车"，让村民在家门口就能收取快递。

一、网络共享，破解配送效率不高问题

针对县、乡、村物流配送体系不完善、配送效率不高的问题，寻乌县公司加大空白区域物流体系的投建力度，组建了一个全域覆盖、全链共赢的物流综合体。

（1）供应端"最前一公里集货"。在全县各乡（镇）及各村全覆盖建设多站合一的快递物流站点，安装便民服务终端设备，实现了快递服务下沉到村一级，帮助村民不出门购买生活、生产用品的同时，将农产品通过站点进行统一包装与销售，打通了工业品下乡、农产品进城的渠道。

（2）运输端"全程一链式运转"。建立了以县现代物流园为中心，辐射乡（镇）网点，连接村级服务站的县、乡（镇）、村三级物流网络体系，通过快递专用三轮车、封闭货车、厢式货车、新能源货车及县运物流班列等多种运输方式畅通了城乡物流配送。

二、服务共享，着力优化物流配送服务

针对物流行业信息化程度与效率"双低"、成本与空驶率"双高"问题，寻乌县公司大力推动物流业与互联网融合发展，进一步优化物流配送服务。

（1）"互联网+智慧物流"。利用互联网优势，通过智慧物流大数据分析，推进货物跟踪定位、交易信息实时共享、区域价格分析，促进快递市场的组织优化和效率提升。

（2）"互联网+车货匹配"。通过搭建互联网平台，实现货运供需信息的在线对接和实时共享，将分散的货运市场有效整合起来，既避免了货车空车运行，又加快了货物离港速度，打造了货运版的"滴滴打车"。

（3）"互联网+智能仓储"。推进物流数据与云仓平台互联互通，共享仓储资源与商品库存信息。目前，寻乌县供销e家物流园已成为省内领先的县级物流公共信息平台和现代化智慧物流园区，成为链接粤闽赣境内物流通道的物流集散中心。

资料来源：江西"互联网+第四方物流"模式再次入选全国城乡高效配送典型案例. 清水供销公众号[EB/OL].（2023-06-11）[2024-10-18]. https://mp.weixin.qq.com/s/JPGUExROHoeTGUuSzQBOVA?poc_token=HBGw4 WWjNC2mMWI5mXl4B44z_P0Jeat9W7B7OkJY.

项目小结

本项目主要从需求预测和管理、库存策略与优化、采购策略与供应商管理以及分销策略与销售管理四个方面阐述智慧供应链。

在学习需求预测和管理的过程中，要理解掌握预测的基本类型和智慧供应链预测管理的应用。供应链预测管理不仅是长期的战略性库存决策的重要依据，而且也是短期的日常经营活动的重要依据。在学习库存策略与优化的过程中，要领会库存在供应链管理中的地位和作用，明确供应链管理的终极目标，掌握供应链库存管理常见的三种策略。在学习采购策略与供应商管理的过程中，要重点掌握准时采购。在学习分销策略与销售管理的过程中，要重点掌握分销管理的基本概念及分销系统的要素。

供应链采购是一种基于需求的采购，需要多少就采购多少，什么时候需要就什么时候采购，采购回来的货物直接送需求点进行消费；供应链采购同时又是一种供应商主动型采购，由于供应链的需求者的需求信息随时都传送给供应商，所以供应商能随时掌握用户需求信息，能够根据需求状况、变化趋势，及时调整生产计划、补充货物，适时适量地满足用户需要。

关键概念

需求预测　供应商管理库存　联合库存管理　准时采购　第三方物流　第四方物流

思考题

1. 如何理解需求预测的概念？
2. 常见的需求预测方法有哪些？
3. 什么是供应商管理库存？什么是联合库存管理？
4. 什么是准时采购？如何实施准时采购？
5. 什么是分销管理？包括哪些环节？

案例分析

锂电池企业如何通过渠道分销管理平台优化销售流程

随着电动汽车和可再生能源的快速发展,锂电池作为一种重要的能源储存设备,其需求量不断增加。为了应对锂电池行业渠道分销管理面临的挑战,企业可以通过数商云合作建立数字化渠道商分销管理平台,与经销商共享市场信息和销售数据,加强沟通和合作,锂电池企业应用渠道分销管理平台可提高渠道分销管理的效率和效果。

1. 加强销售数据分析

渠道分销系统可以收集和分析销售数据,帮助企业了解销售趋势、产品需求和市场表现。这些数据可以用来制定销售策略、预测需求、调整库存和定价等。

2. 优化渠道合作伙伴管理

渠道分销平台可以帮助企业管理其渠道合作伙伴,包括经销商、分销商和零售商等。企业可以通过渠道分销商城系统与合作伙伴进行沟通、共享信息和制订合作计划,提高合作伙伴的效率和忠诚度。

3. 加强订单管理

渠道分销系统可以帮助企业管理订单流程,包括订单接收、处理、跟踪和交付等。这可以提高订单处理的效率和准确性,减少错误和延误。

4. 强化库存管理

渠道分销管理平台可以帮助企业管理库存水平,确保产品供应的及时性和准确性。通过渠道分销商城系统,企业可以实时监控库存情况,避免库存积压或缺货的问题。

5. 完善售后服务管理

渠道分销系统可以帮助企业管理售后服务流程,包括客户投诉、产品退换货和维修等。通过渠道分销平台,企业可以及时响应客户需求,提供满意的售后服务。

6. 数据共享与协作

渠道分销商城系统可以提供数据共享和协作的功能,使企业与其渠道合作伙伴之间实现信息的共享和交流。通过渠道分销系统加强合作伙伴之间的沟通和协作,提高整个渠道的效率和效果。

锂电池行业的渠道分销管理对于企业的发展至关重要,通过搭建渠道分销商城系统,可以提高销售效率、降低成本、增强市场竞争力,渠道分销平台为锂电池行业的发展提供有力的支持。通过应用渠道分销系统,企业可以更好地了解市场需求、管理合作伙伴、优化订单和库存管理,并提供更好的售后服务。

资料来源:改变锂电池行业格局:锂电池企业如何通过渠道分销管理平台优化销售流程. 数商云行业研究院公众号. [EB/OL]. (2023-08-17) [2024-10-18]. https://mp.weixin.qq.com/s/8QU52VkU5KHLyoI6iIvTww.

● 结合案例分析

锂电池企业如何通过渠道分销管理平台优化销售流程?

实训演练

1．实训目的

通过本次实训，能够深入运用供应链库存、采购相关理论对供应链库存的形成进行分析。具体目标包括以下几点。

①掌握供应链中库存的形成原因及解决措施。

②培养在复杂物流环境中优化库存的能力。

③增进对库存控制策略的认识。

2．实训方式

本次实训采用情景模拟相结合的方式，通过案例分析、模拟操作、小组讨论等多种形式进行。

3．实训内容及步骤

（1）每次游戏分轮进行，一轮就代表一个工作日，一次游戏共进行15轮。每轮都会有顾客到零售商那里去买可乐。

（2）每轮老师会从扑克牌中抽一张牌，牌的点数为5~10，这就是最终消费者购买的可乐罐数。这张牌老师只给零售商看，批发商和制造商是看不到的。当然零售商也要保守秘密，不能告诉其他人。如若违反，取消资格，并影响全组的成绩。零售商从自己的柜台里拿出可乐给顾客，然后再向批发商订货，每轮有一次向批发商订货的机会。零售商以每罐3元的价格卖给顾客，进货价是每罐2元。如果柜台里的可乐不够的话，就是缺货，需要当作迟延订单处理。也就是说，如果零售商的库存不足以满足客户的需求，那么零售商可以延迟发货，不过对不足的部分，要对客户做出赔偿，每罐一角。如果下一轮还是不够货，就继续顺延，等到以后再发。零售商下的订单当天不会到货，要过两天才会收到。就是说零售商第一轮下的订单，要到第三轮才会进入零售商的柜台。还有零售商每次向批发商订货要交手续费、运输费，共折合2元一次。

（3）批发商的责任就是卖可乐给零售商，2元一罐。批发商有一个仓库，每轮都可以从自己的库存中尽可能满足零售商的订单。同时，每轮有一次向制造商订货的机会，订货价是1.5元。不过所订的货也要过两轮才会到达批发商的仓库。同时批发商也需要负担订货成本，每个订单的运输费以及手续费3元一次。缺货时需要对零售商做出每罐一角的赔偿。

（4）制造商或者说是可乐厂，其他一切条件和规则都和上面一样，唯一不同的是，制造商不是向别人订货，而是自己生产可乐。当然，由于制造可乐需要很多车间和各道生产工序，所以，每个轮次下的生产订单也要等两轮才能完工进入成品仓库。而且每次启动生产线都有3元启动成本,但是制造商的生产量没有限制,也就是说,不管下多大的生产订单,工厂都会如期生产出来。制造商以每罐1.5元的价格卖给批发商,而制造商自己的生产成本则是每罐1.1元。缺货时需要对批发商做出每罐一角的赔偿。

(5)仓库里储存可乐也是有成本的,这个成本包括:资金占用成本、仓库租赁费、管理费、雇员的工资等一切费用。零售商的仓储成本按每天每罐可乐平均一角计算;批发商的仓库比较大,有规模效益,所以每天每罐可乐两分;制造商的厂房在乡下,面积最大,而且资金的机会成本相对较低,每天每罐可乐一分。还有在途的货物,就是那些已经下了订单,但是还没有送到的货物——有两天的反应时间,也作为订货者的存货计算存储成本。当然,其数量不一定就是订货量,可能因为供应商缺货,不能全部满足订单,只发了一部分可乐。

(6)游戏开始时每个角色有30罐可乐的库存,而游戏结束时每个角色也会有结余的库存,记账员要把结余的库存作价50%清算掉,然后把亏损记入毛利。游戏参与者必须记录每轮自己的销售和库存情况,记账员据此来计算每个角色各自的利润。总之,所有角色都是独立的企业,目标是使自己的利润最大化,也就是收入和成本的差值最大化。

(7)游戏按照各角色信息不对称和信息对称两种情况进行。

(8)根据游戏和记录情况,绘图分析信息不对称和信息对称情况下供应链各环节库存状况。

4. 实训结果

通过本次实训,能够分小组独立完成可乐供应链的供应、生产和分销过程的模拟。对实际供应链运作有直观的认识和深入的理解;运用所学知识分析供应链库存产生的原因,提出合理的解决方案;增强团队协作能力和沟通表达能力。

本次实训是理论与实践相结合的学习机会,也为未来在智慧物流与供应链领域的发展奠定了基础。

智慧物流与智慧供应链管理的运作模式

学习目标

1. 知识目标

了解智慧物流与智慧供应链管理的发展现状。

了解智慧物流与智慧供应链管理当前存在的主要问题。

掌握智慧物流与智慧供应链管理在多个行业中的主要特征。

理解智慧物流与智慧供应链管理在多个行业中的运作过程。

理解智慧物流与智慧供应链管理在多个行业中的典型模式。

2. 技能目标

能够运用所学知识,分析具体行业智慧供应链的主要特征、运作过程和运作模式,并提出合理化建议。

能够运用智慧供应链管理的理念和方法,优化智慧供应链运作过程,提升智慧供应链响应速度和灵活性。

学会利用现代信息技术手段,如大数据分析、物联网应用等,推动智慧物流与智慧供应链的创新实践。

提升解决实际问题的能力,能够在复杂环境下对智慧物流与智慧供应链进行规划、设计与改进。

3. 素养目标

培养创新思维和开放视野,积极关注不同行业的智慧供应链管理的新方法和应用。

增强团队协作意识和沟通能力,以便更好地在智慧物流与智慧供应链管理中发挥协同作用。

培养爱岗敬业的职业精神、关注社会的长远眼光,在推动智慧物流与智慧供应链发展中注重可持续发展和社会效益。

树立可持续发展理念,培养环保意识和社会责任感,推动智慧物流与智慧供应链的绿色发展。

案例导入

三港农业：智慧农业供应链一体化打造"互联网+农业"新模式

三港农业位于吴江区同里镇北联村，是一家集水稻蔬果种植、农副产品配送于一体的专业化、现代化的省级农业产业化重点龙头企业。通过优化公司内部价值链，一体化供应链，进而培育当地农业发展新动能，有效提升经济效能。在硬件方面，三港农业初步形成了以蔬菜种植区、猪肉分割中心、净菜加工中心、农产品冷链物流中心、质量检验检测中心、高素质农民培训中心为主的"一区五中心"格局。

一、线上线下相融合，赋予农业种植新活力

三港农业拥有蔬菜、水稻、草莓3个生产基地，经营面积达1000亩，有6个连栋大棚，273个单体大棚，均配套了物联网系统。基地内部主干道路均做水泥硬化处理，"宜机化"程度高。同时，基地拥有完善的灌溉、排水、水电配套设施以及物联网灌溉中心，配备覆盖蔬菜生产的耕、种、管、收以及运输、包装等环节的农机装备17台（套），实现蔬菜生产的全程机械化，大大降低了劳动成本。另外，基地通过建立智能化管理平台（图7-1），发挥物联网在生产要素配置中的优化和集成作用。

图7-1 三港农业智能化管理平台

二、全程冷链物流助力高质量产品闭环

三港农业十多年来深耕冷链物流配送，建立完善农副产品生产、加工、储存、物流全程可追溯系统，做到蔬菜种植规范化、配送管理现代化、全程监管数字化，为客户提供"一站式"仓储物流服务，有效加强农产品物流网络和冷链物流体系建设。在配送操作中，可通过全程冷链物流与配送监管系统，监测44辆配送车的实时配送路径和冷链车厢内的湿度、温度等指标。配送全程严格按ISO 9001质量体系认证标准的规定程序进行验收、检验、分拣，确保按照需求直接配送到客户手中。同时客户可通过送货单上的质量溯源二维码查看到所有食材的来源、检测结果、生产日期和保质期等信息，做到信息双向互通。整个物流系统全部由三港农业独立完成，确保产品从源头到客户的封闭性、连贯性。围绕"互联网+农业"这一重要内容，三港农业实现了基地生产的网络化、智能化管理，农副产品配送全程质量可追溯。

资料来源：三港农业：智慧农业供应链一体化打造"互联网+农业"新模式. 苏州市吴江区农业农村局公众号［EB/OL］.（2023-11-27）［2024-10-18］. https://mp.weixin.qq.com/s/laF52fK_JnQm4u75pKIzuQ.

> **问题**
>
> 结合案例分析，三港农业如何打造"互联网+农业"新模式？

任务一　全球智慧物流与智慧供应链管理的发展现状

一、全球智慧物流发展现状

全球智慧物流与智慧供应链管理的发展现状

2017年以来，各路企业在抢占新零售风口方面投入大量资源，为新零售模式不断走向成熟提供了强大的推力。阿里巴巴和京东等电商巨头积极发力线下，补足服务体验缺失短板；传统实体零售企业积极拓展线上，满足人们全渠道的实时消费需求。不难发现，无论是电商企业，还是传统实体零售企业，或是各种创业公司，都对物流环节给予高度重视，希望通过精准库存控制、智能分拣、众包物流等手段降低成本，改善用户体验。可以说，新零售的蓬勃发展，不但推动了零售业的转型升级，更为物流业发展注入了强心剂，使传统物流迈向"新物流"。

新物流是新零售得以落地的重要一环，没有新物流，也就没有新零售。在消费者掌握交易主导权的时代背景下，企业转型新零售还要回归商业本质，真正为消费者创造价值，而不是舍本逐末，用各种营销噱头博人眼球。

现代物流是一种复合型产业，具有鲜明的流动性，并与制造业、消费者建立了密切联系。一般来说，物流产业的发展可划分为四个阶段。

第一个阶段：物流1.0时代，指的就是传统的物流产业时代。

第二个阶段：物流2.0时代。在这个时代，信息技术、科学技术实现了迅猛发展，并取得了一系列成果，借助各种先进的技术手段，商品从供应地运输到消费地，整个过程中的各种信息都能实现便捷沟通，现代物流的各个环节都能实现统一运筹。在这种情况下，企业能根据客户需求对物流各功能性环节做出科学有效的计划、控制和执行，从而使现代物流理念发生变革，推动现代物流进入一体化物流时代，这个时代就是物流2.0时代。

第三个阶段：物流3.0时代。在这个时代，物流与制造业在信息层面实现了深入融合与共享，制造业的原材料采购、产品制造、产品销售都能根据客户需求来进行，企业的信息系统能对市场变化做出快速响应，生产线能实现柔性制造。除此之外，企业的信息流、资金流、物流还能实现全面融合，从此，物流在更大范围内共享车辆、人力、仓储、货物等信息，对其进行统一调度，使其实现优化配置。物流互联网的出现将现代物流引入了一个全新的时代。

第四个阶段：物流4.0时代。"物流4.0时代"就是利用条形码、GIS技术、自动识别技术、数据挖掘、人工智能等技术革命引发的智能物流时代，在这一阶段，智能物流将大幅降低成本，提高服务水平，减少自然资源和社会资源消耗。

现如今我们就处在物流4.0时代。对于现代物流来说，信息技术的发展是其变革的关键。在移动互联网、产业互联网的推动下，借助愈发成熟的云计算、物联网、大数据、物流自动化等技术，现代物流产业能逐渐实现互联网化，当今物流互联网将逐渐发力，物流业将迎来新一轮变革。

二、智慧物流未来发展新方向

1. 仓储社区化：解决物流末端痛点

得益于电商产业的迅猛发展，我国快递行业长期处于高速增长状态，国家邮政局公布的数据显示，截至2023年，中国快递包裹总量达到1320.7亿件。但与此同时，我们应该认识到我国末端配送在数字化、信息化、智能化水平方面还有较大的优化空间。

快递业务量激增，人工成本持续提升，用户需求升级等，对末端配送尤其是"最后一公里"配送提出了更高的挑战。

2017年7月，菜鸟网络、中国邮政、复星集团及三泰控股共同参与重组智能快递柜品牌速递易，并将其更名为"中邮速递易"，意欲借助中国邮政的品牌背书。2017年9月，丰巢以8.1亿元的价格全资收购中集e栈。这在智能快递柜行业催生出了中邮速递易及丰巢两大巨头。

国内快递柜行业逐渐步入整合期，市场竞争将会进一步加剧。从当前国内快递柜行业的实际发展情况来看，物流系快递柜企业占据着较大的领先优势，由于电商系的阿里巴巴主要依托代收门店菜鸟驿站，对智能快递柜布局相对较少，京东、苏宁等电商企业快递柜投放数量相对有限，在电商用户中并未形成较高认可度。当然，即便是已经建立领先优势的物流系快递柜企业，在投放规模、运营维护、商业模式、品牌建设等方面还有很长的一段路要走。同时，对行业进行深度细分也是很有必要的，这需要快递柜企业结合差异化的目标受众及应用场景，制定出系统完善的快递柜投放及运营战略规划，并加快品牌建设，形成独特的风格与调性，最终从激烈的市场竞争中成功突围。

2. 体验场景化："人、货、场"的精准匹配

企业要想提高在产品生产、流通、服务等环节的运营效率，就要促进物流、信息流、资金流的对接，为此要将线上线下的运营结合起来。通过开展全渠道运营，企业能够实现"人、场、货"之间的有效对接，达到人在其场，货在其位，人货匹配的目的。要做到"人在其场"，企业就要注重挖掘目标消费者的活动场景与消费场景，从而满足消费者对不同场景的价值需求。

要做到"货在其位"，企业就要对目标用户的行为特征、消费习惯、偏好等进行分析与把握，在此基础上选择多样化渠道推出相应的产品，为满足不同消费者的需求，还要丰富产品品类，采用柔性供应方式。为此，企业在根据市场需求进行产品生产与供应的同

时，还要打造生态平台，通过开展系统化运营，为消费者提供全方位的服务，提高物流运输效率，从整体上提高人们的购物体验。

要做到"人货匹配"，企业就要对目标消费者的需求特征与其偏爱的风格进行把握，为存在不同需求的消费者提供不同的产品。比如，对于存在基础性需求的消费者，可提供功能简单的产品，对于存在情感性需求的消费者，可提供情感价值较高的产品，对于注重个性化需求的消费者，可提供定制化产品。采用消费者到企业（customer to business，C2B）模式的企业能够根据市场需求进行产品供应，努力达到生产、供应、消费之间的平衡状态，能够加强生产端与需求端之间的对接。与此同时，还能够精简价值链条，省略许多中间环节，提高对企业产能的消化能力，帮助企业减轻库存压力。

3．配送智能化：满足零售终端需求

中国连锁经营协会与毕马威中国联合发布的《2024年中国便利店发展报告》显示，人工智能技术正在逐渐渗透到供应链各个关键环节，人工智能技术在便利店供应链的应用初见成效。人工智能能够减少人为经验错误，对配送订单进行整体优化，并科学规划配送路线。同时人工智能能够处理海量的用户配送偏好、配送地址和配送时间等条件，确保货物按时送达，极大地提高物流服务水平和客户满意度。

不仅现有的线下便利店品牌在高速发展，阿里巴巴、京东等大型电商企业和企业到企业电子商务（business to business，B2B）平台也在积极布局线下渠道。

从C端来看，进入新零售时代之后，社区的精品超市、便利店必将持续聚焦便捷度和进店体验；从B端供应链来看，现阶段的关键问题在于如何降低供应链成本、提升供应链运行效率，而这必须考虑B端到B端的物流。随着城市化进程不断加快，仓库与城市中心的距离越来越远，快消行业的次终端越来越分散。进入新零售时代之后，快消行业要发展就必须率先解决"最后一公里"的物流难题。西方经济学家将物流称为"第三利润源泉"，前两种利润源泉分别是劳动力和自然资源。

在同城配送方面，2023年，企业配送平均单程满载率不到85%，满载率达到100%的企业占比21.6%；满载率达到90%以上的企业占比51.4%；满载率达到70%以上的企业占比89.2%。返程空驶率居高不下，空驶率达到90%以上的企业占比44%，企业平均空驶率为74%。同城物流行业普遍存在运力散乱、回程成本高、车辆闲置率高等问题，其中车货匹配问题最突出。如何提升货物配送效率、降低送货成本、提升用户体验、提升妥投率、降低物流风险等都是同城B2B物流平台亟须解决的问题。

4．服务个性化：优化物流服务体系

在新零售时代背景下，很多参与者正着手打造全新的物流模式，通过实现端与端之间的连接，加速自身的整体运转。比如，生鲜超市为了给消费者提供优质新鲜的食材，选择从货源地进行采购，或者与海外供应商达成直接合作关系；在销售环节采用线上线下有机融合（online and offline，OAO）模式实现全渠道融合，发挥门店经营过程中的多元化功能，进一步提升消费者的体验；在支付环节运用扫码识别技术，推出移动端应用，快速、准确地获取消费者数据；由独立的配送团队与第三方物流企业共同完成终端配送任务，缩短配送时间，提升客户的消费体验。

立足于企业需求的角度来分析，新物流要实施销售预测与库存管理，将库存缩减至零，节约物流成本；立足于消费者的角度来分析，新物流要满足其碎片化、个性化需求，必须提高配送效率；在数字化层面，新物流应该利用先进的数据技术，不断提高自身运营的现代化、智能化水平，在仓储、物流、运输环节进行智能化改造，从整体上提高自身的服务质量。

三、智慧供应链发展现状

智慧供应链的发展已经取得了一系列的成果和进展。首先，物联网技术的应用使得供应链的各个环节可以实现信息传递的实时化和无缝对接。通过在物流运输、仓储管理等环节中加装传感器，可以实时监控货物的运输状态和库存情况，从而提高货物的追踪能力和管理效率。

其次，大数据分析技术的应用使得供应链管理更加精确和智能化。通过对海量的供应链数据进行分析和挖掘，企业可以更好地了解市场需求和客户行为，从而制订更准确的供应计划和采购策略。此外，利用数据分析技术还可以预测供应链风险和问题，并及时采取措施进行应对。

此外，人工智能技术的应用也为智能供应链的发展带来了巨大的潜力。通过机器学习和自动化技术，企业可以实现供应链系统的智能化管理，如自动调度、优化路径规划等。此外，人工智能还可以通过模拟仿真等手段优化供应链的设计，从而提高整体效率、降低成本。

四、智慧供应链未来发展路径

第一，需要利用物联网信息技术进行顾客需求的快速收集与整理。通过建立客户关系管理（customer relationship management，CRM）数据库，保持良好的客户关系，维护顾客的忠诚度，使得智慧供应链企业可以实时更新客户数据，进行顾客等级划分，也就是客户分级，将重点资源放在关键客户上，为他们提供优质服务，以保持其对公司的忠诚度。

第二，利用客户关系管理系统进行售后服务反馈机制的建立。建立反馈渠道，收集客户的各种意见和评价，并将此渠道畅通，最终流动到智慧供应链企业的各个职能部门并加以解决。因而有效的客户反馈机制是满足顾客投诉需求的重要方法，同样也是建立售后服务体系的重要环节。

第三，提高售后管理的数字化水平。供应链环节的售后服务主要包括厂商的售后服务以及经销商的售后服务。以手机售后维修为例，当前手机售后服务存在的主要问题包括故障维修难、服务网络不健全、个人信息安全隐患、维修服务周期长、费用高等。对此，为更好地满足顾客需求，提升信息技术的投入，在智慧供应链发展过程中可以提升供应链售后服务模块的资源以及人员配置管控，提升服务人员的素质教育，借助信息技术手段让售后服务变得透明化、人性化、规模化、专业化。

第四，提高生产设备的智能化程度。提高生产设备的智能化程度需要从供应链生产环节的技术装备改进升级入手，比如，更加注重自动分拣机设备的运用以及绿色包装技术的投入。结合智慧化的信息技术手段来实现生产设备的智能化投入，智慧供应链和智慧物流是一系列科技发展的必然结果，这些关键技术共同构建了现代智慧供应链的基石，包括物联网技术、大数据分析技术、人工智能技术、区块链信息技术等。

第五，建立智能决策系统。与ERP和实时交易系统交叉的智能决策体系能够协助智慧供应链公司完善并整合已有的运营流程以及公司对未来前景的计划，进而确保智慧供应链公司的高速增长。而在智慧供应链规划管理系统中的大数据分析可视化技术和可视化数据挖掘技术是企业智能决策管理系统中发挥作用的重要技术基础。

第六，建立智慧供应链信息共享平台。建立智慧供应链信息共享平台的基础是提高智慧供应链管理人员的智慧化管理的意识，随着"互联网+"技术的蓬勃发展，大数据时代的转型升级，给予了智慧供应链行业人才培养新的机遇与挑战。比如，引入ERP智慧供应链管理系统，通过对供应链企业各个环节的数据准确把控，从而实现各环节的信息共享，提升工作效率及智慧化共享程度。

第七，运用先进的库存管理方法提高库存周转率，智慧供应链发展过程中需要重点将科学高效的库存管理方式应用到可视化信息平台当中，为保证做到先进先出，确保履约交付，可以利用供应商管理库存、联合库存管理等方式辅助智慧化共享平台，以实现提升库存周转率的目的。

知识拓展

基于云服务的智慧供应链

上海科箭公司（以下简称"科箭"）是一家供应链云服务提供商，致力于帮助企业构建敏捷、高效、智慧的数字化供应链网络，实现供应链全流程可视化。科箭融合云计算、移动、社交、大数据及消费级产品设计等技术，聚焦零售、消费品、医药、汽车、制造及物流等行业，让用户使用更便捷、让管理决策更智慧、让企业连接更顺畅，从而帮助客户快速实现投资回报。

科箭供应链管理云平台Power SCM Cloud，是一个整合订单管理（OMS云）、预约管理（AMS云）、仓储管理（WMS云）、运输管理（TMS云）、供应链控制塔（SCCT）的云解决方案。2019年，科箭与华中科技大学运筹优化及人工智能实验室成立"AI联合实验室"，在车辆路径优化、集装箱优化、库存及网络优化、需求预测优化等场景中，研发并落地人工智能产品，不断扩展优化供应链管理云平台Power SCM

Cloud服务。OMS云帮助客户处理从订单接收到费用结算的订单全生命周期管理。通过订单中心汇集内外部多渠道订单，并与WMS云、TMS云无缝集成，实现订单集中管理、全流程可视化与执行监控，确保订单准确、准时交付。科箭WMS云预约管理流程图如图7-2所示。TMS云帮助货主、物流公司及其合作伙伴（承运商及司机）通过电脑或手机访问同一个共享的云平台，实现运输工作协同化及流程可视化。

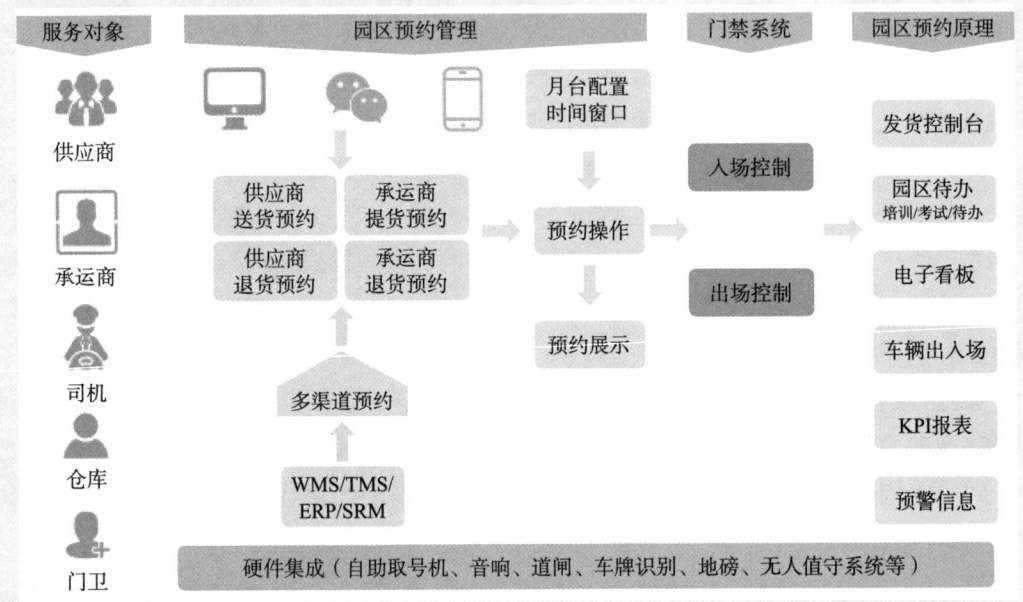

图7-2 科箭WMS云预约管理流程图

WMS云是基于行业沉淀设计的专业SaaS仓储管理产品。针对制造、零售、物流及电商等行业，WMS云流程可配置，场景化设计，可快速上线，投资回报快。AMS云帮助承运商通过预约仓库窗口时间，高效便捷安排车辆，避免供应商与司机长时间排队。仓库也可提前获知到货、提货预报，有序安排作业，更高效地利用仓库资源。科箭供应链管理云平台Power SCM Cloud推出以来，已经在家乐福、麦德龙、沃尔玛、达能饮料、哈药集团、伊利集团、延锋安道拓、中联重科、富士施乐、玖龙纸业、C.H.Robinson、德莎物流、中储物流等众多行业的龙头企业成功应用。

资料来源：科箭WMS云助力达能中国饮料企储数字化升级. 中国仓储与配送协会公众号［EB/OL］.（2021-11-15）［2024-10-18］. https://mp.weixin.qq.com/s/qXTmveWrSEu7KVwCJvYIoQ.

任务二　农业智慧物流与智慧供应链运作模式

一、智慧农业发展历程和趋势

1. 智慧农业发展历程

农业智慧物流与智慧供应链运作模式

2014年，日本启动实施"战略性创新/创造计划"，并于2015年启动了基于"智能机械+现代信息"技术的"下一代农林水产业创造技术"。2017年10月12日，欧洲农业机械协会召开峰会，提出在信息化背景下，农业数字技术革命正在到来，未来欧洲农业的发展方向是以现代信息技术与先进农机装备应用为特征的农业4.0——智慧农业。英国国家精准农业研究中心在欧盟FP7计划支持下实施"未来农场智慧农业"项目，研发除草机器人进行除草作业，替代使用化学农药，并在小范围内实现了从播种到收获全过程的机器人化农业。2013年加拿大联邦政府预测与策划组织在其发布的报告中指出，土壤与作物传感器、家畜生物识别技术、变速收割控制、农业机器人、机械化农场网络、封闭式生态系统、垂直（工厂化）农业等技术将在未来5～10年进入生产应用，改变传统农业。美国在经历了机械化、杂交种化、化学化、生物技术后正走向智慧农业。

近年来，在政府的大力支持下，中国智慧农业发展快速。农村网络基础设施建设得到加强，截至2023年，农村宽带接入用户人数超1.9亿。围绕设施智能化管理的需求，自主研制出了一批设施农业作物环境信息传感器、多回路智能控制器、节水灌溉控制器、水肥一体化等技术产品，对提高我国温室智能化管理水平发挥了重要作用。我国精准农业关键技术取得重要突破，建立了天空地一体化的作物氮素快速信息获取技术体系，可实现省域、县域、农场、田块不同空间尺度和作物不同生育时期时间尺度的作物氮素营养监测；研制的基于北斗自动导航与测控技术的农业机械，在新疆棉花精准种植中发挥了重要作用；研制的农机深松作业远程监测系统解决了作业面积和质量人工核查难的问题，得到了大面积应用。

我国高度重视农村农业改革，进行全面部署，做出顶层设计。农业部门与其他系统认真组织实施，在各地区积极探索实践，极大地释放了农业生产力，激发了农村发展潜力。改革开放以来，中央政府发表了十余个关于农村工作的一号文件。一号文件意味着高度关注以及实施的必要性。从2012年开始，中央一号文件多次提及精准农业、智慧农业等关键词，体现了国家对智慧农业发展的重视程度，极大地推动了我国智慧农业的快速发展。

2. 智慧农业发展趋势

智慧农业的提出和发展，将大大有助于提升农业产业发展质量，推动农业的全面升级，对于国家乡村振兴战略的进一步实施有重大作用。在此背景下，智慧农业的发展将呈现如下趋势。

一是生产领域智慧化，由人工走向智能。在种植、养殖生产作业环节，摆脱人力依赖，构建集环境生态监控、作物模型分析和精准调节为一体的农业生产自动化系统和平台，根据自然生态条件改进农业生产工艺，进行农产品差异化生产；在食品安全环节，构建农产品溯源系统，将农产品生产、加工等过程的各种相关信息进行记录并存储，通过食品识别号在网络上对农产品进行查询认证，追踪全程信息；在生产管理环节，特别是一些农垦区、现代农业产业园、大型农场等单位，智能设施与互联网广泛应用于农业测土配方、茬口作业计划以及农场生产资料管理等生产计划系统，以提高效能。

二是经营领域智慧化，突出个性化与差异性营销方式。物联网、云计算等技术的应用，打破了农业市场的时空地理限制，农资采购和农产品流通等数据得到实时监测和传递，有效解决了信息不对称问题。目前一些地区特色品牌农产品在主流电商平台开辟专区，拓展农产品销售渠道。有实力的龙头企业通过自营基地、自建网站、自主配送的方式打造一体化农产品经营体系，促进农产品市场化营销和品牌化运营，这预示着农业经营将向订单化、流程化、网络化转变，个性化与差异化的定制农业营销方式正在广泛兴起。

三是服务领域智慧化，提供精确、动态、科学的全方位信息服务。例如，一些地区通过室外大屏幕、手机终端等灵活便捷的信息传播形式向农户提供气象、灾害预警和公共社会信息服务，有效地解决信息服务"最后一公里"问题。

二、农业智慧物流与智慧供应链

2023年全国"两会"期间，多位代表、委员聚焦数字农业，提倡"供应链下沉，农产品上行"。2023年3月5日政府工作报告强调了供应链下沉对于推进乡村振兴的重要性，要强化农业科技和装备支撑、助力农产品上行，拓宽农民增收致富渠道。在乡村振兴战略下，农产品供应链数字化正成为乡村的另一条致富路。农产品销售，一头连着百姓的"米袋子"和"菜篮子"，一头连着农民的"钱袋子"。

1. 农产品供应链概念

农产品是指农业中生产的物品，如高粱、稻子、花生、玉米、小麦以及各个地区土特产等。我国规定的初级农产品是指种植业、畜牧业、渔业未经加工的产品，不包括各类加工过的产品。《中国统计年鉴》将初级农产品的统计范围限定为农作物、水产品、林产品和畜产品等，即农林牧渔业农产品。

农产品供应链即从原产地的原材料开始，最终产品通过制造过程制成，最后通过销售过程（包括批发、分销和零售）到达最终消费者，这些环节通过农产品的信息流、物流和资金流串联在一起。

2. 农业智慧物流的特征

农业智慧物流所展示出来的特征与农产品本身的特点有着密切的关系，农产品的特点对农业智慧物流提出了更高的要求。

首先，农产品的易破损和易腐性特征要求智慧物流保证货物信息感知和物流信息数据实时共享。农产品是有生命的有机物，具有生产季节性强、易受损、易腐、不耐储运等特征，必须采用智慧技术并选择与其相匹配的运输工具，才能从时间上保证高效的农产品物流，保证其鲜活性。其次，农业产品的季节性、集中上市的特点对农业智慧物流提出了智能决策支持和物流标准规范的要求。

农业智慧物流的核心特色在于物流流程的智能化管理。智慧物流企业在农产品物流运作流程中大量设置信息采集装置及数据传输装置，对农产品物流链条中所截取的信息进行分析、预测，据此来支持物流企业的决策系统，对导致物流问题的根源实施"追踪化"管理，从源头上消除农产品物流问题的病灶。

农业智慧物流依赖系统的物联网技术来实现其智能化特征。农产品智慧物流系统中的仓储、运输、配送、流通加工等业务环节都设置了传感器，并基于物联网技术实现农产品物流系统的各子功能环节的互联互通，确保生鲜农产品物流系统的物流装备网络化、业务环节自动化、管理环节可视化、决策环节智能化。

3. 农业智慧供应链的特征

农业智慧供应链包含上游的农产品生产、中游的农产品加工以及下游的农产品销售等环节。农业智慧供应链更加着眼于运用新一代智能技术，在智慧供应链的基础上，实现整个农产品生命周期的精准化运作。农业智慧供应链的发展逐渐表现出以下特征。首先，电子商务平台逐渐成为农业智慧供应链的核心。农业供应链的智慧化需要深度融合互联网、大数据和物联网。应用新一代信息技术，打造智慧商店、智慧商圈、智慧物流，以流通供应链智能化为基础，整合批发、零售、物流企业等供应链资源，构建智慧型采购、分销、仓储、配送供应链协同平台。利用平台技术，用户可以实现农业机械远程探控、农业诊断服务、农业信息分享等。

其次，缩减中间环节成为农业智慧供应链发展的关键。以智慧型农业供应链协同平台为核心，准确及时传达人们的需求信息，实现需求、库存和物流信息的实时共享，引导生产端优化配置生产资源，加速技术和产品创新，按需组织生产，合理安排库存。利用协同平台，农业供应链的多方可直接联系，实现农产品可追溯和快速匹配销售。

三、农业智慧物流的运作过程和典型模式

1. 农业智慧物流的运作过程

农业智慧物流运作可以使供应链内部达到统一的效果，不仅可以将农产品从生产者到消费者之间流动的各个环节有机结合起来，还可以通过信息技术将作业物流与信息流、商流、资金流集成，实现供应链一体化。

首先是农业物流作业集成。农业生产环节的集成是通过将零散的农户或生产组织组成现代农业公司，形成一定规模，产生一定的影响，克服小生产与大市场、大物流之间的矛盾。农产品流通环节的集成是指现代农业企业通过提高生产环节集中度形成对物流模式的改进，实现信息流、商流、物流的一体化。市场与流通环节的供应链一体化使得流通企业能够获得稳定的产品来源供应市场，实现规模化经营。物流配送通过集成第三方物流，整

合资源，实现生产、销售、消费者无缝对接。

其次是农产品物流信息集成。现代农产品所追求的智慧物流就是对现代新兴的网络技术和信息技术进行恰当又合适的利用，对现代组织和管理方式合理运用，全方位改造传统农业农产品物流。基于"互联网+物联网+物流"的智慧物流信息系统可以实现对物流、商流、信息流、资金流等因素的整合，并利用信息技术和网络进行扩散。在智慧物流信息系统的支持下，农产品生产各个环节、现代农业产业园、现代农业公司可以在信息共享的条件下实现农产品物流一体化。这样可以做到物美价廉、高效安全地满足消费者的产品需求，实现"双赢"。

最后是农业物流运力资源集成。由于农业生产资料和农产品的特性，农业物流有别于一般物流。农业物流系统及储运条件、技术手段、流通加工和包装方式都具有独特性，农业物流运力设施设备和运输工具也具有专属性。因此，农业物流的流体与载体要素相匹配显得尤为重要。通过电商平台将农产品运输、车辆、第三方物流等资源集合起来统一安排调度，能够实现及时高效精准配送，这是当前农业物流增值、减少农产品流通损失的重要手段和方式。

2. 农业智慧物流的典型模式

农业智慧物流运作主要模式可分为以下三种，分别是销售服务平台对接型、智慧技术投入型以及"物流+供应链"产销一体化型。

（1）销售服务平台对接型。由于电商平台的兴起，农民的销售渠道也越来越多样化，特别是农民将所学的知识与技术进行创新发展，例如，在水果和蔬菜的采摘季节，利用当前乡村旅游发展趋势的观光采摘水果和蔬菜业务，将水果和蔬菜直接卖给参观游客；此外，一些农民会在网上直播销售自己的产品，随着直播带货的兴起，极大解决了贫困山区生鲜农产品的滞销问题。这种模式的优点是灵活，销售网络广，没有中间环节，物流成本低。

（2）智慧技术投入型。在种植过程中农户运用信息技术对农产品生产过程进行管理并与食品安全监管部门进行信息共享，做到食品安全可追，并通过电商平台进行销售。建立自己的物流管理系统，对所拥有或控制的运输车辆进行调度，利用卫星导航技术定位监控，并将自己运力不足等相关信息发布在社会运输车辆资源整合App上，其他没有运输业务的物流企业和个体运输户通过App进行匹配获得物流业务。智慧技术投入型运作模式优点是效率高，物流成本低，效益高；缺点是投资大，人才素质要求高。

（3）"物流+供应链"产销一体化型。在这种智慧物流模式下，平台企业处于整个供应链中的核心地位，从果蔬生产到果蔬农产品销售的各个环节都有其参与。在果蔬生产阶段，平台企业与生产基地的农民签订产销合同，并制定相关生产标准，通过无人机对水源、土壤、气象、病虫害等进行全程监控和数据采集，参与农场生产管理全过程。在销售阶段，借助平台企业自身智慧物流和智慧供应链的优势，帮助合作的农民实现农产品从田间到餐桌的品质输出和快速直达。这种模式的优点是提高了农产品附加值，物流成本低，收益高。

3．传统农产品供应链模式

中国传统的生鲜农产品渠道模式，主要有直销（街头散卖）、批发零售、订单农业（含农超对接）和自营四种，如图7-3所示，农贸市场仍然以50%的份额占据着主渠道宝座。

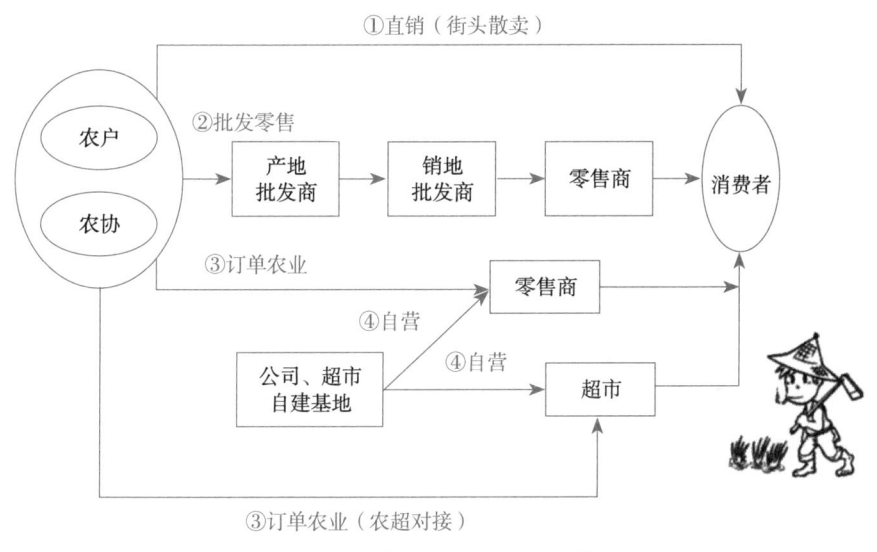

图7-3　传统的农产品供应链

4．农产品智慧供应链新模式

当下较为普遍的农产品智慧供应链新模式有以下三种。

（1）社区团购模式。社区团购，又称社区拼团、社区新零售、社群团购，于2016年首先在湖南长沙落地萌芽，初是芙蓉兴盛等企业利用供应链优势，开始向社区提供在线拼团、送货到社区自提点的探索。

社区团购商业模式是以微信小程序为载体整合多个社区团购社群资源，形成由商家集中化管理运营的"预售+团购"的社区商业模式。主要销售场景是由各快递代收点、社区便利店、社区物业、业主等发起的社区微信群，每个群都相当于一个社区店。社区团购开创了一种全新的团购模式，充分结合了电子商务和团购模式的优势，受到资本市场的追捧。社区团购模式追求"极致地省"，以"预售+次日达+自提"新模式满足消费者低成本购物需求，最大限度地让利于消费者，实现引流。社区团购流程如图7-4所示。

（2）前置仓模式。前置仓模式追求"极致地好"，以"新鲜+宅配到家"新模式满足消费者高品质需求，培育优质优价的市场环境。前置仓模式主要是商家从原产地或一、二级批发市场采购生鲜食品，运送到区域仓储中心，区域仓储中心再做分流，将商品配送至前置仓，一个前置仓能覆盖1～3千米范围内的社区，满足社区消费者的需求。模式优势在于能提高生鲜物流配送效率及顾客体验，另外可以通过集体采购，降低采购成本。

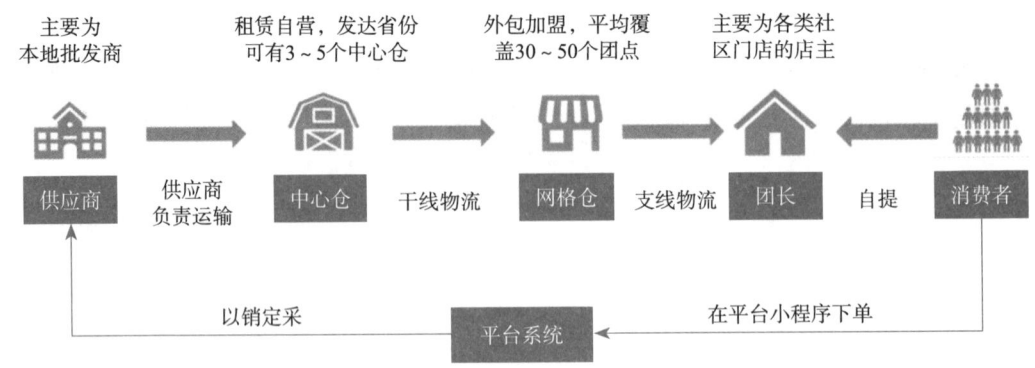

图7-4 社区团购流程图

这种模式对资本和运营的要求都比较高,其主要成本来自前置仓的运营成本和"最后一公里"的配送成本,能占据整个履约成本的50%,仓储配送中心的运营和其运输到前置仓的成本也占据较大部分。另外前置仓商家在无其他流量倚仗的情况下,需要利用大量的获客补贴和营销宣传费进行引流,提升订单数量,摊薄营运成本。前置仓模式如图7-5所示。

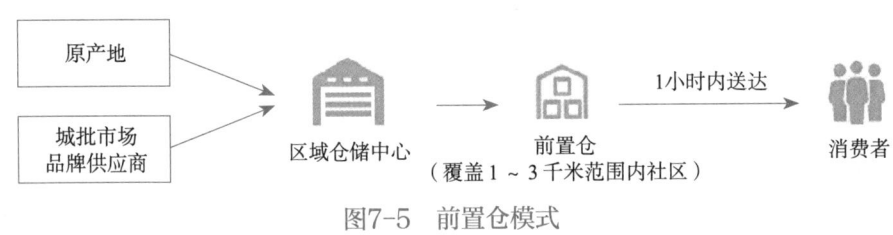

图7-5 前置仓模式

(3)"中央厨房+冷链配送"模式。所谓中央厨房,是将菜品用冷藏车配送,全部直营店实行统一采购和配送。以前餐厅的进货方式是,除了毛肚、鸭肠等干货外,所有新鲜蔬菜由直营店实行单店采购。采用中央厨房配送后,可比传统配送节约30%左右的成本。中央厨房采用巨大的操作间,采购、选菜、切菜、调料等各个环节均有专人负责,半成品和调好的调料一起,用统一的运输方式,赶在指定时间内运到分店。

和传统冷链运输相比,通过中央厨房的配套进行粗加工可以把农产品分为A、B两类,A为品相较好的,B为品相略差的。通过初步分拣把A类冷链配送至商超,获取较高的毛菜售价,而将品相略差的B类通过中央厨房加工为净菜,净肉,再次进行包装,从而本应以较低价格出售的农产品通过中央厨房的加工卖出高于原材料的售价,增加企业的利润。而加工过的农产品一方面可以配送给团餐企业,另一方面配送到商超以及消费者手中。

"中央厨房+冷链配送"模式追求"极致地省+好",以集成化、集约化经营模式保障食材品质,满足消费者高品质就餐需求,"中央厨房+冷链配送"流程如图7-6所示。

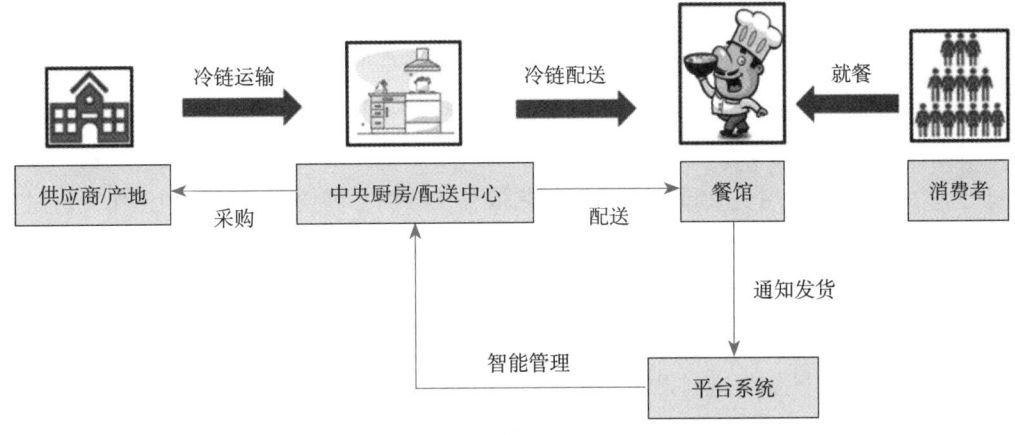

图7-6 "中央厨房+冷链配送"流程图

任务三 制造业智慧物流与智慧供应链运作模式

一、智能制造发展历程与趋势

1. 智能制造发展历程

随着信息、通信与生产技术（information, communication, and production technology, ICPT）的革新以及在生产领域的应用（如大数据、物联网、人工智能、机器人等），智能制造与智慧供应链成为工业4.0时代的重要内容。其中，智能制造是一个完全整合与协同的生产系统。智能制造是伴随信息技术的不断普及而逐步发展起来的。1988年，美国纽约大学的怀特（P. K. Wright）和卡内基梅隆大学的布恩（D. A. Bourne）出版了《智能制造》一书，首次提出了智能制造的概念，并指出智能制造的目的是通过集成知识工程、制造软件系统、机器人视觉和机器控制对制造技工的技能和专家知识进行建模，以使智能机器人在没有人工干预的情况下进行小批量生产。

制造业智慧物流与智慧供应链运作模式

智能制造系统的发展历程分为初级阶段、中级阶段和高级阶段三个阶段。在初级阶段，人工智能等先进技术不断向传统的工业自动化系统延伸，通过先进的手段，显示生产过程中可见或隐性的状态，辅助人做出正确的操作或决策，优化工业自动化系统的功能。在中级阶段，针对生产过程的特定单元或特定功能，智能制造系统不仅是智囊团，同时也是决策者，在系统中占据统领地位，根据生产过程数据，判断生产状态并形成控制决策，输出执行，同时依据执行后的信息对系统进行优化和自适应。在高级阶段，智能制造系统贯穿整个生产过程，在企业生产活动的各个层面以决策者的身份出现，全面占据统领地位。

2. 智能制造发展趋势

由于未来的技术和发展水平具有不确定性，因此很难准确把控智能制造的走向，但现有研究依据当前的技术发展方向以及制造业的特征对智能制造的发展趋势做出了总结。

（1）新材料和新工艺的开发促进了产品的设计和制造，推动了智能制造的创新。新材料和新工艺的应用会考虑到大量的材料和工艺信息及数据，需要相关领域的工作人员对其进行有效挖掘和分析，并通过互联网将关键信息传递给相关部门，以加速材料和工艺的发展创新，为进一步推动智能制造做准备。

（2）预测工程是对制造过程及设备未来状态的预测，是未来制造业发展的重要趋势之一。如果在制造业中能够提前预测到生产力、产品质量和运输状况等关键信息，就能提前做好决策，防患于未然。预测性维护对于工业企业而言非常重要，随着机器学习和其他人工智能工具的应用，智能制造会实现更好的预测性维护，有效降低企业风险，帮助管理人员决策。

（3）随着互联网的发展和普及，未来的智能制造将向资源共享的方向发展。目前，制造业越来越数字化和虚拟化，许多创造性技术也将在虚拟空间中进行。虽然专有技术的实体制造可以得到知识产权的保护，但在数字化空间里的资源可能是高度透明的，这就允许企业间共享资源。目前，共享资源模式已经在交通、住宿服务等行业取得了阶段性成功。因此，在未来的智能制造领域也将会出现共享制造设备、软件、知识及共享协作建模等共享模式。除了制造设备，还可以共享运输资源，降低运输成本，推动制造业的发展。

（4）可持续理念不断普及，智能制造将向可持续化制造方向发展。制造业在给世界经济带来飞速发展的同时，也导致了许多环境问题。随着人口的日益增长和消费水平的提高，人类将面临更严重的社会环境压力。为了应对这个可持续发展的挑战，迫切需要制造业朝可持续化制造方向发展。可持续化制造是实现可持续发展目标在制造业的实施的结果，是一种以节约自然资源为目的，努力将制造产生的污染物降到最低，且在经济上是可行的生产过程。

二、制造业智慧物流与智慧供应链的主要特征

1. 制造业智慧物流的主要特征

在智能制造时代，整个价值链由过去的制造企业推动模式转变为用户拉动的模式。为了满足更具个性化的用户需求，真正实现智能制造，对制造企业的供应链管理提出了更高的要求，尤其是在供应链的执行层级，需要物料配送模式更具柔性，提高快速响应能力。只有通过先进的智慧物流，才能打通供应链上下游企业，真正提升企业运营效率。由于物流贯穿生产和销售的所有环节，支撑着企业的生产能力和服务水平，随着制造业转型升级的持续深入，如何使物流系统满足智能制造发展的需求，受到企业的广泛关注。制造业智慧物流的主要特征如下。

（1）物流管理可视化。基于RFID技术的物流仓储管理系统，实现了对于货物的定

位、货车的优化调度、生产安全以及货物预警等一系列精益管理。货物调配的仓储位置信息变更在RFID仓储物流管理系统实时更新,叉车工作调度、路线优化自动分配提醒,提高生产效率。所有货物调度信息实时可记录,叉车信息、人员信息、时间信息、路径轨迹可及时检索,丢失和安全事件可追溯。对仓库内物流的运行状态实时监控,对错误调度路线拥挤、生产错误、违规作业等异常行为及时预警,逐步优化仓储生产的流程。

(2)物流体系透明化。制造企业运用科技力量,实现采购物流,成品物流到分销物流供应链透明管控,实现从整个供应商到终端用户的全流程高效可控,构建起透明的物流体系。智慧物流的透明化特征解决了物流过程各种要素信息的采集问题,以及物流上下游业务主体之间信息的互通和协同。物流透明是供应链、需求链协同的基础,海信集团的智能化仓储管理解决方案,通过集成主生产计划、产品生命周期管理、供应商关系管理、生产执行、仓储管理、客户关系管理等信息系统搭建完整的供应链管理信息系统,实现全供应链的网络化协同,大幅提高了库存准确率和仓储效率,降低了作业成本。

(3)与智能制造协同化发展。制造业流程创造了大量物流需求,并与物流业存在紧密的产业关联性。先进制造业的快速健康发展需要与之相匹配的智慧物流能力。两业协同化发展特征明显。智慧物流通过柔性化、个性化及智能化服务,能为智能制造提供运营管理和决策支持;依托互联网及各项物流信息技术,智慧物流能有效实现物流与制造过程中物流资源的整合,促进智能制造要素在其供应链上集聚协同。同时,智能制造驱动了智慧物流发展,为智慧物流的纵深发展提供重大机遇。

2. 制造业智慧供应链的主要特征

在智能制造环境下,打造智慧、高效的供应链,是制造企业在市场竞争中获得优势的关键。智慧供应链的创新发展,将根本改变现代企业的运作方式,推动整个制造业发生重构与迭代。在智能制造背景下,制造业智慧供应链的四个主要特征,即透明化供应链信息、精细化订单管理、深度的资源整合、预测性分析决策。

(1)透明化供应链信息。相较于传统供应链,制造业智慧供应链强调与客户及供应商的信息分享和协同,将供应商、制造商、分销商、零售商到最终用户连成一个整体的功能网链结构,是全流程的供应链管理;侧重全局性,注重系统优化与全供应链的绩效,强调"牵一发而动全身"。在制造业智慧供应链中,实现供应链全链条管理数字化,支持核心企业加强全链条数据管理,实现供应链透明管理。信息透明打破了种种数字壁垒,建立起端到端的运作体系和物流体系,增强了供应链的整体协同性,构建起高效供应链。

(2)精细化订单管理。对于智能制造来说,一个极为显著的特征就是大规模定制,即由用户来决定生产什么、生产多少。强调与客户及供应商的信息分享和协同,真正实现通过需求感知形成需求计划,聚焦于纵向流程端到端整合,并在此基础上形成智慧供应链更加看重客户服务满意度的精准性和有效性,制造企业更加具有存在感,不再是被动地提供产品,而是主动分析、主动服务。订单管理更加符合客户的个性化需求,进一步促进产品和服务迭代升级。

（3）深度的资源整合。加强供应链体系建设是更好地推进制造业转型升级的有效途径，高效的供应链体系将促进制造业与服务业突破传统边界，实现上下游企业的有效整合、制造业与服务业的深度融合。未来的智慧供应链战略将使企业更加强调以制造企业为切入点的平台功能。通过运用结构完善的信息化网络平台，有效整合实体资源。制造业智慧供应链实现了深度的资源整合，有效提高了资源配置效率和产品开发效率，实现流程优化。

（4）预测性分析决策。与物联网深度融合的制造业智慧供应链与生产制造企业的生产系统相连接，实现智能的需求预测和计划制订。制造业智慧供应链管理将通过实时的数据传输，实现更及时的生产调度分析以及更准确的市场和客户需求预测与需求管理；并进行供应链的风险评价与预警，提升企业的风险应对能力。

三、制造业智慧物流与智慧供应链运作过程

1. 制造业智慧物流的运作过程

从运作过程来看，制造业智慧物流的运作过程主要由四个阶段组成，分别是从供应商到制造企业的智慧采购、制造企业内部的智慧仓储、制造企业内部的智慧生产，以及从制造企业到客户的智慧配送和增值，制造业智慧物流的运作流程，如图7-7所示（虚线为信息流，实线为实物流）。

（1）从供应商到制造企业的采购物流。信息技术的进步驱动着采购方式智慧化，打通采购上下游环节，获得交易、物流、金融等综合服务。例如，沃尔沃汽车亚太区与京东合作，与京东的翼采平台对接，进行数据、技术、物流等多方面合作，实时监控采购物流的交付、履约和配送，大幅提高了效率。实现沃尔沃汽车亚太区采购物流的全面智慧升级，提高采购全流程可视化及管理决策的科学性。

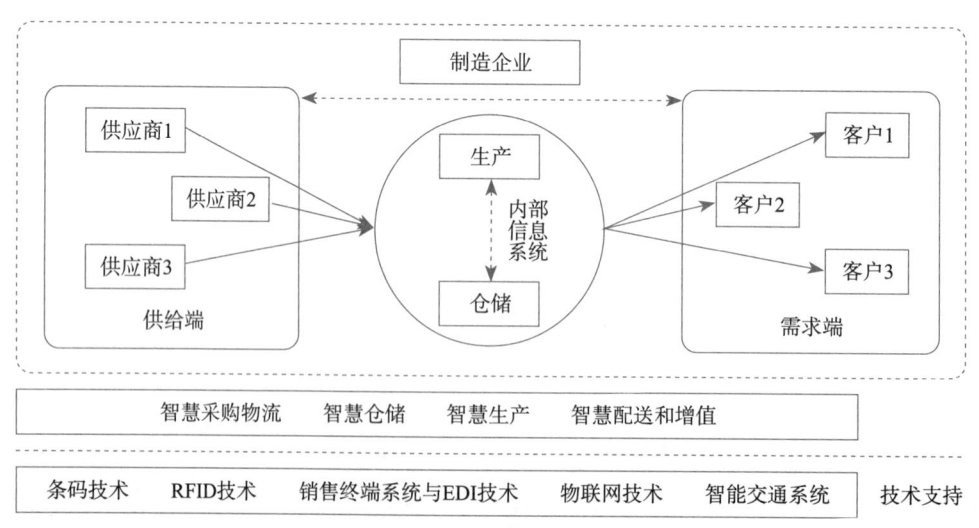

图7-7 制造业智慧物流的运作流程

（2）制造企业内部的智慧仓储。智慧仓储管理系统目前已经成为现代制造企业的物流核心环节。智慧仓储管理系统由AGV小车、视觉识别系统等硬件设施与先进的控制、通信和信息技术等软件系统组成，为企业提供智慧化的仓储管理，并通过自动化物流装备完成企业生产制造各个流程与工序间的物料输送，及时掌握库存真实数据，合理保持和控制库存状态。

（3）制造企业内部的智慧生产。可根据需要发出指令，指引仓储系统的各个部分做出相应的动作，为生产车间源源不断地提供物流保障。运用物联网技术收集处理设备、人员、仓储、出货等环节信息，进行生产管理、人员管理、设备管理，同时云端的数据经修正、完善、整理再反馈回生产现场，利用数据帮助制造企业提高生产效率、管控生产品质、减少管理成本。

（4）从制造企业到客户的智慧配送和增值。新一代信息技术与工业系统深度融合，工业互联网已经成为制造业转型升级的关键。在工业互联网时代，用户需要的不只是简单的物流交付，而是渴望获得一种全流程的解决方案。例如，海尔日日顺物流持续完善网络配送体系，建立了国内大件物流行业首个全国共享的三级分布式云仓网络，实现了农村与城市无差别的送装服务，并通过与用户零距离交互不断挖掘需求，为用户提供一体化生活解决方案，得到越来越多用户的支持与认可。

2．制造业智慧供应链的运作过程

与分销企业和第三方物流企业更多地关注某一个环节或功能的供应链管理不同，制造企业的供应链管理具有明确的市场定位、产品研发、预测、生产计划、物流计划、采购计划、成品发运计划、客户订单管理、库存与物流信息控制等功能环节。因此，制造业智慧供应链的运作过程主要由智慧采购与供应、智慧生产、智慧交付三个部分组成。制造业智慧供应链的运作过程，如图7-8所示（虚线为信息流，实线为实物流）。

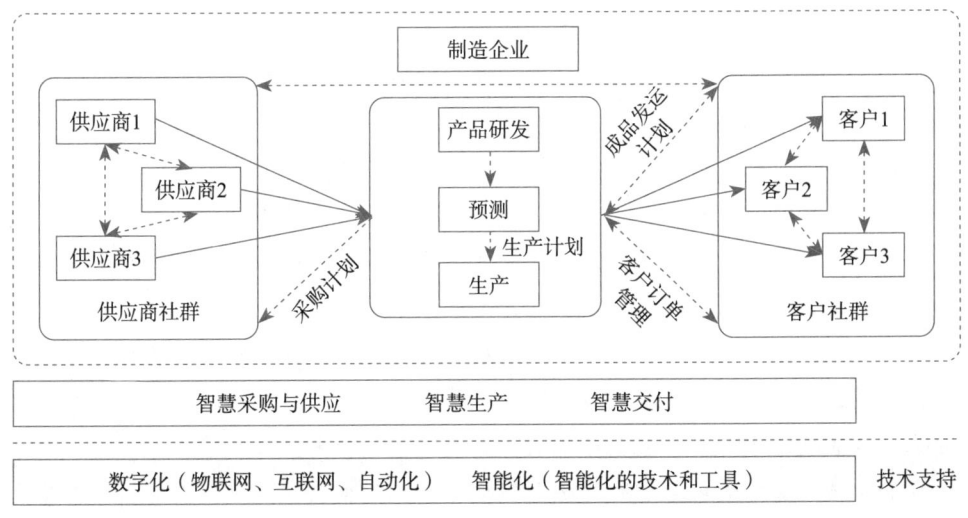

图7-8　制造业智慧供应链的运作过程

智慧采购与供应克服了传统采购管理不透明、不连续、不便捷、不柔性、不协同的痛点，通过大数据、人工智能、机器人等技术的应用实现采购流程数字化和现代化，以应对多种需求、提高服务效率、减少人工失误。采购流程的数字化包括：可预测战略寻源、预测采购需求、实施分类的采购支出、预测未来供应来源等；前瞻性供应商管理，预测供应商绩效趋势、实时监控供应商风险以及借助VR技术实施供应商访问和审核；自动化采购执行，自动感知物流需求和触发补货请购、自动执行安全付款、应用供应链金融实战按需融资等。

智慧生产是智慧工厂构建的重要环节。实现智慧生产，首先要使生产数据透明化，把生产资源及因素呈现在企业管理者面前，帮助企业进行分析、决策和发展。其次，信息系统对于工厂来说，不在于锦上添花——如果一家工厂的生产非常流畅，信息系统的智能管理就会变得可有可无——而在于雪中送炭，在生产出现问题的时候，能够迅速识别并解决问题，帮助企业实现全程追溯，并且使得工作人员直观地了解工厂生产的状况，提升管理水平。最后，智慧生产的工厂能在生产线上根据生产计划及市场需求实时改变生产状况。

智慧交付包括智慧化的成品发运计划、客户订单管理等。智慧供应链更加看重客户满意度的精准性和有效性。制造企业将会更多地邀请客户进行体验式的开发、测试客户要求，进行符合客户个性化的产品和服务模式整合，以保证该产品或服务对于客户的黏性，反过来促进产品和服务的迭代升级。供应链也就能进行自我反馈、自我补偿，实现智能化迭代升级。

知识拓展

从"可持续灯塔工厂"看安得智联的绿色智慧物流赋能

美的洗衣机合肥工厂（以下简称"合肥工厂"），拥有11条洗衣机生产线，年综合产能1600万台，是目前国内最大的集研产销为一体的全品类洗衣机生产基地。从制造工厂到"端到端灯塔工厂"再到"可持续灯塔工厂"，美的洗衣机合肥工厂的发展升级离不开美的绿色工业各业务单位的紧密协作。其中，产品碳足迹管理平台由美的楼宇科技和洗衣机事业部联合开发；智能微电网系统运用了合康新能的智慧光伏系统与科陆电子的智慧储能系统；在工业自动化上离不开库卡机器人的应用，以及由美云智数协助开发工厂背后的数字孪生……而在绿色物流端，则由安得智联和瑞仕格的智慧物流系统覆盖了产前、产中、产后的供应链全链条。

因为较为传统的行业，"端到端"数字化程度往往不高，加之其产业链条复杂、物料流转链条冗长和交易环节过多，所以在每个环节上可尝试的降本增效空间很大，回落到在节能减排的效果上也会非常明显。

脱胎于美的集团的安得智联具备全链路的专业物流供应链服务能力，对外输出独特的"1+3"服务模型。"1"是指"全链路"，安得智联能为客户提供从原部件到工厂再到成品，且从成品下线后就经过统仓统配到全国任何一地的最小分销门店，包括直接到C端的全链路一体化供应链服务。"3"是指"生产物流""一盘货""送装一体"。安得智联将绿色理念嵌入到该服务模型中，实现全链路碳足迹的核算与优化。

在绿色仓库方面，安得智联VMI仓储中心、智慧仓储科技中心、郑州美安物流园以及郑州经营中心均已通过国家一级（三星）绿色仓库权威认证；在绿色运输方面，安得智联部署绿色物流计划，不断增加新能源运力，以及和产业链上、下游伙伴协同联动，打造绿色低碳的运输服务；在绿色包装方面，从包装设计、生产供应等多方面入手，安得智联积极开展包装与供应链创新变革，以运包一体产品解决方案有效实现节能减碳。

资料来源：郝君子. 从"可持续灯塔工厂"看安得智联的绿色物流赋能. 物流时代周刊[BE/OL].（2024-11-05）[2024-11-18］. https://mp.weixin.qq.com/s/XOX_X1cMMug7eLE5-0ouyg.

四、制造业智慧物流与智慧供应链发展措施

推动制造业智慧物流与智慧供应链发展，可以从以下三个方面着手。

1．进一步推动制造业物流外包

制造业物流服务外包要突破现有的像运输服务外包的供应链末端环节。进一步提高制造业在包括供应商选择、采购计划制订、库存管理等环节的服务外包比例，利用信息系统共享物流信息，按照生产、销售的计划信息来进行分拣、包装和配送。

另外，在生产物流领域物流服务外包，双方要相互了解，建立互信机制，信息共享，利用最优原则制定最优的合作方案，从而制造企业将核心资源配置在生产技术领域，而内部原材料的储存、厂内流通和装卸搬运皆由物流企业完成。

2．促进制造业智慧供应链物流一体化

首先，大力鼓励制造业与物流业建立长期合作伙伴关系，将制造业与物流业捆绑在一起，在供应链管理模式下，充分调动整合供应链中成员企业的优势资源，首先，要求原材料采购、生产物流、销售物流的物流服务供应链一体化；其次，在供应商及供应商、制造商、分销商及最终消费者多方当事方中，进行集成式管理，通过重新设计，嵌入库存管理、分拣、包装、配送等物流功能，进行业务流程重新组合，以促进制造业供应链物流一体化；最后，促进制造业供应链物流信息一体化，通过信息的交换和传输，使供应链各节点环节运作流畅，从而提高制造业物流供应链的运作效率。

3．合理选择两业联动发展模式

制造业内不同产品、不同业态可能有不同的物流服务要求，所以制造业与物流业两业联动发展的模式不可能是一成不变的，需要根据不同的业态、不同产品生产流程来选择和

确定恰当的联动发展模式。根据融入程度不同,联动发展模式主要可以分为系统型模式、渗透型模式及合作型模式。合作型模式中,由于制造企业的规模限制,且信息化程度不高,物流企业不能系统地提供专业的物流服务,在一定程度上限制了物流业与制造业的联动发展;渗透型模式一般适用于大中型制造企业,它们拥有先进的生产技术和工艺流程,而且信息化水平较高,对物流服务的专业化程度、增值要求比合作型模式高,这也要求物流企业能提供满足要求的物流服务;而系统型模式主要针对大型制造企业,因大型制造企业有较高的管理水平和先进的生产技术,在管理模式上已经提前进入"横向、开放型",对供应链物流的需求相当迫切,所以物流企业必须提供基于供应链物流一体化的服务,对制造企业的原材料采购到最终销售提供专业化、整体化规划设计和集成式的物流服务。

知识拓展

华为智慧物流:为市场注入万物互联新动能

位于中国广东东莞的松山湖以坐拥8平方千米的淡水湖和14平方千米的生态绿地闻名于世,但在这风景宜人的自然生态圈中却隐藏着一个占地面积达25000平方米的现代化自动物流中心——华为松山湖供应链物流中心。该物流中心采用射频、电子标签拣货系统、"货到人"挑选、旋转式传送带等多种先进技术,集物料接收、存储、挑选、齐套、配送功能于一体,是华为重要的样板点基地之一。

在ISC+(华为集成供应链体系)这场大变革中,智慧物流与数字化仓储项目是重中之重。项目已经初步实现了物流全过程可视,打造了收发预约、装车模拟、RFID数字化应用等系列产品,已经取得了上千万的收益。

智慧物流与数字化仓储项目,利用物联网、大数据、IT服务化平台等技术,结合业界的数字化转型领先实践经验,与整个物流生态链伙伴一起,在物流领域开展物流对象过程数字化、资源规划智能化、实物履行自动化等方面的建设。通过实时可视、安全高效、按需交付的物流服务能力构建,主动支撑交付保障,提升客户体验,改善物流运营效率。

在物流的关键节点,智慧物流可依据不同节点类型及场景优化流程,并匹配最适宜的自动化工具和设备,从而实现小时级的履行能力,大大提高了工作效率。其中,重点仓储通过利用宽窄一体的eLTE无线通信技术和IoT平台,统一连接和管理AGV无人车、自动扫码机等物流自动化设备,同时通过窄带物联网络广泛地连接到托盘、叉车等资产,从而实现自动进出库、自动盘点以及资产精准定位跟踪等功能,打造了高效快速的数字化仓储。不仅如此,在各个节点之间还可实现节点作业与实物运输的无缝连接、风险主动预警、全程可视可管理、实物"一个流"等高效运作模式。

通过移动App、物联网等物流先进技术应用,可实时掌握运载工具位置、库内作业状态等信息，通过打通各环节实现了信息的透明共享，以及实物流全过程可视，更好地在线协同人、车、货、仓。同时，通过与外部风险信息的实时互联，还可实现风险的主动预警，物流备选方案的智能提醒等。在配送环节，通过应用大数据及人工智能技术，我们可对货物的配载及配送路线等情况进行智能计算，并给出最佳货物配载方案及最优运输路径，更加智能地实现了资源规划，并有效地提升了货物配送效率。

从生产到运输的全生命周期的流程可视，真正做到"人与物的高效沟通"。相较于传统的人力作业模式，降低信息处理成本，提高了信息处理效率及准确率，并促进跨部门、跨企业的运营管理，通过提供一体化的数据集成服务，让客户获得了更高效、便捷、贴心的智慧物流体验。

资料来源：华为智慧物流：为市场注入万物互联新动能. 华为官网［BE/OL］. ［2024-11-18］. https://e.huawei.com/cn/case-studies/cn/2018/201807050934.

任务四 新零售智慧物流与智慧供应链运作模式

一、新零售经营模式

1. 新零售概念

新零售智慧物流与智慧供应链运作模式

新零售，即企业以互联网为依托，通过运用大数据、人工智能等先进技术手段，对商品的生产、流通与销售过程进行升级改造，进而重塑业态结构与生态圈，并对线上服务、线下体验以及现代物流进行深度融合的零售新模式。这种新型零售商业模式，将线上与线下进行融合，消费者可以从线上进行选购，然后到线下门店进行实际体验。商家可以通过大数据来了解消费者的消费习惯，从而提供更加完善的服务。

2. 新零售特征

（1）生态性。"新零售"的商业生态构建将涵盖网上页面、实体店面、支付终端、数据体系、物流平台、营销路径等诸多方面，并嵌入购物、娱乐、阅读、学习等多元化功能，进而推动企业线上服务、线下体验、金融支持、物流支撑四大能力的全面提升，使消费者对购物过程便利性与舒适性的要求能够得到更好满足，并由此增加用户黏性。当然，以自然生态系统思想指导而构建的商业系统必然是由主体企业与共生企业群以及消费者共同组成的，这一商业系统表现出一种联系紧密、动态平衡、互为依赖的状态。

（2）无界化。企业通过对线上与线下平台、有形与无形资源进行高效整合，以"全渠道"方式清除各零售渠道间的种种壁垒，打破过去传统经营模式下所存在的时空边界、产品边界等现实阻隔，促成人员、资金、信息、技术、商品等的合理顺畅流动，进而实现整个商业生态链的互联与共享。

（3）智慧型。"新零售"商业模式得以存在和发展的重要基础，正是源于人们对购物过程中个性化、即时化、便利化、互动化、精准化、碎片化等要求的逐渐提高，而满足上述需求则在一定程度上需要依赖于"智慧型"的购物方式。可以肯定，在产品升级、渠道融合、客户至上的"新零售"时代，人们经历的购物过程以及所处的购物场景必定会具有典型的"智慧型"特征。未来，智能试装、隔空感应、拍照搜索、语音购物、VR逛店、无人物流、自助结算、虚拟助理等图景都将真实地出现于消费者眼前甚至获得大范围的应用与普及。

（4）体验式。随着中国城镇居民人均可支配收入的不断增长和物质产品的极大丰富，消费者主权得以充分彰显，人们的消费观念将逐渐从价格消费向价值消费进行过渡和转变，购物体验的好坏将愈发成为决定消费者是否买单的关键性因素。现实生活中，人们对某个品牌的认知和理解往往会更多地来源于线下的实地体验或感受，而"体验式"的经营方式就是利用线下实体店面，将产品嵌入到所创设的各种真实生活场景之中，赋予消费者全面深入了解商品和服务的直接机会，从而触发消费者视觉、听觉、味觉等方面的综合反馈，在增进人们参与感与获得感的同时，也使线下平台的价值被进一步发现。

二、新零售智慧物流运作特点

新物流的数据属性可以走向与柔性生产相匹配的柔性物流乃至物物相连的所谓"智慧物流"，新物流的服务属性可以走向与商品增值服务相对应的专业物流乃至基于物流、信息流、资金流"三流合一"基础上的所谓"商物流"，当然作为"物的流通"基础的物流的物理属性始终是其根本和外在呈现。

正是这三维构建的立体系统，才能更好地由物流带来数据流并走向资金流，站在这个视角，"新物流"其实可以被称为"生态物流"。未来的商业世界，将不再是企业和企业之间的竞争，而是生态系统与生态系统之间的竞争。

也正是这个"新物流"体系的建立，才能支持"新零售"的所谓"零售物种大爆发"，才有可能完成所谓的"新零售远景：任何时间、任何空间、任何主体、任何内容"，所谓"新零售"不过只是"新物流"的呈现方式而已。"任何时间"就意味着"物流"在新零售中不可或缺，事实也是，在所有的新零售物种出现的同时，伴随的是消费者物流体验的提升，也是新零售物种本身对物流精准要求的提升；"零售基础设施革命"，更是一场以数据驱动的物流前置，是"单未下，货先行"。

事实证明，诸多新零售业态也是在围绕"物流前置"发展，主打"丰富、精准、新鲜、便捷"等主题，在不同覆盖半径范围内布局，真正做到"单未下，货先行"。例如，盒马鲜生主张"让做饭变成一种娱乐"，覆盖三千米半径，5000平方米以上布局超过3000个库存单位（stock-keeping unit，SKU）；社区O2O生鲜平台，主张"像经营化妆品一样经营生鲜",覆盖1千米半径,200~300平方米布局1600个SKU;钱大妈主张"不卖隔夜肉",覆盖200~500米半径,相当于就在小区门口的第5个档口,70平方米布局600个SKU;"在楼下"自动售菜机,覆盖半径最后100米,网订柜取,是社区智慧微菜场。这些无一不印证了新物流是新零售无法剥离的存在。

三、新零售智慧物流和智慧供应链优化措施

1. 构建大数据下的全渠道货运配送

在现在的新零售环境中,线下的分店体验与线上的销售相结合,为消费者带来了极大的便利,货运配送要求线上与线下的快速结合,线上、线下、服务体验、乡镇农村全方面融合,企业应当与消费者构建相应的合作机制,要明晰消费者的真实需求,而且将消费者作为核心,提高对产品的设计能力,但是保证全方位的建设发展,通过多种渠道服务实现多个扩充的开发特点。在配送方面,现今越来越多新零售化的分店将店仓一体化,实体店面集分店、仓库配送中心的功能为一体,为零售商节约了大量的库房和配送中心的选址和建筑成本。货运配送形式是以干线+终端云仓(店)的方式分配和分配"最后一公里",实现配送网络的全渠道体系。例如,在大数据、云计算技术的支撑下,国美高度整合货运系统,整合社会仓储资源,实现各层级信息共享,即时追踪商品信息。尽量避开商品在空间上的无意义流动,缩短配送时间,提升货运配送效率。同时联合其他供应链环节,比如仓储环节,建立全渠道货运,一环扣一环自营配送模式,借此来适应新零售的改革要求。

2. 利用高新技术构建智慧货运

自营配送模式的特点主要体现在两个方面:一是建立智能库房,在智能库房系统,通过机器人和手动化分拣节约人力成本,能够提升物品分拣的确切率,使用无人驾驶铲车可高效对货物进行搬运上架等技术操作,可穿戴设备如免持扫描设备、现实提高技术的智能墨镜。这些智能墨镜具有物品辨识、条码阅读和库内导航与无缝的信息集成功能可以直接连接到物流公司的库房管理系统,提升分拣效率,推动采集速率并减少错误率,实现库房的全流程自动化。二是构建智慧运输配送,最新运输配送技术主要是无人驾驶货车技术。该技术将改变干线货运的现有格局,有效减少干线的货运成本。同时也可以防范运力不足等一系列问题。具体表现在以无人货车作为配送站,汽车行驶过程中会不断释放配送机器人,通过货运系统发送取货信息给顾客,就近取货,通过这些方法进行"最后一公里"的派送。

3. 打造多级分仓系统和多级配送模式

因为店面仓储量有限且分店覆盖度有限,一些店无法实现即时配送,多级分仓系统的应用结合多级配送模式有利于实现配送服务的网络化、细致化。通过多级分仓系统,实现订单的集约化后再分流输出,借以避免配送区域过远和重合,即降低了商品的无异议流通,降低了货运成本、压缩了配送时间。使用多级配送模式的必要性则是因为货物属性的

多样性以及配送设备的阻碍性,比如生鲜类货物需要准点率更高的配送模式和具有冷冻保鲜功能的配送设备,甚至还需要专门的配送汽车,而普通日化类商品使用这种配送设备和人员则会导致资源的浪费。按照顾客订单的需求,通过多级配送系统对待配送商品进行属性以及时间上的分级,由货运信息系统规划最优配送路线,提升配送时的整车率和准时率,给顾客以优质服务体验。

4. 采用即时货运配送模式

随着各大电商平台的逐步发展、依托于微信生态的小程序电商的崛起以及新零售带来的线上、线下协同,未来网购订单量还将一路走高。为提升用户体验,快速满足客户的需求而出现了一种新的配送模式——即时配送,其含义为依托社会化库存,以点对点的去中心化配送为主,其满足的是直径3千米之内的轻、急需求,可满足45分钟内送达要求的配送形式,是应O2O而生的货运形态。在新零售O2O业态下,"懒人"经济兴起,"便捷性"已成为产品的重要附加值,即时配送的应运而生,在一定程度上扩展了货运形态的想象空间,赋予了整个行业全新增量与动能。新零售是时代发展的产物。迎合了时代的发展,货运配送模式也应该寻求与新零售模式的契合并进行革新,追求高效、整合货运店仓配一体化,通过大数据、云计算技术实现信息共享,构建智能配送体系,进而使得新零售模式得到长足的发展进步。

任务五 "走出去"企业的智慧物流与智慧供应链运作模式

一、"走出去"企业发展历程与趋势

1. "走出去"企业发展历程

中国"走出去"企业的发展经过了企业"走出去"、行业"走出去"、文化"走出去"三个阶段。

"走出去"企业的智慧物流与智慧供应链运作模式

第一个阶段是企业"走出去"。在已经充分培养和发展国内市场的基础上,有实力的本土企业可以实施"走出去"策略,参与到别国甚至是市场经济相对成熟的发达国家的竞争中去。

第二个阶段是行业"走出去"。中国行业"走出去",注重从宏观整体上协调相关企业的跨国经营,可以避免恶性竞争,提高原材料、产品的定价,以及技术标准的话语权,获取集团效应。更重要的是实现国内经济的转型,占据世界相关领域的制高点。在这一阶段,企业的比较优势逐步转化为行业的规模优势。

第三个阶段是文化"走出去"。近年来,中国文化企业"走出去"的步伐不断加快,文化交流和贸易把博大精深的中华文化带到了国际市场,让中国优秀的传统文化越来越被世界认可。

2. "走出去"企业发展趋势

未来中国企业"走出去"将有五大发展趋势。

一是关注传统行业的数字化转型机遇。未来传统制造业和消费品领域的企业将加快数字化转型。尽管许多海外国家均对尖端科学技术领域进行投资,但是传统行业的数字化转型也势在必行。

二是供应链的"中国+N"发展模式。对于中国的出口依赖型企业,海外市场与本土市场同样重要,因此设立"中国+N"的供应链结构将是理想模式。在"N"的选择上人口年轻化、具有未来发展潜力且邻近成熟发达市场的发展中国家受到更多青睐。许多符合条件的国家位于"一带一路"沿线,预计中国企业将加快在沿线国家和地区布局区域供应链中心。

三是传统基建与新基建双轮驱动,带动中国企业"走出去"。近年来,中国企业在海外基础设施建设方面的优势进一步扩大,与多国合作,助力其他国家的基建建设。

四是新能源产业迎来发展契机,中国企业加速布局海外优质资产。提倡绿色发展、绿色复苏的国家将获得长期的可持续竞争力,未来新能源相关产业将成为中国企业海外投资的热门领域。

五是地缘政治风险防控成为"新常态"。中国企业投资前需密切关注海外国家的外商投资政策变化,投资后需注重风险管控与合规。此外,中国企业在"走出去"的过程中,也应更加注重对东道国的文化理解,与当地政府与民众建立信任,积极履行企业社会责任,更好地实现与东道国互利共赢的合作。

二、"走出去"企业智慧物流与智慧供应链的主要特征

1. "走出去"企业智慧物流的主要特征

智慧物流虽然在我国对外贸易中已经有一定程度的应用,但更多的应用局限于国内物流,在我国对外贸易中的应用还处于早期阶段。我国"走出去"企业智慧物流的主要特征体现在以下几个方面。

(1)当前我国"走出去"企业的智慧物流体系随产品特性而变化。从产业角度来看,不同产业对外贸易的产品本身特征不完全一致,对国际物流相应的要求自然也不同,智慧物流在特定产业层面的应用系统就应运而生。这类智慧物流系统通常是企业根据对外贸易产品的特性开发的,具有智能化、系统化、绿色化、专业性等特征,能够增强该产品供应链上合作企业的物流信息化程度,并利用基础数据,通过云计算、大数据等信息技术优化物流决策,降低企业物流成本,提升产品的国际竞争力。

(2)"走出去"企业竞相开发智慧物流服务系统和平台。在智慧物流的大背景下,物流企业为适应全球化和国际分工的新特征,促进对外贸易发展、提升自身竞争力,研究开发了相应的系统和平台,相比产业层面的应用系统应用范围更广、服务种类更加多样化。

(3)"走出去"企业与当地的合作伙伴合作提供智慧物流服务。全球化是智慧物流发

展的方向之一。随着我国新零售业态的变革，快递物流业也纷纷开启国际化进程。例如，京东斥巨资在法国建设自己的物流网络，放弃纯自营的线上运营模式，考虑与当地合作伙伴合作提供"最后一公里"配送；菜鸟网络在2017年3月携十多家中国物流合作伙伴集体出海，在吉隆坡打造中国境外首个服务于eWTP的国际超级物流枢纽。

2."走出去"企业智慧供应链的主要特征

（1）进出口服务一站化。在京东供应链国际化进程中，将集货、通关、货物信息传递等经验与全球海关、企业沟通交流，建立统一标准，加速货物流通，并通过电子化、信息化降低物流成本，减少因为长链条产生的差错，保障商品能快速投放市场，提升效率。

（2）多式联运网络化。京东与哈萨克斯坦国家铁路公司达成战略合作，与国航、东航、南航等合作开通多条空运专线，与中海运等企业合作开通数十条海运专线，开通中国香港地区、东南亚、俄罗斯等跨境卡车路线等不同运输手段的多式联运网络。通过预测市场需求，智慧路由分配运输线路，提供成本效率方案。

（3）全链条运营数字化。京东物流通过深入全球的网络及信息系统，对供应链全链条进行数字化作业。以数字供应链、数字路由、数字清关、全链路追溯、供应链金融五大全链条数字化，提升跨境通路效率。阿里巴巴跨境供应链还通过平台上承载的交易大数据，搭建了B2B领域国际贸易采购信用保障体系，打破了买家和卖家的信任壁垒，实现跨境交易线上化和数字化。

知识拓展

环世物流：高科技数字化SaaS平台链接航运领域资源与网络

"一带一路"倡议提出10年来，全球经济文化交流日益紧密，国际物流业也迎来了快速发展的新机遇。作为国家5A级物流企业，上海环世物流（集团）有限公司（以下简称"环世物流"）依靠数字化全链路物流解决方案——SaaS平台，以及全球物流网络布局，跻身美国Transport Topic网站评选的2023全球海运50强榜单第13位，年货运量达到86.3万TEU，实现更好的端到端服务。

环世物流国际总部设在新加坡，并在东南亚、中东、欧洲、非洲、中北美洲和大洋洲设立了近30家海外分支机构，形成了完善的全球化网络。高科技数字化的SaaS平台与各物流服务供应商、船东、航空公司以及各海外代理平台等进行系统对接，搭建全港口、全航线全球物流服务网络，有效帮助客户规避国际供应链影响，为客户提供数字化、在线化、可视化、"一站式"的综合物流互联服务。

自2022年起，环世物流投入大量资源，将AI大模型与机器人流程自动化（RPA）进行整合，推动智能化与自动化升级，推出数字化SaaS平台。该平台海外仓目前已覆盖跨境电商主战场，包括美国、欧洲、英国、加拿大，后续将继续覆盖日本、东南亚等国家和地区。已覆盖的这些国家中，环世物流实施战略性仓库布点，形成一国多仓互联；提高仓库履约效率、稳定性，同时尽可能帮助客户降低运输成本。

经过多年数字化改革，环世物流通过SaaS平台与20余年全球性物流履约能力的结合，提升企业履约效率18%以上，提高财务效率8%以上。同时，SaaS平台在生态链接和模式创新上也取得了重大进展，形成了GTG的营销履约网络，链接跨境ERPSaaS系统和WMS系统，完成了跨境物流全链路的智能云仓解决方案。

资料来源：环世物流：高科技数字化SaaS平台链接航运领域资源与网络．上海工商联公众号［EB/OL］．（2023-11-28）［2024-10-18］．https://mp.weixin.qq.com/s/0L93kSjxVkKW_JV9egPg7A．

三、"走出去"企业智慧物流的运作过程和典型模式

1. "走出去"企业智慧物流的运作过程

"走出去"企业的智慧物流运作过程，包括中国境内主体及端口和中国境外主体及端口两个部分，如图7-9所示。

在我国境内，将传统对外贸易各参与方进行串联，建立智慧物流核心管理平台，通过该平台实现各主体间的数据共享、信息交互、单据传递，提升各主体间贸易信息的流通效率，连接境内物流公司与境外物流服务平台完成物流实时定位；在中国境外，通过境外单证管理平台、境外舱单管理信息平台以及境外物流服务平台与境外各国际贸易参与方进行信息交互、数据传输、单据传递。

智慧物流平台通过搜集境内外的实施贸易政策，实现对外贸易的快速决策、实时调控；管理企业在对外贸易过程中合理规范化运作，确保对外贸易的健康运行，依托境外贸

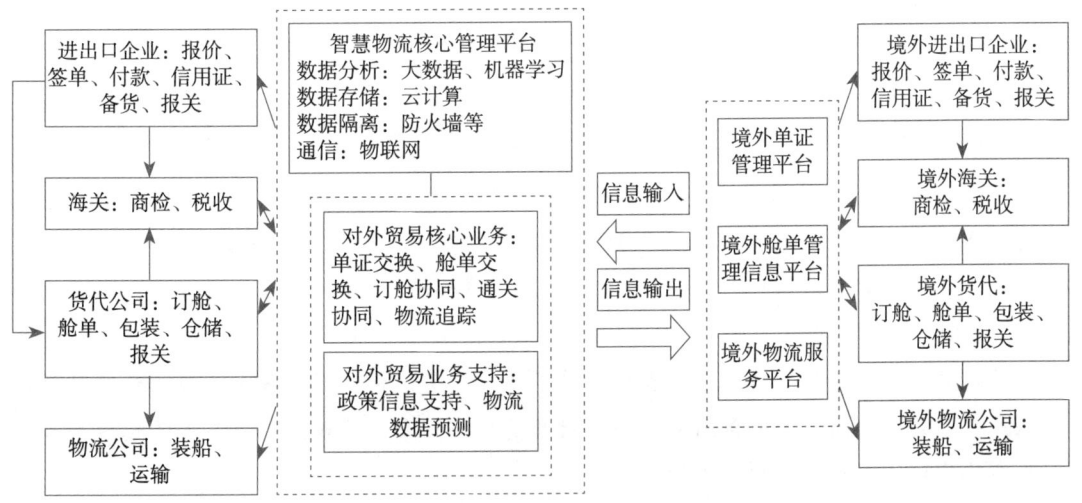

图7-9 "走出去"企业智慧物流运作过程

易物流数据的收集整理成为大数据源，对贸易趋势进行分析预测，智能调控对外贸易的方向、数量等。通过构建智慧物流核心管理平台实现对外贸易流程的一体化运作。

2. "走出去"企业智慧物流的典型模式

（1）自营物流模式。自营物流模式是电商企业利用自身优势资源，建立并管理自有的物流体系。各大有实力的电商在发展跨境业务时，为了提升服务的质量，提高客户的购物体验，把控整体的供应链体系与物流配送流程，纷纷开始建立自有的物流体系，突破现阶段物流与供应链的发展瓶颈。自建物流的电商有京东、苏宁等。其中京东、苏宁这两家企业除了能满足自身的物流配送需求外，还能够提供对外的物流服务。但这种自营物流模式对于一些刚起步或发展缓慢的中小型企业来说前期的投入资本过大，中小型企业难以独自承担其费用，并且这种"重资产"的结构形式，需要的融资成本较高，不利于中小型企业的资金周转，因此这种模式只限于资产雄厚的大型企业。

（2）海外仓储模式。在这种模式下，电商企业需要在海外建立仓库，然后再将商品提前配送到海外的仓库，当有消费者在电商平台下单后，再由操作运营团队在离买家所在地最近的仓库进行商品的发货和配送。这种模式也需要大量的前期资本投入，因此许多跨境电商都采用租赁或共建模式。

（3）海外直邮模式。这种模式是比较传统的贸易进口模式，分为B2B和B2C，B2C指个人进行商品邮购，大多数的代购和海淘就是这种模式。B2B和B2C都是直接从国外批量发货，然后以个人邮包或邮政联盟的形式进口入境，再由快递公司进行正常的报关、清关、商检和缴纳关税等流程。由于法律规定个人邮包在固定的金额条件下是可以享受免税的政策，所以这种模式可以合法避税。这种模式的好处是方便发送商品，清关较为便捷且税率不高，但商品的物流运输时间较长（通常为一个月左右），费用也较为昂贵，难以追踪信息，而且部分商品是邮政系统无法进口购买的品类。若采用国际快递，商品的运输时间虽然缩短了，但造成了成本的升高，价格较为昂贵，普通的消费者难以接受。

> **知识拓展**
>
> **菜鸟联手速卖通升级跨境物流"全球5日达"增开欧美中东核心市场**
>
> 2024年3月19日，菜鸟联合速卖通宣布升级跨境物流服务，"全球5日达"增开德国、法国、葡萄牙、沙特阿拉伯、美国和墨西哥等核心市场，进一步实现"量产"。全托管和半托管商家都可以享受该产品带来的极速履约体验，电商普货和带电商品均适用。
>
> 物流时效是驱动跨境电商平台提升单量的重要突破口。对消费者而言，物流时效性是其复购与否的重点考量因素之一；对电商平台而言，高效的物流有助于塑造平台的差异化优势，打破同质化难题。

菜鸟2017年就开始构建全球智慧物流网络，并推出跨境快递标准产品"5美元10日达"，把原先行业时效为30~60天的物流时间压缩到了10天。2023年9月，菜鸟联合速卖通将"全球5日达"在西班牙、荷兰、英国等国家率先推行，菜鸟数据显示，2024财年第3季度"全球5日达"单量环比实现3位数强劲增长。

"速卖通全面推行托管模式1周年以来，保持着高速增长，联合菜鸟打造的物流服务正是托管服务的核心优势之一"。速卖通以平台优势为菜鸟带来可观的商流，迅速积累对各国消费市场的深度认知，打造全球智慧物流网络；同时，菜鸟为速卖通打造高效稳定的跨境快递产品，进一步提升消费者的商品复购与满意度。

同时，速卖通还为消费者推出"超时未妥投退款""丢必退""破必退""晚必赔"等售后保障。此外，欧洲和墨西哥将新开本地客服服务站点，墨西哥是速卖通全球第6个有本地客服站点的小语种国家，未来将有超100名本地客服工作人员为墨西哥消费者服务。

资料来源：李文瑶. 菜鸟联手速卖通升级跨境物流"全球5日达"增开欧美中东核心市场. 环球网［EB/OL］.（2024-03-19）［2024-10-18］. https://tech.huanqiu.com/article/4H2Ts8cY3Jv.

（4）保税进口模式。在2013年国家出台了相关政策以鼓励跨境电商的发展，由此保税进口模式成为最为热门的模式。国家先后选定了宁波、郑州、上海、重庆、杭州、广州和深圳，这七个城市作为保税区进行试点，尝试保税进口的模式。在2014年7月更是发布了《关于跨境贸易电子商务进出境货物、物品有关监管事宜的公告》（2014年第56号），由此为保税区的试点模式提供了法律依据。政策中指出，进口商品可以进入保税区先进行仓储，然后再通过个人邮包的形式进行零售。即在商品批量入境时可以先不用过关，而是之后以零售包裹形式售出后再进行报关。这种模式大大减少了物流成本，降低了清关税率，并且所进口的商品品类将不受邮政系统或其他转运公司的严格限制。

（5）集货模式。这种模式主要有两种类型的企业会采用：一类是公司本身就从事国际跨境业务，且自身的资金实力较为雄厚，可以利用自有的丰富运输渠道，直接从国外渠道将采购好的商品配送给国内客户，从中赚取差额利润。另一类是中小型外贸企业，需要通过物流联盟等方式，一起搭建国际贸易的物流配送渠道，商品通过电商平台交易后，按照订单，集聚后进行规模化运输，集中发送到指定仓库，然后通过整理分类再进行配送，以降低单个企业的物流运输成本。

（6）第三方物流模式。采用这种模式的企业会将物流业务外包给其他公司，所以又称为外包物流模式。跨境电商企业会与第三方的物流公司签订长期外包合同，在合同期限内该企业的全部物流业务将由合同方的第三方物流公司承担运输管理。通过提高双方的合作密度，不断优化物流管理的运作模式，解决公司物流体系不足的问题。第三方物流公司，是指买卖双方之外的第三方去独立承担物流配送业务，由其提供专业的商品物流配送、代收货款等服务，完成跨境商品的配送业务。除此之外还需要提供配套专业的第三方物流经验、完备的服务。这种模式与跨境电商自建物流体系相比较，前期投入成本相对较少，物流运营成本较低。

四、"走出去"企业智慧供应链的运作过程与典型模式

1. "走出去"企业智慧供应链的运作过程

"走出去"企业智慧供应链的运作建立在全球供应链平台之上，其智慧供应链的运作过程如图7-10所示（虚线为信息流，实线为实物流）。

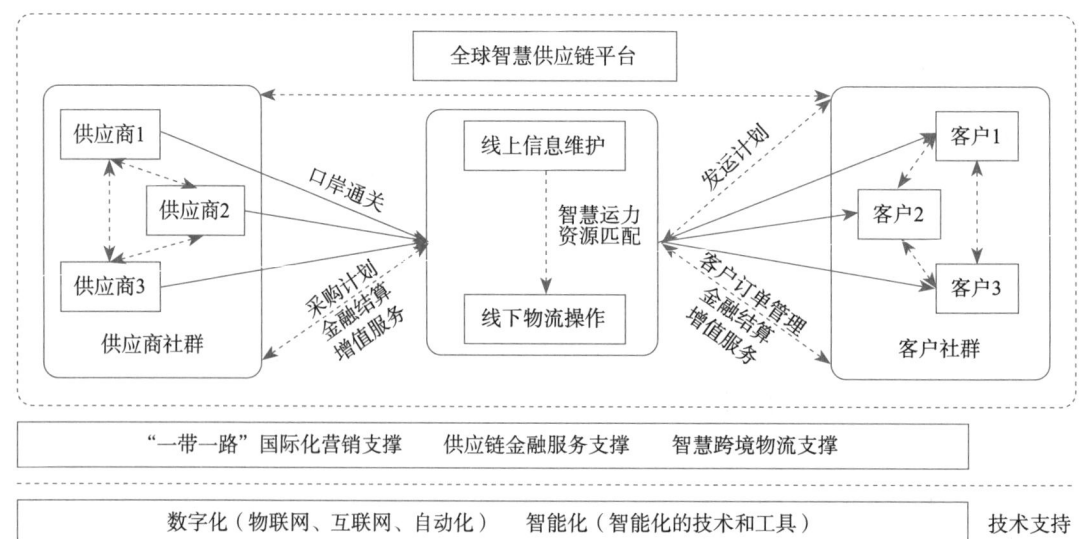

图7-10 "走出去"企业智慧供应链的运作过程

在推进全球供应链布局，加强与伙伴国家和地区之间合作共赢的背景下，美国TDG集团、中国中润集团和上海嗨逛网络科技有限公司联手打造了洲际汇通集团，提出打造全球智慧供应链平台，为企业在美国进行全方位市场推广，搭建起中国企业"走出去"的孵化平台，探索一条"一站式"贸易全程供应链服务链路。

与针对国内市场的供应链平台相比，国际化的供应链平台涉及的环节更多，信息也更多。智慧供应链平台以数据、科技的方式，为传统的供应链赋能。该平台可以实现产品的线上信息维护和线下物流操作，用户可以在平台上看到不同端的运力资源、仓储资源，并根据自身需求自主选择，平台还可以根据用户需求提供资金服务；并基于云计算、大数据技术进行智慧运力资源匹配，实现绿色可持续运力仓储资源智慧优化匹配，海、陆、铁、空多式联运，区港联动，仓配一体，口岸通关；以及提供金融结算、科技应用等增值服务。智慧供应链贸易平台实际上是中国企业"走出去"的一条快车道。"走出去"的企业

无须投资品牌推广，就能够直接对接终端市场的线上、线下的品牌推广服务，加上其他"一站式"的服务，相较于传统的其他第三方提供的如物流、仓储和配送等服务，洲际汇通集团提供了更低成本的"一站式"服务，让企业在各个方面都以最高效、最快速、最有利的方式达到"走出去"、开拓终端市场的目标。

"走出去"企业智慧供应链的运作过程是通过建立全方位的信息化平台，利用智能化技术打通仓储资源优化匹配、多式联运、口岸通关、金融结算等"走出去"企业特有的多个关键节点，打造高效的全球供应链，使企业参与到全球价值链竞争中。

2. "走出去"企业智慧供应链的典型模式

当前"走出去"企业智慧供应链的典型模式为以制造企业为主导的智慧供应链全球协同模式和以电商平台为主导的智慧供应链服务全球化模式。在以制造企业为代表的智慧供应链全球协同模式中，制造企业的智慧供应链全球协同模式对全流程进行监控、协调，端到端可视，有效控制了各关键环节，为企业的境外采购和物流赋能，提升供应链运营和产品交付能力。

知识拓展

多渠道配送（MCF）——亚马逊跨境物流与供应链提速增效

亚马逊供应链整体解决方案（图7-11）为卖家提供柔性化跨境物流服务，将商品从中国运送到海外亚马逊运营中心，卖家可以根据自身需求，选择使用亚马逊全球物流（AGL）。

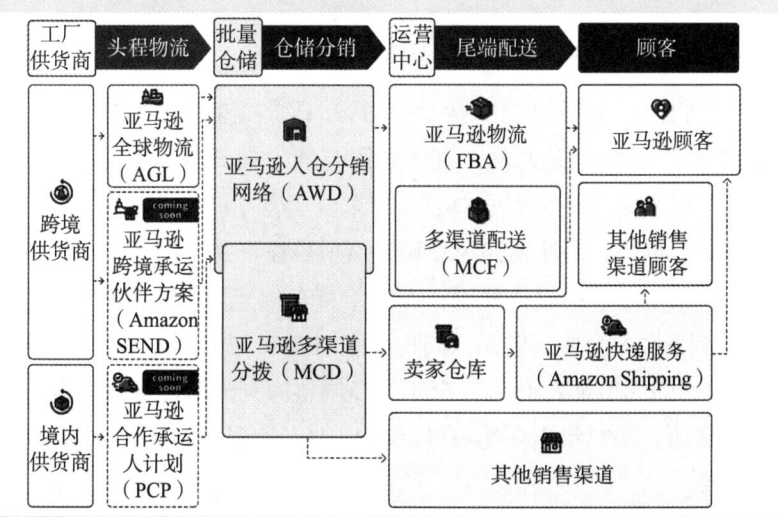

图7-11 亚马逊供应链整体解决方案

（1）完善的头程物流。亚马逊全球物流（AGL）作为亚马逊官方物流，为亚马逊卖家提供从中国启运至美国、欧洲（英/德/法/意/西）的海运整箱（FCL）、海运拼箱（LCL）的"一站式"跨境运输服务，包括国内提货、出口报关、海运运输、目的港清关及送入亚马逊运营中心的全流程。同时，AGL也为卖家提供了Ship to AWD等产品，以满足卖家多元化目的港仓储需求。

（2）高效分销，多渠道分拨。多渠道分拨（MCD）帮助卖家把商品从亚马逊入仓分销网络（AWD）批量运送到其他在线和实体销售渠道，即卖家可以利用统一的库存，向其所有销售和配送渠道补货，而非仅面向亚马逊运营中心补货。

（3）快捷的末端配送。更快的速度可以带来更好的客户体验！在跨境电商中，选择一个快速、可靠的物流配送方式，不仅可以提高运营效率，还能提升客户满意度并降低运营成本。亚马逊提供了两种不同的物流服务来帮助卖家处理订单的尾端配送：亚马逊物流（FBA）和多渠道配送（MCF）。

资料来源：跨境物流如何提速增效？这份亚马逊供应链解决方案里有答案. 搜狐网［EB/OL］.（2023-12-27）［2024-10-18］. https://news.sohu.com/a/747490068_121294824.

任务六 领先的智慧物流与智慧供应链企业运营实践——以京东为例

一、京东智慧供应链的建设发展历程

领先的智慧物流与智慧供应链企业运营实践

2017年，京东物流展开了密集的行动，4月25日，京东集团宣布，要正式组建京东物流子集团，5月22日，京东集团与西安航天基地签订了京东全球物流总部、京东无人系统产业中心、京东云运营中心合作协议，在智慧供应链领域展开布局，并计划到2022年为该项目投资205亿元。

京东集团2023年年度业绩报告显示，2023年京东物流业绩实现进一步高质量增长，全年总收入为1666亿元，同比增长21.3%，2023年经调整后的净利润再创新高，达到27.6亿元，同比增加218.8%，全年未经调整净利润扭亏为盈，营业收入、增长、净利润均超市场预期。2023年京东物流外部客户收入达到1166亿元，同比增长30.8%，占总收入比例达70%。

不仅如此，2023年京东物流还持续通过遍布全球的智能供应链物流网络，为全社会商品快速流通搭建桥梁，以切实行动推动产业发展、乡村振兴与社会物流成本的持续降低。京东物流持续创造高质量就业机会，2023年京东物流人力资源支出达821亿元，一线员工薪

酬福利支出同比增长23.9%。如今，京东物流仓储网络已覆盖全国几乎所有区县，供应链服务网络亦覆盖全球多数国家、地区，成为助力行业降本增效、提速提质的一张智能大网。

京东物流亚洲一号智能产业园（以下简称"亚一"）已投运10年，已成为先进物流科技与技术创新的集大成者，代表着行业领先的仓储科技标准。2023年，京东物流先后在青岛、昆山、兰州等城市新开、升级亚一，其中，昆山亚一拥有超80条自动分拣线，日均可分拣超450万件包裹，代表着全球领先水平。

截至2023年，在海外，京东物流已拥有近90个海外仓库、保税仓库和直邮仓库，通过领先的自动化设备应用、库存管理系统升级、运营流程优化等，为全球客户提供优质高效的一体化供应链物流服务，以海外仓为核心推动在美国、欧洲地区、大洋洲地区、马来西亚等地区快递物流大提速，本土快递最快可实现"1日达"。

与此同时，京东物流已突破智能仓储、智能物流园区等关键场景，通过数字孪生、人工智能等关键技术，形成了覆盖供应链全场景的技术服务能力，其中，高密度储存"货到人"系统、自动导引车、自动分播墙、智能配送车等成为京东物流核心技术产品。

二、京东智慧物流与智慧供应链战略

1．效率赋能：优化零售产业链运营

商品选择、价格定位、销售计划制订、库存管理是零售产业链的主要组成部分。企业通过打造智慧供应链，能够全方位地优化零售产业链的运营。在商品选择方面，电商企业主要通过平台页面向目标消费者进行商品展示。为了促进自身的产品销售，企业要根据消费者的需求进行商品选择。传统模式下，企业需要采用人工方式对商品的销售情况进行统计与分析，但这种方式涵盖的数据量少，效果也不理想。与传统零售企业相比，京东平台上的商品种类更加丰富，增加了企业的商品选择难度。比如，选哪种商品作为热销品，哪种商品用于开展促销活动等。在商品种类过多的情况下，传统模式已经不适应企业的发展需求，如果企业在这个环节的操作不当，就会导致销售计划难以执行，增加商品库存，提高企业在这方面的成本消耗。

企业利用人工智能技术，结合大数据的应用，能够及早发现市场需求量高、用户认可度高的商品，为零售商品选择提供有效的参考，有利于企业优化生产。举例来说，笔记本电脑市场的不景气，让许多笔记本电脑生产企业面临巨大的压力。为了促进二合一笔记本电脑的销售，京东依托人工智能技术与大数据技术对用户需求进行深度挖掘，并与生产企业联手进行产品改进，有效提升了二合一笔记本电脑的销量。

在价格制定方面，企业要依靠人工智能技术设置合理的商品价格。价格因素能够对消费者的决策制定产生重要影响，所以，零售企业要注重对价格的设置，在把握消费者心理的基础上提高价格的吸引力。

2．需求驱动：实现数字化库存管理

以智能化和信息化为核心的第四次工业革命正席卷全球，面对世界性大趋势，电商巨

头京东立志要进行技术转型,并于2017年3月对外发布"Y-SMARTSC"智慧供应链战略,推出YAIR零售人工智能算法平台,为自营平台及第三方商家提供智慧供应链解决方案,从数据挖掘、数据再造、人工智能及技术驱动方面入手,解决企业的相关问题。

京东的智慧供应链战略是由京东Y事业部发布的,该部门主要从事供应链技术研发,并负责实施库存管理与优化。其具体工作包括两项:一项是发展供应链相关技术,为企业的运转提供支持;另一项是以供应链库存管理为核心,改进库存周转、货品供应、商品销售等相关的关键绩效指标。电商平台应该通过打造需求驱动的供应链获得更加持续、健康地发展,在这个过程中,企业要为供应链的建设提供信息化、数字化的环境。在传统供应链模式下,企业尚未实现对消费者需求信息、市场环境变化信息的数字化处理,也就无法根据供应链体系决定商品的储存数量,以及通过哪个仓库为某市场供应商品。

为了解决传统供应链存在的弊端,京东着手打造智慧供应链。在电商行业迅猛崛起的同时,京东积累了庞大的用户基础,并建立起完整的物流系统。借助先进的技术手段,京东对供应链相关信息进行了数字化处理,帮助平台准确锁定消费者的需求,并对其内在需求进行深度挖掘,对供应链需求侧的商品价格、市场位置等进行推测,促进供给侧与需求侧运营之间的有效对接,在实现成本控制、加速整体运营的同时提升消费者的体验。在这方面,京东智慧供应链集大数据选品、智慧预测计划、商品价格制定、库存管理于一体。

3．深度学习:智慧供应链的新探索

企业在建设智慧供应链的过程中,要聚焦于销售预测与动态定价两方面的发展,为此,京东利用机器学习算法及深度学习方法展开了一系列探索。

(1)从销售预测的角度来分析,企业利用机器学习算法,通过建立预测模型,对不同商品的特征进行获取与分析,并找到商品特征与其销量之间的关系,对产品的销售额进行预估,并将相关信息提交给仓库,便于运营人员安排货品供应。

在这个过程中,企业可使用机器学习算法找出最适合的预测模型。要根据市场需求对产品的销售情况进行预估,就不能忽视市场位置、季节性因素等的影响。在这方面,京东利用数据分析对产品的销售情况进行预测,据此安排货品供应,在使用机器学习算法的同时,对消费者的相关信息进行把握,并积极学习其他企业的优秀经验。

(2)从动态定价的角度来分析,对内,京东以量价关系为基准,利用数学模型对不同种类商品的差异化特征进行分析,借助人工智能技术给商品设置合理的价格。对外,京东注重对市场信息的获取,了解竞争对手的发展进度,考虑这些因素对自身商品价格的影响,以商品的品类特征为基础,找出能够影响商品价格的因素。不仅如此,企业还要提高风险抵御能力,提高价格制定的科学性。

京东商城十分注重对人工智能技术的研发与应用,并在产品销售预测、供应链调整、智能化运营、产品定价等方面取得了显著的成就。未来,京东会继续布局智慧供应链,对内部运营及外部发展都将产生深刻的影响。在内部,京东将持续优化自身系统,进一步满足业务人员的体验需求。为了推动自身的业务发展,京东将从以下三个角度入手。

①用智能决策代替经验决策。内部运营人员、各个部门及企业整体都将改变传统的决策方式，实现预测销售，提前制定规划。

②用智能采销代替传统采销模式。选择合理的采购方式，确定货物存放地点，科学设置商品价格。

③用智能运营代替传统运营模式，为各地的仓库、配送站提供精准的参考数据，优化企业的仓库管理，提高空间利用率。

京东致力于实现决策、采销、运营环节的智能化运作，从而推动自身的业务发展，并不断改进各个系统的界面呈现效果，简化其操作流程，通过这种方式为业务方提供更多的便利。在外部，京东将为品牌商、零售商等在内的第三方提供其内部供应链人工智能应用产品，帮助合作企业改进原有的供应链管理策略，为此，负责进行指挥供应链优化的Y事业部需要加大探索力度，并保证自身运营符合企业的整体发展趋势，推动企业的技术转型。

项目小结

本项目主要介绍了智慧物流与智慧供应链管理的运作模式。第一，阐述了全球智慧物流和智慧供应链管理与发展情况、特征以及存在的主要问题。第二，从农业、制造业、新零售以及"走出去"企业四个方面介绍了其发展历程和趋势，以及四种类型企业智慧物流和智慧供应链的运作过程、典型模式，深化读者对智慧物流与智慧供应链管理的理解。

关键概念

智慧物流发展特征　智慧供应链发展特征　智能制造智慧供应链　智慧农业智慧物流　智慧农业智慧供应链　新零售智慧物流　新零售智慧供应链　"走出去"企业智慧物流　"走出去"企业智慧供应链

思考题

1. 当前全球智慧物流与智慧供应链发展有哪些特征？存在什么问题？
2. 智能制造智慧物流与智慧供应链有哪些主要特征？如何打造高效敏捷的制造业智慧供应链？
3. 制造业智慧物流的典型模式包括哪几种？代表企业有哪些？
4. 制造业智慧供应链的典型模式包括哪几种？代表企业有哪些？

5. 农业智慧物流与智慧供应链有哪些主要特征？
6. 请简要描述新零售智慧物流和智慧供应链典型运作模式。
7. 新零售智慧物流与智慧供应链有哪些主要特征？
8. 请简要描述新零售智慧物流和智慧供应链典型运作模式。
9. "走出去"企业智慧物流与智慧供应链有哪些主要特征？
10. 请简要描述"走出去"企业的智慧物流和智慧供应链典型运作模式。

案例分析

日日顺供应链打造"融合仓"——为客户提供个性化供应链管理服务

近年来，随着人口结构和消费态度的变化，消费者对个性化、高品质产品的需求不断增加，为快消品行业带来了广阔的增长空间。《2024—2029年中国快消品行业竞争格局及投资规划深度研究分析报告》数据显示，过去5年中，中国快消品市场年复合增长率高达10%，市场规模已攀升至1.5万亿元人民币。

在快消品行业中，物流与供应链作为核心组成部分，其重要性不言而喻。特别是在行业迅猛发展的当下，企业对供应链管理的要求愈发严格，正朝着精细化、高效率、低成本的运营模式转变。然而，由于快消品行业涉及经销商众多，供应链环节错综复杂，传统的运输、仓储、装卸搬运等简单整合方式已难以满足行业发展需求，库存浪费、物流环节冗长、物流成本高昂、货损率居高不下等问题，成为当前行业亟须攻克的难关。

针对行业痛点，日日顺供应链充分发挥其在资源整合与数字化管理服务方面的优势，全面整合多个快消品牌在线上电商、线下经销商、商超便利、社区团购等多渠道的仓储服务需求。通过构建"统仓统配、区域共配"的融合仓模式，日日顺供应链完成了前端品牌整合，后端渠道整合，实现线上线下库存共享、统一仓储、统一配送的一体化供应链管理服务，不仅帮助品牌商有效降低物流成本，还显著提升了配送效率。

例如，在日日顺供应链与小康智慧供应链携手打造的成都海天融合仓中，通过科学合理地规划仓储空间，该仓的存储效率得到大幅提升，进而显著节约了人力成本。在配送环节，凭借对库存进行灵活调配的能力，该仓还实现多品牌、多渠道货物运输，以降低配送成本。同时，依托数字化信息系统的强大支持，仓库能够做到从仓内管理到配送过程的全链条可视化管理。特别值得一提的是，在产品的效期管理上，该仓采用了一箱一码的保障措施，确保产品遵循先进先出原则，大大降低了因库存积压而导致的货品损耗等。据悉，作为双方合作的一次创新尝试，成都海天融合仓后续还将引入更多快消行业客户，助力客户实现从卸货、拣选、装箱到配送等全场景的高效运作。

通过构建"融合仓"仓配解决方案，日日顺供应链不仅提升了自身的供应链管理服务水平，也帮助快消品企业降低了物流成本，增强了供应链的灵活性和响应速度。深耕快消行业，日日顺供应链也将不断探索并创新服务模式，通过供应链全链路服务升级与优化，为消费品行业打造更加高效、灵活的供应链管理解决方案，助力行业持续蓬勃发展。

<small>资料来源：日日顺供应链打造"融合仓"仓配解决方案，为快消行业客户提供个性化供应链管理服务. 消费日报网［EB/OL］.（2024-09-24）［2024-10-18］. http://www.xfrb.com.cn/article/zx/14311991483884.html.</small>

● **结合案例分析**
1. 日日顺供应链如何打造"融合仓"模式解决进行仓配方案？
2. 案例中日日顺物流在未来可以如何发展？
3. 请查阅其他资料，结合本章所学内容，讨论制造业的智慧物流与智慧供应链运作模式与其他行业（如农业、零售业）企业的异同点。

实训演练

1. 实训目的

通过本次实训，能够深入理解智慧供应链的运作流程和运作模式，掌握相关技术和工具在物流供应链过程中的应用，提升实际操作能力和问题解决能力。具体目标包括以下几点。

①熟悉智慧供应链运作的基本构成和运作流程。
②掌握智慧供应链运作中信息技术的应用。
③培养在复杂供应链环境中进行决策的能力。
④增进对供应链行业发展趋势的认识。

2. 实训方式

本次实训采用线上线下相结合的方式，通过案例分析、模拟操作、小组讨论与实地考察等多种形式进行。

线上部分：利用物流仿真软件进行模拟操作，学习数据分析工具的使用。

线下部分：参观农业供应链，实地了解现代农产品供应链的运作过程，结合案例进行小组讨论。

3. 实训内容及步骤

（1）线上模拟操作。

引入智慧供应链概念，介绍仿真软件的基本功能。

学生分组，每组选定一个供应链场景进行模拟设置。

在软件中进行供应链流程设计，包括采购、订单处理、生产加工、库存管理、配送规划等。

运行模拟，收集数据，分析物流效率和成本。

根据分析结果调整物流策略，优化模拟效果。

（2）线下实地考察与讨论。

前往当地农产品供应链物流中心，参观现代化仓储设施、自动化分拣系统等。

听取企业专家关于智慧农业供应链实际运作的讲解。

分组讨论：对比模拟操作与实际物流中心的差异，探讨智慧供应链的挑战与机遇。

案例分析：选取近年物流与供应链行业的创新案例，分析其中的智慧供应链实践。

小组汇报：总结讨论成果，提出改进建议或创新方案。

4．实训结果

通过本次实训，能够独立完成智慧农业供应链运作流程的分析；对实际农产品供应链的运作有直观的认识和深入的理解；运用所学知识分析供应链问题，提出合理的解决方案；增强团队协作能力和沟通表达能力。

本次实训是理论与实践相结合的学习机会，为未来在智慧物流与智慧供应链领域的发展奠定了基础。

项目八
智慧物流与智慧供应链的风险管理

学习目标

1. 知识目标

认识风险管理的重要性,了解在智慧物流和智慧供应链管理中,风险可能带来的影响。

掌握风险识别和评估技能,学习识别和评估智慧物流和智慧供应链中可能存在的各种风险。

学习风险应对策略,掌握各种风险应对策略。

2. 技能目标

培养风险识别能力,能够识别并理解智慧物流与智慧供应链中的各种潜在风险。

培养制定风险管理策略的能力,能够制定全面的风险管理策略。

培养智慧技术应用能力,能够理解和应用智慧物流技术。

3. 素养目标

具备全面的风险意识,能够认识到智慧物流与智慧供应链管理中存在的各种潜在风险。

具备良好的逻辑思维和分析能力,能够深入分析复杂情况下的风险,识别关键因素并制定相应的应对方案。

具备持续学习和改进的意识,不断更新自己的知识和技能。

案例导入

智慧零售公司的供应链危机

在一个名为"智慧零售公司"的跨国企业中,供应链危机突然爆发了。该公司利用智能技术和数据分析来优化其供应链管理,以满足客户需求并实现高效运营。然而,一连串的意外事件导致了供应链中的严重中断,这对公司的业务造成了严重影响。

首先,一场突如其来的自然灾害导致了主要供应商位于亚洲的生产基地遭受重大损失,造成了原材料供应的中断。由于公司未能及时察觉并采取应对措施,这一问题迅速演变成了生产线停滞,订单延误,甚至是客户投诉的连锁反应。

其次，供应链中的物流运输问题也开始显现。由于交通拥堵和运输限制，产品的及时交付变得异常困难。公司的物流团队在面对这些突发情况时，没有及时调整运输路线和安排备用方案，导致货物滞留和交付延误。

最后，网络安全漏洞也暴露出了公司智慧物流系统的脆弱性。黑客入侵了公司的物流管理平台，篡改了订单和交付信息，导致了混乱和错误的发货，损害了客户的声誉。

这一系列的事件使得智慧零售公司陷入了严重的供应链危机，业务受到了严重影响，客户满意度下降，甚至可能造成长期的负面影响。

在这种情况下，智慧零售公司需要采取紧急行动，实施有效的风险管理策略来应对危机，恢复供应链的正常运作，并且从中吸取教训，加强未来的风险管理能力。

资料来源：供应链智能化应用案例解析. 百度文库［EB/OL］.（2024-03-15）［2024-10-18］. https://wenku.baidu.com/view/34615182084e767f5acfa1c7aa00b52acfc79c90.html.

> **问题**
>
> 结合案例分析，智慧物流体系下的智慧供应链可能会遇到何种危机，应如何防范危机带来的影响？

任务一　风险识别与评估方法

一、风险识别的概念和风险来源

风险是指"在一定条件下和一定时期内，由于各种结果发生的不确定性而导致行为主体遭受损失的大小及其可能性的大小。"风险与不确定性是两个不同的概念。是否可测定，成为判别风险与不确定性的一个重要特征。

风险识别与风险来源

风险是一个二维概念，它表示了损失的大小和损失发生概率的大小、智慧物流与智慧供应链的风险识别是指利用先进的技术和方法来识别和评估物流与供应链管理过程中可能出现的各种潜在风险。这些风险的来源可能涉及供应商、运输、需求波动、数据安全、自然灾害、市场变化以及人为因素等多个方面。

智慧物流与智慧供应链风险存在复杂性、不确定性和传递性的特点。复杂性体现在涉及多个环节和参与者，风险来源广泛，相互作用复杂；不确定性表现为供应链中的需求和供应波动、突发事件等因素导致风险难以预测；传递性表现为风险会沿着供应链传递，影响整个链条的稳定性和效率。

（一）按照风险来源识别风险

智慧物流与智慧供应链的风险识别通常涵盖以下几个方面。

1. 供应商风险识别

供应商风险识别包括评估供应商的财务稳定性、地理位置和政治稳定性、供应链可见性和透明度、生产能力和技术能力等方面,以确定供应商可能存在的风险。

(1)财务稳定性。评估供应商的财务健康状况,包括收入、利润、资产负债状况等指标。供应商财务不稳定可能导致供货中断、订单延误等问题。

(2)地理位置和政治稳定性。分析供应商所在地区的地理位置和政治环境,评估是否存在战争、政治动荡、天灾等因素可能对供应链产生影响。

(3)供应链可见性和透明度。了解供应商的供应链可见性和透明度,包括他们的供应商和分销商。供应商自身供应链中的问题可能影响到你的业务。

(4)生产能力和技术能力。评估供应商的生产能力和技术水平,包括设备、技术、员工素质等方面。供应商生产能力不足或技术水平低可能导致交货延误或产品质量问题。

2. 物流运输风险识别

物流运输风险识别是指识别在货物运输过程中可能出现的各种潜在风险。以下是一些常见的物流运输风险识别要点。

(1)市场变化风险识别。评估政策法规、新技术、市场竞争等因素对企业供应链的影响,识别市场变化可能带来的风险。

(2)人为风险识别。识别内部员工失职、恶意行为以及外部黑客攻击等人为因素可能对供应链带来的风险。

(3)货物滞留。分析货物运输路线,评估可能出现的交通拥堵、路况恶劣等情况,导致货物滞留在途中的风险。

(4)货物损坏或丢失。评估货物运输过程中可能出现的意外事件,如交通事故、运输工具故障等,导致货物损坏或丢失的风险。

(5)交通拥堵。分析货物运输路线的交通情况,评估可能出现的交通拥堵情况,导致运输延误或交货失败的风险。

(6)天气影响。考虑天气因素对货物运输的影响,评估可能出现的恶劣天气(如暴雨、大雪、台风等)对运输安全和时间的影响。

3. 需求波动风险识别

需求波动风险识别是指识别供应链中可能出现的市场需求波动对企业运营造成的影响。以下是一些常见的需求波动风险识别要点。

(1)市场需求周期性分析。评估市场需求的周期性,包括季节性、节假日、销售促销等因素,识别不同时间段的需求波动性。

(2)竞争对手行为分析。分析竞争对手的行为,包括价格调整、产品推广、新产品上市等活动,评估其对市场需求的影响。

(3)客户需求变化趋势分析。了解客户的需求变化趋势,包括产品偏好、购买习惯、市场趋势等,评估客户需求的不确定性和波动性。

（4）预测模型的建立和验证。建立基于历史数据和市场趋势的需求预测模型，包括量化模型、统计模型等，验证模型的准确性和可靠性。

4．数据安全风险识别

数据安全风险识别是指识别在智慧物流与供应链管理中可能存在的数据安全隐患和风险。以下是一些常见的数据安全风险识别要点。

（1）数据泄露风险。评估供应链管理系统中可能存在的数据泄露风险，包括敏感信息（如客户信息、供应商信息、业务机密等）被未经授权的用户访问或泄露的风险。

（2）黑客攻击风险。分析供应链管理系统可能面临的黑客攻击风险，包括网络入侵、恶意软件攻击、勒索软件等，评估系统的安全性和防护措施。

（3）数据篡改风险。评估供应链管理系统中数据被篡改的风险，包括数据在传输和存储过程中被篡改，导致信息不准确或错误的风险。

（4）未经授权访问风险。分析供应链管理系统可能存在的未经授权访问风险，包括内部员工或外部人员未经授权获取敏感信息的风险，评估访问控制措施的有效性。

（5）数据备份和灾难恢复风险。评估数据备份和灾难恢复机制的有效性，包括数据备份频率、备份存储位置、灾难恢复计划的完整性和可靠性等方面。

5．自然灾害和灾难风险识别

自然灾害和灾难风险识别是指识别在智慧物流与供应链管理中可能由自然灾害和灾难引起的各种潜在风险。以下是一些常见的自然灾害和灾难风险识别要点。

（1）地震风险。评估企业所在地区可能面临的地震风险，包括地震频率、地震强度等因素，识别可能导致设施损坏和生产中断的风险。

（2）洪水风险。分析企业所在地区可能面临的洪水风险，包括洪水频率、河流水位变化、降雨量等因素，评估可能对生产设施和物流运输线路产生影响的风险。

（3）台风风险。评估企业所在地区可能面临的台风风险，包括台风路径、风速、降雨量等因素，识别可能导致设施破坏、停电、交通中断等风险。

（4）火灾风险。分析企业生产设施和仓储设施可能面临的火灾风险，包括火灾起因、火灾蔓延速度、消防设施完备性等因素，评估可能导致设施损坏和生产中断的风险。

（5）其他自然灾害风险。包括但不限于龙卷风、干旱、雪灾等其他自然灾害风险，评估可能对企业运营产生影响的风险。

（二）物流风险的内涵

1．物流风险的构成要素

（1）风险因素是物流风险的必要条件，是物流风险产生和存在的前提。

（2）风险事故是经济及物流企业经营环境变量发生始料未及的变动从而导致物流风险结果的事件，是物流风险存在的充分条件，在物流风险中占据核心地位，是连接风险因素与风险结果的桥梁，是物流风险由可能性转化为现实性的媒介。不仅在质上决定风险结果的性质，而且在量上决定物流风险的程度。

（3）风险结果是物流风险事故给物流相关行为主体带来的直接影响，表现为实际收益与预期收益或实际成本与预期成本的背离，从而给物流相关行为主体造成非故意的、非计划的、非预期的经济利益或经济损失。

2. 物流风险发生的不确定性

物流风险产生的根源：物流活动的不确定性。物流活动的不确定性越大，物流风险就越大，物流活动不确定性越小，物流风险就越小。

物流风险不确定性的来源分为内在不确定性和外在不确定性。

内在不确定性产生的风险为非系统性风险，风险主要来源于经济行为主体的主观决策或由于获取信息的不确定性。

外在不确定性产生的风险为系统性风险，外在不确定性来源于行为主体之外，经济运行过程中的随机性、偶然性的变化趋势。

二、风险评估方法

智慧物流与智慧供应链的风险评估方法是通过系统性的方法和工具来识别、评估和管理供应链中的各种风险，指对物流过程中可能发生的各种安全风险进行全面评估，并采取相应的管理措施来防范和减轻风险。

以下是一些常见的智慧物流与智慧供应链风险评估方法。

（1）风险矩阵分析。使用风险矩阵将风险的概率和影响程度进行分类，以便优先处理高概率和高影响程度的风险。这种方法可以帮助企业集中资源应对最重要的风险。

（2）敏感性分析。通过对不同因素进行敏感性分析，评估其对供应链整体风险的影响程度。这可以帮助企业了解哪些因素对供应链的稳定性和可靠性具有较大影响，从而采取相应的措施进行管理。

（3）事件树分析。使用事件树分析方法，通过构建事件树来识别可能发生的风险事件，并评估这些事件的概率和影响程度。这有助于企业了解不同风险事件之间的因果关系，以及它们对供应链的影响。

（4）失效模式和影响分析（FMEA）。运用FMEA方法，识别供应链中可能出现的失效模式，评估这些失效模式对供应链的影响程度，并制定相应的应对措施。这种方法可以帮助企业预防潜在的风险，提高供应链的稳定性和可靠性。

知识拓展

"绿盾"工程　青岛开展"双11"快递安全服务保障工作

2024年"双11"时段拉长至1个月左右，为确保快递业务旺季期间全市邮政快递业安全平稳运行，青岛市邮政业安全中心服务保障组到京东亚洲一号物流园、申通青岛科技物流园等主要寄递品牌企业快件处理中心开展"双11"快递安全服务保障工作。

服务保障组实地查看了寄递企业设备运转、安全生产隐患排查等方面工作情况,深入了解了安全生产制度落实情况,在座谈交流中,结合"绿盾"工程的应用,围绕快递运输、数据监测、安全生产等方面进行了深入沟通交流。

服务保障组负责人强调,各快递企业要树牢主体责任,要以"一失万无"的底线思维确保"万无一失",全力以赴把安全责任落得更实、把安全生产抓得更细、把安全防线筑得更牢,努力打造安全"双11"和服务"双11"。做好联网设备运维保障,重点关注安检机和视频联网设备,确保设备及网络运行平稳。强化运行数据监测,及时处理网点异常、流量异常、积压滚存等预警,做好"双11"期间邮政快递业运行数据监测、分析。加强工作联动,完善沟通反馈机制,深化应用"绿盾"系统,不断强化信息报送,形成上下联动的强大工作合力,确保"双11"期间全市邮政快递业安全平稳运行。

下一步,青岛市邮政业安全中心将继续聚焦主责主业,依靠信息化手段创新监管方式,不断深化"绿盾"工程应用,持续提升邮政快递业信息化监管工作质效,增强应对快递业务旺季复杂问题的能力,全力保障旺季期间全市邮政快递市场平稳运行、寄递渠道安全畅通。

资料来源:"绿盾"工程 青岛开展"双11"快递安全服务保障工作. 凤凰网 [EB/OL].(2024-10-14)[2024-10-18] https://qd.ifeng.com/c/8duFtMLf038.

任务二 风险应对策略与措施设计

在智慧物流与智慧供应链管理中,风险应对策略与措施设计是确保企业运营平稳、高效的重要环节。随着全球化和信息化的发展,物流与供应链管理日益复杂,面临的风险也日益增多。这些风险可能来自市场变动、自然灾害、政治经济环境、技术更新等多个方面。因此,企业需要制定全面的风险应对策略,设计有效的防范措施,以降低风险对企业运营的影响。

风险应对策略与措施设计

一、风险识别与评估

(一)风险识别

风险识别是风险管理的第一步,也是制定风险应对策略的基础。在智慧物流与智慧供应链中,常见的风险包括供应链中断、货物损失、运输延误、信息泄露、市场需求变化等。为了全面识别这些风险,企业可以采取以下方法。

(1)头脑风暴法。组织团队成员进行头脑风暴,列举可能遇到的风险和问题。这种方法可以激发团队成员的创造力和想象力,帮助发现潜在的风险点。

(2)历史数据分析法。通过分析历史数据,找出曾经发生过的风险事件和原因,从而预测未来可能遇到的风险。这种方法适用于那些具有重复性和周期性的风险。

(3)专家咨询法。请教行业专家或咨询顾问,获取他们对潜在风险的看法和建议。专家丰富的经验和知识可以帮助企业更全面地识别风险。

(二)风险评估

风险评估是对已识别风险进行量化和定性分析的过程,旨在确定风险的大小、发生概率以及可能造成的损失。通过风险评估,企业可以明确风险管理的优先级,为制定应对策略提供依据。

风险评估通常包括以下几个步骤。

①确定风险评估标准:明确评估的指标和体系,如风险的大小、发生概率、损失程度等。

②收集数据:收集与风险评估相关的历史数据、市场信息、专家意见等。

③分析风险:运用统计方法、模型分析等手段,对收集到的数据进行分析,评估风险的大小和发生概率。

④确定风险等级:根据评估结果,将风险划分为不同的等级,如高风险、中风险和低风险。

二、风险应对策略

基于风险识别和评估的结果,企业可以制定相应的风险应对策略,以下是一些常见的策略。

(一)风险规避

对于某些高风险活动,如果其可能带来的损失远大于潜在收益,企业应考虑避免这些活动。例如,在评估了某个地区政治经济环境的不稳定性后,可以选择放弃进入该市场以规避潜在的供应链中断风险。

(二)风险减少

风险减少策略旨在通过改进流程、引入新技术或增加冗余来降低风险的影响。在物流过程中,企业可以采取多种措施来减少风险,例如,加强包装以防止货物在运输过程中损坏,优化库存管理以减少库存积压和缺货风险等。此外,企业还可以引入先进的技术和管理工具来提高供应链的透明度和可追溯性,从而降低风险。

(三)风险转移

通过外包、保险或合同条款等方式,企业可以将部分或全部风险转移给第三方。例如，企业可以购买货物运输保险来转移货物损失的风险，或者与供应商签订严格的合同条款来明确责任和义务，从而降低自身承担的风险。

（四）风险接受

对于某些低概率、低影响的风险，企业可能会选择接受这些风险。在接受风险的同时，企业需要准备相应的应急计划以应对潜在的不利事件。这包括建立风险储备金、制订紧急响应计划等措施。

三、措施设计与实践应用

在制定具体的风险应对措施时，企业需要综合考虑自身的战略目标、资源能力和市场环境，以下是一些具体的措施设计建议。

（一）建立多元化的供应商网络

为了降低供应链中断的风险，企业应建立多元化的供应商网络，不依赖单一供应商。这可以通过与多个供应商建立合作关系、定期评估供应商的性能和可靠性等方式实现。同时，企业还可以采用双源采购策略，即同时从两个或更多的供应商处采购关键零部件或原材料，以确保供应链的稳定性。

（二）加强信息安全管理

在智慧物流与智慧供应链中，信息安全是至关重要的。企业应建立完善的信息安全管理制度和技术防护体系，加强数据加密、网络安全防护和身份认证等措施。此外，定期进行信息安全培训和演练也是提高员工信息安全意识和应对能力的重要手段。

（三）引入先进的技术和管理工具

利用物联网、大数据、人工智能等先进技术可以优化供应链管理并提高预测的准确性和响应速度。例如，使用智能仓储系统可以实时监控库存状态并自动调整库存水平；利用大数据分析可以预测市场需求和供应链风险；采用人工智能算法可以优化运输路线和配送计划等。这些技术的应用可以帮助企业更好地管理风险并提高运营效率。

（四）建立应急响应计划

针对可能出现的各种风险情况，企业应制订相应的应急响应计划。这包括备用供应商的选择与启用、紧急采购流程的制定与执行、货物运输的替代路线规划与实施等。通过定期的模拟演练和评估可以不断完善这些计划并确保其在实际操作中的有效性。

（五）加强人员培训和教育

提高员工对风险管理的认识和应对能力是降低风险的关键因素之一。企业应定期开展风险管理培训和教育活动，使员工了解并掌握基本的风险管理知识和应对技能。同时，通过案例分析、经验分享等方式可以加深员工对风险管理的理解和认识，提高其在实际工作中的应对能力。

知识拓展

供应链与AI：从优化到预测的全新未来

Chat GPT一经推出，便在全球各地掀起了如魔法般的神奇风潮。各类供应链厂商纷纷参与讨论，希望了解如何运用这股AI之力。此外，几乎每家供应链解决方案供应商也都迫切希望为自己的AI持续投资找到有力的理论依据。

任何能够感知其环境，并采取行动以最大程度提高目标达成率的设备，都开始在这波AI浪潮当中扮演某种形式的角色。也就是说，AI方案并不是供应链领域的新技术，其中很多要素在某些场景下已经被使用了几十年。只是最近以来，更多新兴案例开始快速涌现。

优化旨在对供应规划、工厂调度、供应链设计以及运输计划进行精细打磨。从广义上讲，优化可以指制订计划以帮助企业通过最低成本实现其服务水平及其他目标。而从数学角度来看，优化则是一种混合性质的整数或线性规划方法，用于在现实世界的约束条件下为仓储、工厂、运输流以及其他供应链资源找到最佳组合。

供应链风险解决方案则使用机器学习和其他形式的AI对企业多层供应链中所涉及的具体供应商做出预测。这一点变得越来越必要，因为如果海关认为货物当中包含可能存在强制劳动因素的风险产品，那些部件与实际收货方之间隔着数道供应关系而且只占产品总成本中的极小部分，海关方面也会在港口扣留货物。为了避免这种情况，托运人的端到端供应链预测方案将运用AI进行开放网络搜索、分析进出口记录、处理Thomasnet等采购平台的数据，同时参考联邦物流记录及其他数据。这些预测加快了企业验证其供应链的构建及扩展速度，保证使用与海关相同的技术来确定哪些货物可能被拒绝入境。

资料来源：供应链与AI：从优化到预测的全新未来. 澎湃新闻［EB/OL］.（2024-10-09）［2024-10-18］. https://www.thepaper.cn/newsDetail_forward_28963575.

任务三　风险监控与报告制度建立

一、风险监控与报告制度概述

在智慧物流与智慧供应链管理中，风险监控与报告制度扮演着举足轻重的角色。这一制度的建立，旨在通过系统的方法和技术，对物流与供应链运作过程中可能遇到的各种风险进行实时监控并及时报告，以便管理者能迅速做出响应，减少潜在的损失。

风险监控与报告制度建立

风险监控是一个持续的过程，涉及对风险因素的识别、评估、监控以及应对措施的制定。而报告制度则是确保这一过程中信息的及时、准确传递，为管理层提供决策支持。

二、风险监控的基本原则

全面监控原则：应对物流与供应链中的所有潜在风险进行全面监控，不留死角。
实时性原则：风险监控应做到实时反馈，确保信息的及时性和有效性。
预防为主原则：在风险发生前进行预防和控制，降低风险发生的概率。
灵活性原则：风险监控策略和措施应根据实际情况灵活调整。

三、风险监控的关键环节

（一）风险识别

风险识别是风险监控的第一步，它涉及对物流与供应链中可能存在的各种风险因素的识别和分类。这些风险因素可能包括市场需求变化、供应商不稳定、运输延误、政策法规变动等。通过有效的识别机制，企业可以明确风险来源，为后续的风险评估和监控奠定基础。

（二）风险评估

风险评估是对已识别的风险因素进行量化和定性评估的过程。通过评估，企业可以确定风险的大小、发生概率以及可能造成的损失。这一环节对于制定有效的风险应对措施至关重要。

（三）风险应对措施

根据风险评估的结果，企业需要制定相应的风险应对措施。这些措施可能包括风险规避、风险减少、风险转移等。例如，对于运输延误的风险，企业可以选择更可靠的运输方式或建立应急响应机制来减少潜在损失。

（四）风险监控与报告

风险监控是一个持续的过程，需要对已识别的风险进行实时跟踪和监控。一旦风险达到预设的阈值，应立即触发报告机制，确保管理层能在第一时间得到信息并做出决策。

四、风险报告制度的建立与实施

（一）报告内容明确

风险报告应包含明确的风险描述、评估结果、可能的影响以及建议的应对措施。报告应简洁明了，突出重点，便于管理层快速了解风险状况并做出决策。

（二）报告频率与时机

风险报告的提交频率应根据风险的性质和严重程度来确定。对于重大风险，可能需要实时报告；对于一般风险，可以定期报告。此外，当风险状况发生重大变化时，也应及时提交报告。

(三)报告责任人

应明确风险报告的责任人,确保其负责收集、整理和分析风险信息,并按时提交风险报告。责任人还应具备相关的专业知识和分析能力,以保证报告的质量和准确性。

(四)报告的审核与反馈

建立报告的审核机制,确保报告的准确性和完整性。同时,建立反馈机制,对报告中提出的问题和建议进行及时响应和处理。这有助于形成一个闭环的风险管理流程,不断提升企业的风险管理能力。

(五)报告的存档与保密

风险报告作为企业重要的风险管理资料,应进行妥善存档。同时,由于报告中可能包含敏感信息,因此应确保报告的保密性,防止信息泄露给企业带来不必要的损失。

五、风险监控与报告制度的实践应用建议

(一)利用信息技术提升监控效率

借助现代信息技术手段,如物联网、大数据分析等,可以提高风险监控的效率和准确性。例如,通过实时数据分析,可以及时发现异常情况并触发预警机制。

(二)强化跨部门沟通与协作

风险监控与报告涉及多个部门和岗位的协作。因此,企业应强化跨部门之间的沟通与协作能力培训,确保信息的畅通和及时响应。

(三)持续改进与优化制度

定期对风险监控与报告制度进行评估和改进,以适应企业发展和市场环境的变化。通过收集反馈意见和建议,不断完善制度内容和执行流程。

(四)培养风险管理意识

加强员工的风险管理培训和教育,提高全员风险管理意识和能力。只有当每个员工都具备风险管理意识时,企业的风险管理工作才能更加有效。

风险监控与报告制度是智慧物流与智慧供应链管理中不可或缺的一环。通过建立完善的制度并付诸实践,企业可以更好地识别、评估和应对潜在风险,从而保障物流与供应链的稳定运行。展望未来,随着技术的不断进步和市场环境的持续变化,风险监控与报告制度将面临更多的挑战和机遇。企业应紧跟时代步伐,不断创新和完善相关制度与机制,以适应日益复杂多变的物流与供应链环境。

知识拓展

国投智能:积极布局软件供应链安全领域

2024年,黎巴嫩寻呼机与对讲机爆炸事件引发广泛关注。从某种程度来看,该事

件也凸显了当前技术环境下软件供应链安全亟待提高的紧迫性。

面对软件供应链安全威胁，网络空间安全与社会治理领域国家队国投智能首席技术官提出可从三个方面应对：一是跟踪开发过程，软件需求方应选择具备信息安全资质的开发商，开发商要具备安全思维，需求方还需对项目节点成果进行跟踪；二是评估交付产品，包括漏洞检测、后门检测和数据检测；三是管好使用环节，建立管理体系、管好资产台账、做好安全监测和应急响应。

软件供应链安全风险贯穿开发、测试、集成、部署等各个环节，恶意代码注入、依赖关系风险等问题可能导致敏感信息被窃取、系统功能被破坏，甚至威胁国家网络安全。例如，曾经有企业因软件供应链安全问题，被黑客植入恶意代码，大量用户数据泄露，企业不仅面临巨额赔偿，声誉也一落千丈。

国投智能积极布局软件供应链安全领域，旗下控股子公司安胜网络推出"星盾"多源威胁检测响应平台，基于"云、网、边、端"多源安全大数据，为企业提供全方位保护。同时还提供高级渗透测试服务，帮助企业发现安全漏洞。此外，还有魔剑三号应用程序检测大师系统、"天剑"系列移动终端安全检查系统、"亮剑一号"数据安全检查工具箱和水晶石加密硬盘等产品，以满足不同场景的数据安全需求。

资料来源：胡敏. 国投智能：积极布局软件供应链安全领域. 证券时报网［EB/OL］.（2024-09-26）［2024-10-18］. http://www.stcn.com/article/detail/1330293.html.

任务四 实践案例：中国中铁智慧物流与智慧供应链协同平台应用价值

中国中铁智慧物流与智慧供应链协同服务的信息化集成管理创新平台，物流管理是其核心内容，该平台的系统管理通过用户信息维护、项目计划、合同管理、运输作业、运营大数据等功能，为中国中铁股份有限公司下各局级单位、项目部、承运单位和各类生产单位、供货商等，提供建筑行业供应链的数智化解决方案，打破了信息孤岛与各系统的单点瓶颈，并实现了物流场景全流程平台化的协同管理。

中国中铁智慧物流与智慧供应链协同平台应用价值

一、单位简介

鲁班（北京）电子商务科技有限公司（以下简称"鲁班公司"）成立于2013年5月，是中国中铁股份有限公司的三级公司，是中铁物贸集团的全资子公司，是国家级高新技术企业。鲁班公司全面负责中国中铁电子商务系统的研发、建设和运营。不仅在中国建筑业电子商务领域处于领先地位，也是中国建筑行业构建供应链体系、提高供应链运转效率、降低供应链成本和风险的创新典范。

2014年1月，鲁班平台正式上线运营，平台旨在建成基于互联网络，覆盖全国区域的物资、机械设备、办公用品、商旅服务、劳务分包等集中采购、物流配送平台，致力于成为工程物资专业领域，为大、中、小型建筑企业服务的国内一流、国际知名的大型建筑业B2B电子商务平台。

除此之外，鲁班公司已开发了包括供应链金融在内的多项增值服务业务系统，建设物流可视化系统，将企业与物资采购管理相关的外部活动信息纳入系统。并且与建筑行业上下游合作伙伴进行线上系统对接，掌握核心发货数据，实现采购数据、物流运输数据、结算数据等数据的共享，保证信息即时互通，高效协同，全力完成中国中铁供应链业务闭环，实现供应链协同一体化。

二、案例实践

1. 需求与痛点

建筑工程行业标准化程度低、建设周期长、产业链规模大等复杂性，对于建筑工程供应链协同提出了更高要求，如何在多变的外部环境和需求变动的条件下，提升面向工程项目的供应链的保供、保质、降本等供应链服务能力，需要建立更加快捷、高效的供应链协同网络与数字化平台，特别是针对供应链网络企业间的，现场业务协同场景的数字化、智能化服务。

中国中铁智慧物流管理系统以建筑行业业务协同作为系统建设突破口，在角色与业务之间实现低成本的信息交互，保障存储资源与数据价值相匹配。物资采购交易闭环的实现有利于中国中铁优化完善其供应链生态圈建设，对于建筑行业的物流供应链起到标杆与示范作用。

2. 实践内容

中国中铁智慧物流与智慧供应链协同服务的信息化集成管理创新平台，既符合施工单位及贸易企业对物流业务的经营生产需要，又可以实现运力线上化、管理智能化、数据可视化、内容可追溯等目标，也是提高企业和单位信用、开展供应链金融等多项增值服务的需要。目前，鲁班公司已开发了包括供应链金融在内的多项增值服务业务系统，上述增值业务系统的有效运行，均需建立在高度信用的基础上。建设物流可视化系统，将企业与物资采购管理相关的外部活动信息纳入系统，可以进一步增强鲁班公司电商平台的信用，为多项增值业务的开展创造更加有利的条件。

智慧物流系统在与各个生产单位、发货上游进行对接的同时，完成与试点合作生产单位的系统协同，掌握核心发货数据，实现采购数据、物流运输数据、结算数据等数据的共享，保证信息即时互通，高效协同。全力完成中国中铁供应链业务闭环，实现与BCP系统全线上化单据互通，链接项目物资、智能收验货、上游钢厂的业务网，为中铁实现全流程实时物流可视化提供帮助。与此同时，将逐步接通支付平台及财务共享系统，实现供应链协同一体化。目前已成功对接攀钢、南钢、陕钢等大型生产制造企业的信息化平台，开展产业链协同合作，并不断推进与欧冶云商、敬业、昆钢等业内知名厂商交易平台的对接工作。

三、创新应用

（一）经济效益

据中国物流与采购联合会统计，2023年中国物流行业展现出稳健增长的良好态势，社会物流总额达到352.4万亿元，同比增长5.2%，快递业务量更是连续10年稳居世界第一。在物流效率方面，社会物流总费用与GDP的比率下降至14.4%，显示出行业在成本控制和效率提升上的显著进步。与此同时，智慧物流作为行业转型升级的重要方向，市场规模持续扩大，其中智能仓储和无人配送等领域发展尤为迅速，预计2030年智慧物流将承担40%的快递业务。综合来看，中国物流行业在保持传统业务稳健增长的同时，也在积极推动技术创新和智能化发展，展现出广阔的发展前景和强劲的市场活力。

（二）管理效益

当前施工企业在运输和收验货环节的管理模式仍以电话沟通、人工清点、人工对账和库存管理为主，对物流信息的管理仍处于低效率、高成本的状态，容易产生供应风险从而可能影响到项目建设与管理。通过建设智慧物流供应链协同平台、智能验收系统以及项目物资管理系统，不但提高了物流管理的整体水平，同时也提高了采购供应链整体管理水平，为供应链管理闭环打通"最后一公里"。通过对收发货企业、运输单位、采购物资的物流信息（品种、规格、数量、质量等）进行采集、编码、传输、储存、统计等，实现数据的在线可视化管理，可以对物流运输环节进行有效的监督、监控，降低沟通成本，减少各个环节的人力投入，提高协作效率。

（三）社会效益

首先，更广泛的在线供应链协同服务，打通货主、承运方与采购方之间的信息壁垒，使物资流通环节的信息更加对称，加速物资流动效率，有利于全产业链的协同共享和高效发展。其次，智慧物流供应链协同平台通过采集、整合、统计、分析物流信息数据，优化供应链体系，加强对风险的控制，并且也是对国家交通运输体系智能化发展规划以及智慧供应链体系建设的响应。考虑到目前建筑型中央企业电商平台较少实现供应链协同平台的建设，鲁班公司建设供应链协同平台，构建中国中铁供应链生态圈也有利于创新业务模式，为建立全行业的供应链生态圈系统起到示范作用。同时，提供高效节能的物流管理，也能为绿色供应链建设提供服务。

中铁鲁班智慧物流供应链协同平台通过协同采购单位与生产企业、供货单位、物流企业、实际承运人等上下游供应链节点的技术合作，实现采购供应链协同共享。借助产业互联网平台对传统建筑行业和生产制造行业供应链进行数字化、平台化革新，打造智慧供应链生态圈。参与各方在信息互通、标准互认、服务共享的基础上，借助平台优势，整合多方优质资源、供应链服务要素、科学技术能力，促进物资采购到生产现场再到项目现场全链条、全环节的数字化、线上化，从而推动产业供应链集成服务的进一步转型升级。

中国中铁智慧物流供应链协同平台实现了数字化供应业务模式的创新，在建筑行业起到示范作用，也可向产业上下游或者物资采购领域复制推广，助力更多大型建筑企业在电子商务领域取得高质量成果。

项目小结

本项目主要讲了风险的客观性、多样性、可变性以及可控性决定了在智慧物流与智慧供应链管理中要重视风险的存在。明确风险可能发生的领域，对管理现状进行精准评估，提前确定风险的防范策略才能尽量避免风险的发生以及当风险来临时将风险的损失降到最少，起到风险防火墙的作用。

关键概念

风险的概念　风险的评估　报告制度

思考题

1. 智慧物流中采用的技术可能会出现故障或受到黑客攻击。你认为企业该如何应对这些技术风险？
2. 智慧供应链中的供应商可能面临质量问题、交付延迟或突然倒闭等情况。你认为企业该如何评估和监控供应商的稳定性？
3. 市场需求可能会突然波动，导致供应链中的库存积压或短缺。你认为企业该如何应对需求波动？
4. 智慧物流中涉及大量敏感数据，如客户信息、供应链数据等，可能会面临数据泄露或黑客攻击的风险。你认为企业该如何保护数据安全？

案例分析

湖北黄冈：向"安"而行　打造全面现代物流安全管理新模式

2023年3月15日，湖北省烟草商业系统全面现代物流安全管理现场会在黄冈召开。

从安全网格化管理的由小及大到安全文化的责任定位，从安全送货服务"最后一公里"到黄冈市物流安全管理工作的蹄疾步稳，黄冈烟草用实际行动践行着新时代、新格局下的全面现代物流安全管理理念。

理念先行,夯牢安全压舱石。在黄冈市局(公司)一楼,"知行·齐安"安全管理展板映入眼帘,内容涵盖理念宣传、文化渲染、阵地建设、示范引领等各个方面,格外吸引眼球。黄冈市局(公司)物流中心围绕"人民至上、生命至上"安全发展目标,在物流中心显著位置展示家庭成员给员工的"安全家书",依托送货车辆将《安全文化手册》发放给卷烟零售客户,传递"知行·齐安"品牌理念,努力塑造与发展相适应的现代物流安全文化氛围和管理模式。

如果说理念"焕新"是保鲜剂,那么制度建设则撬动了物流安全的"新支点"。黄冈市局(公司)牢牢坚持依法治安理念,紧跟行业现代物流建设步伐,认真落实全省系统"两标一师"战略规划,系统构建"安全责任体系、安全制度体系、风险防控体系、应急管理体系"四个体系,着力搭建物流安全管理运行"四梁八柱"。

管理补漏,建好安全顶梁柱,求真务实,离不开实事求是的发展定位。如何立足黄冈实际,将物流安全的"四梁八柱"建好建牢,黄冈市局(公司)动了不少脑筋。比如在如何化解风险隐患上,将双重预防机制作为安全生产标准化的核心要素,绘制四色安全风险空间分布图,形成风险管控清单,建立安全风险公告、岗位风险确认和安全操作"明白卡",安全风险点一目了然,危险源"尽在掌握"。

"有了四色风险空间分布图,我们能够分清哪里是重点,哪里的风险更集中,日常的物流安全工作开展更顺畅,隐患排查更加快速、精准。"黄冈市局(公司)物流中心安全部陈红边排查风险边说道。

据统计,近三年来黄冈市局(公司)累计排查整改隐患364个,让制度从"纸面"落到"地面",从"墙上"走到"心上",形成安全风险自辨自控、事故隐患自查自治的管理闭环,基本上实现了"事事有人管,时时有人管,处处有人管,人人都管事"。

黄冈市局(公司)围绕如何做稳安全工作亦尝试了不少方法,最终选择将网格化管理作为现代物流安全的一个重点方法。黄冈市局(公司)围绕"定人、定岗、定责、定流程"四原则,坚持"职能相近、工作相联、区位相结"的工作思路,科学划分覆盖所有人员、区域、设备、作业范围的5个网格区、46个网格点,通过建网格找准"切入点";创新网格清单化管理,明确检查频次、内容、标准,通过用网格强化"关键点";引入物联网感知技术,建立集消防、安防、车辆管理为一体的物流安全智能管控平台,探寻安全"突破点"。

创新提质,培育安全营养剂,工作要提升,创新是关键。黄冈市局(公司)秉持共建共享共治理念,最大限度集聚全市安全管理资源,在强能力、促合力、增效力上全面破题,采取智慧管车、智能安防、智慧共管等一系列创新举措推进现代物流安全。

深化"共同缔造"理念在物流安全领域应用,黄冈市局(公司)各基层单位积极与属地电信、移动、农业银行等单位签订《安全联防联控协议》,形成"共享信息、共查隐患、共治环境、共防风险"的区域协作机制,融合优秀安全文化,拓宽安全管理思路。

"通过搭载驾驶辅助智能系统,我们能够对驾驶员行为和车辆运行状况实施全程智能监测，当识别有疲劳驾驶、接打手机、车道偏离等异常情况时，系统通过车载设备及时发出语音警告，企业安管人员立即联络驾驶员纠正危险行为。真是解决了我们的大问题。"黄冈市局（公司）物流中心主任汪林感慨地说道。

与此同时，为了推进现代物流安全走好"最后一公里"，黄冈市局（公司）注重在深化品质人文建设上下功夫，构建"自下而上主动检查奖励"和"自上而下失职追责扣罚"的全员安全履职考核机制，优化"AB"角色推进岗位互补，将考评结果与奖励惩处、绩效考核、履职评定等全方位挂钩，确保守安有责、守安尽责。

汇聚微芒，造炬成阳。前方路，充满光荣和梦想，放眼未来，黄冈市局（公司）将以选手的姿态迎接挑战，踔厉奋发、勇毅前行，以高质量的现代物流安全支撑企业高质量发展。

资料来源：湖北黄冈：向"安"而行　打造全面现代物流安全管理新模式．人民网［EB/OL］．（2023-03-22）［2024-10-18］．http://hb.people.com.cn/n2/2023/0322/c406123-40346841.html.

● 结合案例分析

黄冈智慧物流如何克服风险，为"安"保驾护航？

实训演练

1．实训目的

通过本次"智慧物流与智慧供应链的风险管理"实训，能够理解智慧物流与智慧供应链中可能面临的各种风险；掌握风险评估的方法和技巧；学会制定和实施风险管理策略；提升解决实际风险管理问题的能力。

2．实训内容及步骤

（1）风险识别。

实训任务：学生分组，选择一家企业作为研究对象，通过资料收集、访谈等方式，识别该企业在智慧物流与智慧供应链管理中可能面临的风险。

成果要求：编制风险清单，明确各类风险的来源和可能造成的影响。

（2）风险评估。

实训任务：针对识别出的风险，运用风险评估工具（如风险矩阵）进行量化和定性评估。

成果要求：完成风险评估报告，确定各类风险的大小、发生概率和可能造成的损失。

（3）风险管理策略制定。

实训任务：根据风险评估结果，分组讨论并制定风险管理策略，包括风险规避、风险降低、风险转移等。

成果要求：提交风险管理策略方案，明确各项策略的具体措施和预期效果。

（4）风险管理策略实施与监控。

实训任务：模拟实施风险管理策略，并设计监控机制以确保策略的有效性。

成果要求：制订风险管理实施计划和监控报告，记录实施过程中的关键节点和效果评估。

（5）总结与反思。

实训任务：对整个实训过程进行总结，反思个人和团队在风险管理实训中的表现。

成果要求：提交实训总结报告，包括实训过程中的经验教训、个人能力提升点等。

3．实训要求

学生应积极参与实训活动，充分发挥团队合作精神，共同完成实训任务。

实训过程中应注重数据的收集与分析，确保风险管理策略的针对性和有效性。

实训报告应规范、完整，真实反映实训过程和成果。

项目九
智慧物流与智慧供应链的绿色与可持续发展

学习目标

1. 知识目标

掌握绿色物流的概念和基本含义，能够准确阐述绿色物流的核心特征。

理解智慧物流在现代物流体系中的功能与作用，包括其对提高物流效率、降低物流成本的影响。

掌握绿色供应链的概念和基本含义，能够准确阐述绿色供应链的核心特征。

了解智慧物流与智慧供应链对可持续发展战略的践行。

2. 技能目标

能够运用所学知识，分析具体企业的措施如何体现绿色发展。

能够运用所学知识，分析具体企业的措施如何体现可持续发展。

能够分析环境和社会责任对于智慧物流与智慧供应链发展的价值。

3. 素养目标

树立绿色与可持续发展的意识，关注智慧物流与智慧供应链领域在绿色和可持续发展的新技术进步。

增强承担环境和社会责任的意识，将这种意识贯彻到日常生活和未来的职业发展中。

案例导入

"双碳引领，赋能绿色供应链未来"

2023年12月1日，由中国物流与采购联合会与浙江省交通运输厅主办、中国物流与采购联合会绿色物流分会与中国外运股份有限公司联合承办的第一届绿色物流与供应链发展大会及绿色低碳物流展在杭州国际博览中心举行。本次大会以"共谋绿色物流新格局，共建供应链协同新生态"为主题，聚焦绿色物流与供应链领域优秀成果、前沿技术与发展趋势，展示绿色化、低碳化、数字化、智能化相关的新技术、新产品、新模式、新业态，着力打造绿色物流发展的新格局，构建更开放的供应链协同新生态。来自全国各地800多名行业翘楚、专家学者、商界精英参加本次大会。

此次大会设立了多个论坛，包括"双碳引领，赋能绿色供应链未来""绿色循环，驱动物流+制造深度融合""标准先行，助力行业高质量发展论坛""创新驱动，绿色供应链物流国际化科技创新论坛"以及"绿色物流大讲堂'双碳'人才培养"。这些论坛聚焦于行业发展的关键领域，为与会者提供了宝贵的学习和交流机会。

本届大会同期举办了"双碳引领，赋能绿色供应链未来"分论坛。来自世界资源研究所、上海环境能源交易所、隆基绿能、联想集团、伊利集团、顺丰集团、欧冶云商、中国外运、钉钉、妙盈科技、日日顺智慧物流研究院、苏宁易购物流集团、普洛斯、智慧货运中心、荣庆物流、中汽碳（北京）数字技术中心等多家知名机构和企业的专家学者200多人参加论坛。中国物流与采购联合会副会长、中国物流学会会长任豪祥，浙江省交通运输厅副厅长汪东杰，出席论坛并致辞。论坛嘉宾演讲环节由中国物流与采购联合会绿色物流分会专家委员会副主任恽绵主持。

任豪祥在致辞中表示，物流业是我国国民经济发展的先导性、基础性、战略性产业。伴随着经济的快速增长，我国物流需求持续扩大，物流业已成为能源消费和碳排放增速最快的行业之一。为了落实党中央"双碳"目标的战略部署，处于蓬勃发展的物流行业肩负着实现碳减排的重要使命，物流行业绿色发展在国家绿色发展战略中起到越来越重要的作用。

资料来源：2023第一届绿色物流与供应链发展大会暨"双碳引领，赋能绿色供应链未来"分论坛在杭州举办．中国物流与采购联合会网站［EB/OL］．（2023-12-08）［2024-10-18］．http://lswlfh.chinawuliu.com.cn/gzdt/202312/08/622577.shtml．

> **问题**
>
> 结合案例分析，智慧物流与智慧供应链在未来发展中需考虑的绿色可持续要求有哪些？

任务一　绿色智慧物流的概念与实践

绿色智慧物流是现代物流发展的重要方向，它融合了绿色环保和智能化技术，致力于提高物流效率，降低物流过程中的环境污染和资源消耗，实现物流业的可持续发展。

绿色智慧物流的概念与实践

一、绿色智慧物流的兴起背景

随着经济的快速发展，物流业已成为全球经济增长的重要推动力。然而，传统的物流模式在带来经济效益的同时，也造成了严重的环境污染和资源浪费。例如，运输过程中的尾气排放、噪声污染，以及仓储和配送环节的能源消耗等，都对环境产生了一些负面影响。此外，随着电子商务的迅猛发展，物流需求不断增长，传统的物流模式已难以满足高效、环保的要求。因此，绿色智慧物流应运而生，旨在通过引入先进的技术和管理理念，实现物流业的绿色化、智能化转型。

二、绿色智慧物流的定义

绿色智慧物流是指在物流活动中，充分利用现代信息技术和绿色环保理念，通过智能化、自动化的手段，提高物流效率，减少资源浪费，降低环境污染，实现物流业的可持续发展。它强调在追求经济效益的同时，注重节约资源和保护环境，推动物流业与生态环境的和谐发展。

三、绿色智慧物流的核心理念

绿色环保：绿色智慧物流的首要任务是减少对环境的污染和破坏。这包括减少运输过程中的尾气排放、使用环保型运输工具、推广绿色包装、合理利用资源等。通过实施这些措施，可以有效降低物流业对环境的负面影响。

智能化技术：绿色智慧物流充分利用现代信息技术，如物联网、大数据、人工智能等，实现物流过程的智能化管理。通过智能化的仓储管理系统、运输管理系统等，可以实时监控货物的状态和位置，优化运输路线和配送时间，提高物流效率。

可持续发展：绿色智慧物流致力于实现物流业的可持续发展。它要求企业在追求经济效益的同时，关注环境效益和社会效益，确保物流活动不对生态环境造成破坏，同时满足社会和经济的需求。

四、低碳环境下城市绿色智慧物流的实现路径探析

2018年12月《国家物流枢纽布局和建设规划》提出，我国物流行业应当迎合现代物流新的发展趋势，加速推进智能化设备、绿色化、现代化信息技术的研发与应用，提升资源配置的合理性和科学性，构建更为匹配中国国情的绿色智慧物流国家枢纽。在碳达峰碳中和与实现低碳环境的背景下，充分利用现代化信息技术，依托互联网构建高质量城市绿色智慧物流机制是物流行业改革与发展的必然趋势。

与传统物流模式相比，智慧物流采用更为精准和科学的数学计算，以前沿科学管理技术和管理手段对物品储存、管理和运输环节进行全面监测和高效运行，以此构建自动化、网络化、智能化、可控化和可视化现代物流体系，提高生产力水平和资源利用率。而"绿色物流"则是充分整合和合理运用物流资源，实现物流管理和运输作业中的低碳化和绿色化发展目标，进而促进城市的可持续发展。因此，城市绿色智慧物流与绿色物流的有机融合是物流资源的智能化整合与充分运用，可以有效降低成本、提升效率、减少碳排放，进而实现物流产业乃至城市的绿色、高质量发展。因此，低碳环境下城市绿色智慧物流的实现路径有以下几个方面。

（1）政府需要加强对相关行业的立法工作，构建具备约束和激励作用的法律实施体

系。例如，以立法的形式对一些常见的绿色智慧物流发展性问题进行规范，对城市推行绿色智慧物流的企业进行表扬和奖励，从而激发物流企业转型升级和绿色化发展的积极性，进一步提升城市绿色智慧物流产业的规范化和标准化建设。

（2）整合优势资源，集中精力构建系统完善的绿色智慧物流体系。可以从培育物流数字经济、推动绿色物流发展、发展智慧物流三方面出发展开工作，打造城市装备产业高地、物流数字经济产业园，积极创设绿色智慧物流示范基地和物流大数据中心，形成集信息化仓储和服务、三产配套服务以及零担运输在内的一体化现代物流港，将物流运输、物资储存和物流信息三大板块紧密联系在一起，形成"线下+线下"结合的供应链机制，并依照大数据监控城市交通，根据城市交通运输情况分派物流运输工作，以此进一步疏解城市交通压力，提升城市物流运输效率。

（3）加大城市智慧物流基础设施建设力度。建设智慧交通、智能柜刷脸、智能立体停车库、无人驾驶汽车、配送机器人等多种智慧物流基础设施，例如，从驿站到快递取件智能柜这一路程的包裹运输可以通过新能源和无人车进行运输；设置快递纸箱回收台，对快递物流运输中的外包装纸箱进行回收和再利用，以此为城市智慧物流建设奠定坚实的基础。

（4）创新完善绿色智慧物流信息平台。城市绿色智慧物流建设领域十分繁杂，产品运输种类丰富多样，由此也会产生数量庞大的信息内容，对于信息的规格标准和信息流通顺畅等要求较高。当前部分大中型物流企业和工业园区已然开始注重绿色智慧物流信息平台的建设，由此可以为小型物流产业的转型升级提供借鉴和参考。同时，需要构建城市区域智能化云服务平台，依托大数据技术和云计算来收集和记录物流运输的全过程海量数据，并依照不同用户和使用群体开设包括企业平台、政府服务平台等在内的相应的信息平台，平台之间需要有相互连接的中介桥梁和信息纽带，以实现信息的充分流通、整合运用和集成共享。

（5）城市企业积极参与物流建设。社会企业在城市绿色智慧物流工程建设中充当着不可替代的重要角色，是城市绿色智慧物流工程建设的有力主体之一。阿里巴巴，京东以及苏宁等著名企业对城市绿色智慧物流建设做出了相关规划。例如，阿里巴巴已与雄安新区管委会签署了合作协议，致力于加强合作，共同打造智慧物流中枢体系，建设未来智能数字城市。基于此，城市物流建设与发展规划过程中应当鼓励和调动不同领域和知名产业的加入，特别是京东、字节跳动以及阿里巴巴等电子商务龙头企业，引导这些企业在实践生产与运输中创新采用无人仓和无人机技术，提升生产与物流工作效率，并为城市绿色智慧物流体系搭建提供科研技术和设施供应，配合物流产业发展规划，参与城市及地区绿色智慧物流服务的布局工作。

五、绿色智慧物流的实践

（一）智能仓储管理

在绿色智慧物流中，智能仓储管理是重要的一环。通过应用物联网技术和数据分析，仓库管理系统能够实时监控库存情况，预测货物需求，并自动进行库存调整。这不仅可以减少库存积压和浪费，还能提高货物的周转率和使用效率。同时，智能化的仓储系统还能优化货物的存储和取货流程，减少能源消耗和人力成本。

（二）绿色运输配送

绿色运输配送是绿色智慧物流的核心内容之一。它要求企业合理规划运输路线，选择低碳排放的运输工具，如电动车、新能源汽车等，以减少运输过程中的碳排放。此外，通过智能化的配送管理系统，企业可以实时跟踪货物的位置和状态，优化配送路线，减少空驶和重复运输，从而降低物流成本和环境影响。

（三）绿色包装与回收

绿色包装与回收是绿色智慧物流的重要组成部分。企业应选择可降解、可回收的环保材料进行包装，以减少包装废弃物对环境的污染。同时，建立完善的包装回收体系，对废旧包装进行回收再利用，从而降低资源消耗和废弃物产生。此外，通过智能化的包装管理系统，企业可以精确控制包装材料的使用量，避免过度包装造成的浪费。

（四）供应链协同与信息共享

绿色智慧物流强调供应链各环节之间的协同合作和信息共享。通过构建供应链信息平台，企业可以实时获取供应链各环节的数据和信息，包括库存情况、运输状态、销售需求等。这有助于企业做出更准确的决策，优化资源配置，提高物流效率。同时，供应链协同还能减少信息不对称和牛鞭效应带来的资源浪费和环境污染。

（五）数据分析与优化

数据分析与优化在绿色智慧物流中发挥着关键作用。通过对历史物流数据的分析，企业可以发现物流过程中的瓶颈和问题，并制定相应的优化策略。例如，利用大数据分析预测货物需求，优化库存管理和运输配送；通过机器学习算法优化运输路线和配送时间等。这些措施不仅可以提高物流效率，还能降低物流成本和环境影响。

知识拓展

绿色物流发展的必要性

一、绿色物流适应了世界社会发展的潮流，是全球经济一体化的需要

随着全球经济一体化的发展，一些传统的关税和非关税壁垒逐渐淡化，环境壁垒逐渐兴起，为此，ISO 14000成为众多企业进入国际市场的通行证。ISO 14000的两个基本思想就是预防污染和持续改进，它要求企业建立环境管理体系，使其经营活动、产品和服务的每一个环节对环境的不良影响降到最小。而国外物流企业起步早，物流经营管理水平相当完善，势必给国内物流企业带来巨大冲击。进入WTO后，我国物流企业要想在国际市场上占一席之地，发展绿色物流将是其理性选择。

二、绿色物流是可持续发展的一个重要环节

绿色物流与绿色制造、绿色消费共同构成了一个节约资源、保护环境的绿色经济循环系统。绿色制造是制造领域的研究热点，指以节约资源和减少污染的方式制造绿色产品，是一种生产行为。绿色消费是以消费者为主体的消费行为。三者之间是相互渗透、相互作用的。

三、绿色物流是最大限度降低经营成本的必由之路

产品从投产到销出，制造加工时间仅占10%，而几乎90%的时间为储运、装卸、分装、二次加工、信息处理等物流过程。因此，物流专业化无疑为降低成本奠定了基础。绿色物流强调的是：低投入→大物流的方式。绿色物流不仅是一般物流成本的降低，更重视的是绿色化和由此带来的节能、高效、少污染。

四、绿色物流还有利于企业取得新的竞争优势

日益严峻的环境问题和日趋严格的环保法规，使企业为了持续发展，必须积极解决经济活动中的环境问题，改变危及企业生存和发展的生产方式，建立并完善绿色物流体系，通过绿色物流来追求高于竞争对手的相对竞争优势。

资料来源：什么是绿色物流？为什么要发展绿色物流. 大顺物流网［EB/OL］.［2024-10-18］. http://www.daysunlogistics.com.cn/cn/knowledge/1822150rzfr1.html.

六、绿色智慧物流的挑战与对策

绿色智慧物流作为现代物流发展的重要方向，虽然带来了显著的环保效益和效率提升，但在实际推进过程中也面临着诸多挑战。以下是对绿色智慧物流所面临挑战的深度剖析，以及针对这些挑战提出的对策。

（一）技术融合与创新的挑战

绿色智慧物流的核心在于技术的融合与创新，尤其是物联网、大数据、人工智能等先进信息技术的应用。然而，在实际操作中，这些技术的融合并不总是顺利的。一方面，不同技术之间的兼容性和标准化问题亟待解决；另一方面，高昂的技术投入和更新换代的成本也让许多企业望而却步。

可采取的对策如下。

（1）加强技术研发与标准化建设。政府和企业应共同投入研发，推动绿色智慧物流相关技术的创新与发展，并制定统一的技术标准和规范，以促进技术的广泛应用和融合。

（2）提供政策支持与资金扶持。政府可以通过税收优惠、资金补贴等方式，降低企业技术升级的成本压力，鼓励其积极拥抱绿色智慧物流。

（二）人才短缺与培训的挑战

绿色智慧物流的推进需要大量具备物流管理、信息技术和环保意识的专业人才。然

而,目前市场上这类复合型人才相对匮乏,难以满足行业快速发展的需求。同时,现有从业人员的培训和技能提升也是一个亟待解决的问题。面对人才短缺与培训的挑战,可从以下两个方面入手。

(1)加强人才培养与引进。高校和职业培训机构应增设与绿色智慧物流相关的专业和课程,培养更多专业人才。同时,企业也可以通过校园招聘、社会招聘等方式积极引进优秀人才。

(2)完善培训体系与机制。企业应建立完善的培训体系,定期对员工进行绿色智慧物流方面的培训,提升其专业技能和环保意识。此外,还可以通过与高校、行业协会等合作,共同开展培训项目。

(三)法规政策与标准滞后的挑战

绿色智慧物流的发展需要完善的法规政策和标准体系作为支撑。然而,目前相关法规政策尚不完善,且标准体系相对滞后,难以适应行业发展的新要求。面对此类挑战,可以从以下两个方面入手。

(1)加快法规政策制定与完善。政府应加快制定和完善与绿色智慧物流相关的法规政策,明确行业规范和发展方向,为企业提供有力的政策保障。

(2)推动标准体系建设与国际化对接。政府、行业协会和企业应共同努力,推动绿色智慧物流相关标准的制定和完善,并加强与国际标准的对接,提升我国物流行业的国际竞争力。

任务二 绿色智慧供应链的概念与实践

绿色智慧供应链,作为一种全新的供应链管理理念,是在全球环境日益恶化和资源日趋紧张的大背景下应运而生的。它强调在供应链管理的各个环节中,应充分考虑到节约资源和保护环境,力求达到经济发展与环境保护的"双赢"。

绿色智慧供应链的
概念与实践

一、绿色智慧供应链的概念

绿色智慧供应链,简而言之,就是在传统供应链的基础上融入了节约资源和保护环境的理念。它要求企业在原材料的采购、产品的生产、销售以及废旧产品的回收再利用等各个环节中,都要考虑到对环境的保护和资源的合理利用。这种管理方式不仅有助于企业降低生产成本,提高市场竞争力,还能有效减少对环境的负面影响,实现可持续发展。

二、绿色智慧供应链的特点

(一)环保性

绿色智慧供应链的核心特点就是环保。它要求企业在供应链管理的各个环节中,都要严格遵守环保法规,积极采用环保材料和技术,减少废弃物和污染物的排放,以保护环境。

（二）节约性

绿色智慧供应链还强调资源的节约利用。它鼓励企业通过技术创新和管理创新，提高资源的利用效率，减少浪费，从而降低生产成本，提高企业的经济效益。

（三）可持续性

绿色智慧供应链的目标是实现可持续发展。它要求企业在追求经济效益的同时，也要关注环境效益和社会效益，确保企业的经营活动不会对环境和社会造成负面影响。

三、绿色智慧供应链的实践

（一）绿色设计

绿色设计是绿色智慧供应链管理的起点。它要求企业在产品设计阶段就充分考虑产品的环境属性，如可回收性、可拆解性、可维护性和可重复使用性等，以确保产品在整个生命周期内对环境的影响最小化。

（二）绿色采购

绿色采购是绿色智慧供应链的重要环节。企业在选择供应商时，应优先考虑那些符合环保标准、具有良好环境绩效的供应商。同时，企业还应要求供应商提供环保材料和零部件，以减少对环境的污染。

（三）绿色制造

绿色制造是指在生产过程中采用环保技术和设备，减少废弃物和污染物的排放，提高资源利用效率。这包括使用清洁能源、改进生产工艺、优化生产流程等措施。

（四）绿色物流

绿色物流要求企业在物流配送过程中尽量减少能源消耗和环境污染。例如，通过优化运输路线、使用低碳排放的运输工具、提高装载率等方式来降低物流成本和环境影响。

（五）绿色消费

绿色消费倡导消费者购买环保产品，减少浪费。企业应通过宣传和教育引导消费者形成绿色消费观念，同时提供环保、节能的产品和服务。

（六）绿色回收与处理

绿色回收与处理是绿色智慧供应链的闭环环节。企业应建立完善的回收体系，对废旧产品和包装进行回收再利用，以减少资源浪费和环境污染。对于无法再利用的废弃物，应进行无害化处理，确保其对环境的影响降到最低。

> **知识拓展**
>
> 广东清远：落地绿色供应链订单融资模式 培育绿色产业新动能
>
> 2023年年底召开的中央经济工作会议把"深入推进生态文明建设和推进绿色低碳

发展"列为2024年经济工作九大重点任务之一。人民银行清远市分行在人民银行广东省分行的指导下，结合区域经济特点，指导建设银行清远市分行积极推进业务向绿色低碳转型升级，以"绿色+供应链""绿色+碳减排"等"绿色+"模式为当地绿色产业提供精准服务，加大对绿色产业信贷投放力度，为当地经济绿色高质量发展赋能增效。

为更好地服务中小微链条企业，拓宽供应链服务场景，满足客户"一场景一方案"的定制化服务需求，近期，建设银行总行发布供应链订单模式，将供应链融资办理由付款阶段延伸至订单阶段。供应链订单模式下，核心企业配合锁定回款账户，建设银行通过与核心企业基于"信息流、资金流、物流"的"三流"信息交互，为核心企业遍布全国的上游中小供应商提供在合同、订单、交货等交易环节形成的现有的或将有的应收账款融资。该模式依托中征应收账款融资服务平台，实现建设银行、核心企业及其供应商的链接，核心企业的上游供应商通过将账款质押予建设银行，向建设银行申请融资。这一模式是将供应链金融服务向数字化、智能化、定制化升级的新尝试，开拓了供应链业务合作新方向。

资料来源：陈俊霖. 广东清远：落地绿色供应链订单融资模式 培育绿色产业新动能. 中国金融新闻网［EB/OL］.（2024-05-10）［2024-10-18］. https://www.financialnews.com.cn/qy/dfjr/202405/t20240510_292349.html.

四、绿色智慧供应链管理的挑战与对策

（一）绿色智慧供应链管理的挑战

1. 成本问题

实施绿色智慧供应链管理可能会增加企业的运营成本，包括采购环保材料的成本、改进生产工艺的投资以及废弃物处理费用等。

2. 技术难题

绿色智慧供应链管理需要先进的技术支持，如环保材料研发、清洁生产技术、废弃物处理技术等。然而，这些技术的研发和应用都存在一定的难度。

3. 供应链协同问题

绿色智慧供应链涉及多个企业和环节，需要各方紧密合作才能实现整体优化。然而，由于利益诉求和目标差异，供应链协同往往面临诸多困难。

4. 法规与政策环境

虽然各国政府都在推动绿色发展，但具体的法规和政策环境因地区而异。企业需要密切关注相关政策动态，以确保合规经营。

（二）绿色智慧供应链管理对策

1. 建立绿色智慧供应链管理体系

企业应制定完善的绿色智慧供应链管理制度和流程，明确各环节的责任和目标。同时，加强对员工的培训和宣传，提高全员环保意识。

2. 加强技术研发与创新

企业应加大投入，研发和应用先进的环保技术，降低生产成本，提高产品质量和环保性能。

3. 强化智慧供应链协同与信息共享

通过建立信息共享平台和激励机制，促进供应链各方的紧密合作，共同实现绿色发展目标。

4. 关注法规与政策动态

企业应及时了解并遵守相关法规和政策要求，同时积极参与政策制定过程，推动绿色供应链的发展。

任务三　智慧物流与智慧供应链的可持续发展战略与实践

一、智慧物流与智慧供应链的可持续发展战略背景

在全球化和信息化的时代背景下，物流与供应链作为经济活动的核心组成部分，正经历着前所未有的变革。特别是随着科技的飞速进步和环境保护意识的日益增强，智慧物流与智慧供应链的可持续发展战略显得尤为重要。下面从多个方面详细探讨这一战略的背景。

智慧物流与智慧供应链的可持续发展战略与实践

（一）经济全球化的深入发展

随着经济全球化的不断深入，商品、资本、技术和信息等生产要素在全球范围内的流动日益频繁。物流与供应链作为连接生产与消费的桥梁，其重要性日益凸显。企业需要更加高效地管理其物流与供应链，以适应全球市场的快速变化和消费者的个性化需求。在这种背景下，智慧物流与智慧供应链应运而生，通过运用现代信息技术手段，实现物流信息的实时共享和高效传输，提高物流效率和准确性，进而提升企业的市场竞争力。

（二）信息化与科技创新的推动

信息化与科技创新是推动智慧物流与智慧供应链发展的重要动力。近年来，物联网、大数据分析、云计算、人工智能等先进技术的快速发展，为物流与供应链的管理提供了强大的技术支持。物联网技术使得货物的实时监控和追踪成为可能，大大提高了物流信息的透明度和可追溯性；大数据分析技术则能够挖掘海量数据中的有价值信息，为企业的决策

提供科学依据；云计算为数据的存储和处理提供了强大的计算能力；而人工智能技术在路径规划、库存管理、需求预测等方面展现出巨大潜力。这些技术的应用，不仅提高了物流与供应链的管理效率，也为实现可持续发展提供了技术保障。

（三）环境保护与可持续发展的全球共识

面对全球性的环境问题，如气候变化、资源枯竭等，全球范围内对环境保护和可持续发展的意识日益增强。物流与供应链管理作为经济活动的重要组成部分，其运营过程中产生的环境影响也受到了广泛关注。为了实现经济、社会和环境的协调发展，越来越多的企业开始关注物流与供应链的可持续发展，致力于通过引入环保理念和技术手段，降低物流活动中的能源消耗和排放，减少对环境的负面影响。这种全球共识为智慧物流与供应链的可持续发展战略提供了重要的思想基础和社会环境。

二、可持续发展的内涵与要求

可持续发展是指在满足当前需求的同时，不损害未来几代人满足需求的能力。在物流与供应链领域，可持续发展要求企业在追求经济效益的同时，也要关注环境效益和社会效益，实现经济、社会和环境的协调发展。具体要求包括以下三个方面。

（1）绿色物流：在物流活动中充分考虑环境保护，通过减少能源消耗、降低排放、使用环保包装材料等措施，减少对环境的负面影响。

（2）资源节约：合理利用资源，提高资源利用效率，避免浪费。例如，通过优化运输路线和计划，减少空驶和重复运输等现象。

（3）社会责任：企业在追求经济效益的同时，也要承担起相应的社会责任。例如，保障员工权益、关注社会公益事业等。

三、智慧物流与智慧供应链的可持续发展战略

（一）绿色物流战略

在智慧物流与智慧供应链中，绿色物流战略是实现可持续发展的重要途径。它要求企业在物流活动中充分考虑环境保护，通过减少能源消耗、降低排放、使用环保包装材料等措施，减少对环境的负面影响。同时，绿色物流还鼓励企业合理利用资源，提高物流效率，从而降低物流成本。

（二）智能化战略

智能化战略是智慧物流与智慧供应链的核心。通过引入物联网、大数据、人工智能等先进技术，实现物流过程的自动化和智能化。例如，利用物联网技术对货物进行实时追踪和监控，提高物流信息的透明度和可追溯性；利用大数据和人工智能技术对数据进行分析和预测，优化物流路径和计划，提高物流效率和准确性。

（三）协同化战略

协同化战略强调供应链各环节之间的紧密合作与信息共享。通过建立供应链协同信息

平台，实现各环节数据的实时共享和交换，提高供应链的透明度和协同效率。同时，协同化战略还鼓励企业之间建立长期稳定的合作关系，共同应对市场变化和风险挑战。

四、智慧物流与智慧供应链在可持续发展中的作用与价值

智慧物流与智慧供应链在可持续发展中发挥着重要作用，其价值主要体现在以下几个方面。

1. 提高物流效率

通过运用现代信息技术手段，实现物流信息的实时共享和高效传输，提高物流效率和准确性，这有助于减少资源浪费和降低能源消耗。

2. 优化资源配置

利用大数据分析和人工智能技术对数据进行深入挖掘和分析，优化资源配置和运输路径，提高资源利用效率。

3. 降低环境污染

通过绿色物流战略的实施，减少物流活动对环境的负面影响。例如，使用环保包装材料、推广绿色运输方式等。

4. 促进产业升级

智慧物流与智慧供应链的发展将推动相关产业的升级和转型。例如，促进制造业与服务业的融合发展、推动供应链金融等新兴产业的发展。

知识拓展

供应链管理师的视角：构建可持续与高效的供应链

在当今全球化的商业环境中，供应链管理师扮演着至关重要的角色。他们负责设计、执行和监控整个供应链的运作，确保产品从供应商顺利传递到最终消费者手中。在此过程中，构建一个既可持续又高效的供应链是供应链管理师面临的主要挑战之一。以下是从供应链管理师的视角探讨如何实现这一目标的一些关键策略。

一、促进供应链透明度

增强供应链的透明度是构建可持续供应链的关键。这意味着要对供应链的每一个环节有清晰的了解，包括供应商的选择、生产过程、物流安排等。透明度不仅有助于识别和减少风险，还能提升供应链的整体效率。

二、采用环保和可持续实践

可持续性已成为现代供应链管理的核心。这包括选择使用可再生资源、减少废物产生、降低能源消耗以及采用环保包装。供应链管理师需要在保持成本效益的同时，确保整个供应链的环境友好性。

三、强化合作伙伴关系

强化与供应商和分销商的合作关系对于构建高效的供应链至关重要。这包括建立长期的合作伙伴关系、共享信息、协同规划和优化库存管理。良好的合作关系有助于提高供应链的响应速度和适应市场变化的能力。

四、利用先进技术

先进技术，如云计算、大数据分析、人工智能和物联网，正在彻底改变供应链管理的方式。这些技术可以提高供应链的透明度，优化库存管理，提升预测准确性，从而提高整个供应链的效率和灵活性。

五、灵活应对市场变化

市场需求的不断变化要求供应链必须具有高度的灵活性和适应性。供应链管理师需要持续监控市场趋势，快速调整供应链策略，以应对市场的波动。

供应链管理师在构建可持续与高效的供应链中扮演着关键角色。通过增强供应链的透明度、采用环保和可持续实践、强化合作伙伴关系、利用先进技术、灵活应对市场变化以及有效的风险管理和应急准备，他们能够确保供应链的稳定性和响应市场需求的能力。

资料来源：供应链管理师的视角：构建可持续与高效的供应链. 百家号［EB/OL］.（2024-01-12）［2024-10-18］. https://baijiahao.baidu.com/s?id=1787845761468600730&wfr=spider&for=pc.

五、智慧物流与智慧供应链的实践应用

（一）智能仓储系统

智能仓储系统是智慧物流与智慧供应链的重要组成部分。通过引入自动化立体仓库、AGV小车、智能分拣系统等先进设备和技术，实现仓库管理的自动化和智能化。这不仅可以提高仓储效率和准确性，还可以降低人工成本和减少错误率。

（二）物联网技术的应用

物联网技术在智慧物流与智慧供应链中发挥着重要作用。通过在货物上安装RFID标签或传感器等设备，实现对货物的实时追踪和监控。这不仅可以提高物流信息的透明度和可追溯性，还可以帮助企业及时发现和解决问题，提高客户满意度。

（三）大数据分析与预测

大数据分析与预测是智慧物流与智慧供应链的重要工具。通过对海量数据进行分析和挖掘，发现数据中的规律和趋势，为企业的决策提供有力支持。例如，利用大数据分析技术对销售数据进行预测，帮助企业制订合理的库存计划和销售策略。

任务四　环境和社会责任在智慧物流与智慧供应链中的体现

智慧物流与智慧供应链作为现代商业活动的重要组成部分，不仅提高了供应链的效率和灵活性，还在很大程度上体现了企业的环境和社会责任。

环境和社会责任在智慧物流与智慧供应链中的体现

一、环境责任在智慧物流与智慧供应链中的体现

智慧物流与智慧供应链，作为物流与供应链领域的前沿趋势，其在环境责任方面的体现尤为值得关注。

（一）节能减排与绿色运输

在智慧物流与智慧供应链中，节能减排是环境责任的首要体现。通过引入先进的物联网技术和大数据分析，企业可以实现对运输车辆的实时监控和优化调度，有效降低空驶率和绕行现象，从而减少能源消耗和尾气排放。此外，推广使用清洁能源和环保型运输工具，如电动或混合动力车辆，也是减少碳排放、实现绿色运输的重要手段。

（二）绿色仓储

在仓储环节，智慧物流与智慧供应链强调绿色仓储的理念。这包括采用节能型仓储设备和照明系统，合理规划货物存储布局，以及优化作业流程，从而降低电力消耗和减少资源浪费。

（三）包装减量化与循环利用

包装是物流与供应链中不可或缺的一环，但过度包装和一次性包装的使用也带来了严重的环境问题。在智慧物流与智慧供应链中，企业开始关注包装的减量化与循环利用。通过优化包装设计，减少不必要的包装材料使用，推广使用可降解、可循环的包装材料以及建立包装材料回收再利用机制，企业可以在保障产品安全的同时，有效降低包装废弃物对环境的影响。

（四）环境绩效评估与管理

为了量化评估企业在环境责任方面的表现，智慧物流与智慧供应链还引入了环境绩效评估体系。该体系通过设立能源消耗、排放情况、资源利用效率等多个方面的指标，对企业进行定期的环境绩效评估。这不仅有助于企业及时发现和改进存在的问题，还能推动企业在环境责任方面的持续改进和提升。

环境责任在智慧物流与智慧供应链中的体现是多方面的、深层次的。它不仅要求企业在技术层面进行改进和优化，以降低能源消耗和减少排放；还要求企业在管理层面培养绿色供应链管理的理念，推动整个供应链向更加环保、可持续的方向发展。只有这样，我们才能在追求物流与供应链高效运作的同时，更好地履行环境责任，实现经济与环境的和谐共生。

二、社会责任在智慧物流与智慧供应链中的体现

在现代商业活动中，物流与供应链不仅是商品从生产者到消费者的桥梁，更是企业社

会责任的重要体现。智慧物流与智慧供应链，凭借其先进的技术和管理模式，使得企业在追求经济效益的同时，能够更加积极地履行其社会责任。以下将从多个方面详细阐述社会责任在智慧物流与智慧供应链中的体现。

（一）保障供应链安全稳定

在全球化的今天，供应链的安全稳定不仅关系到企业的经济利益，更关系到国计民生。智慧物流与智慧供应链通过引入大数据、云计算等先进技术，提高了供应链的透明度和可追溯性，从而有效防范潜在风险。例如，利用物联网技术对商品进行全程监控，可以确保产品质量和安全；通过数据分析和预测，企业可以及时调整生产和配送计划，减少供应中断的风险。这种对供应链安全的重视和投入，体现了企业对消费者、员工和社会的责任担当。

（二）促进就业与经济增长

智慧物流与智慧供应链的发展为社会创造了大量的就业机会。随着物流行业的智能化和自动化水平不断提升，对专业人才的需求也日益增加。这不仅为相关专业毕业生提供了广阔的就业空间，也为社会培养了一批具备专业技能和素质的人才。同时，智慧物流与智慧供应链还通过优化资源配置和提高生产效率，推动了经济增长。它降低了交易成本，提高了市场效率，为消费者提供了更多的选择和便利。这种对就业和经济增长的贡献，体现了企业的社会责任。

（三）维护消费者权益

在智慧物流与智慧供应链中，消费者权益的保障是至关重要的。企业不仅要提供优质的产品和服务，还要确保消费者的知情权、选择权和公平交易权等合法权益得到充分保障。通过加强信息披露和透明度建设，企业可以让消费者更加了解产品的来源、质量和使用方法等信息；同时，建立完善的售后服务体系和投诉处理机制，及时解决消费者在使用过程中遇到的问题和困难。这种对消费者权益的关注和保护，体现了企业的诚信经营和社会责任。

（四）推动社会公平与公正

智慧物流与智慧供应链的发展也有助于推动社会的公平与公正。一方面，通过优化配送网络和服务模式，降低物流成本，让更多人享受到物美价廉的商品和服务；另一方面，倡导道德采购和公平贸易原则，关注供应链中的劳工权益和环境保护问题，推动供应商遵守相关法律法规和国际标准。这些举措有助于缩小贫富差距、促进社会和谐稳定发展，体现了企业的社会责任感和公民意识。

（五）支持可持续发展

可持续发展已成为全球共同关注的议题。智慧物流与智慧供应链通过引入绿色、环保的理念和技术手段来支持可持续发展目标的实现。例如，推广使用清洁能源和环保型运输工具来减少碳排放；采用可降解、可循环的包装材料来降低环境污染；建立逆向物流系统来实现废旧物资的回收再利用等。这些举措不仅有助于保护环境资源、促进生态平衡，还能为企业带来长期的经济效益和社会声誉的提升。这种对可持续发展的支持和投入也体现了企业的社会责任和远见卓识。

社会责任在智慧物流与智慧供应链中的体现是多方面的、深层次的。它不仅要求企业在经济活动中遵循法律法规和商业道德规范，还要求企业在积极关注社会问题、参与公益事业、推动可持续发展等方面做出努力。只有这样，我们才能在追求经济效益的同时更好地履行社会责任，实现企业与社会的共同发展和进步。

知识拓展

东莞宇通新能源货车与冷藏车：引领绿色物流新潮流

在绿色、低碳、可持续发展的理念日益深入人心的今天，东莞宇通新能源货车及冷藏车销售租赁公司凭借其卓越的产品性能和服务质量，正成为物流行业的新星。该公司专注于新能源货车和冷藏车的销售与租赁，致力于为客户提供高效、环保、可靠的物流解决方案。

东莞宇通新能源货车及冷藏车销售租赁公司凭借其丰富的产品线，包括多款新能源货车和冷藏车，满足了不同客户的需求。其中，宇通新能源货车以其高效能、低排放、低噪声等特点，赢得了客户的广泛赞誉。而宇通冷藏车则以其卓越的保温性能、智能温控系统和可靠的品质，成为冷链物流领域的佼佼者。

为了更好地服务客户，东莞宇通新能源货车及冷藏车销售租赁公司还提供全方位的租赁服务。客户可以根据自身需求，选择长期或短期租赁，灵活调整运力，降低运营成本。同时，公司还提供专业的售后服务和技术支持，确保客户在使用过程中得到及时、有效的帮助。

作为新能源物流领域的佼佼者，东莞宇通新能源货车及冷藏车销售租赁公司积极响应国家绿色发展的号召，致力于推动物流行业的绿色转型。公司引进先进的生产技术和设备，不断提高产品质量和性能，以满足市场对高效、环保、可靠物流设备的需求。同时，公司还积极参与社会公益活动，倡导绿色出行、低碳生活理念，为构建美好社会贡献力量。

未来，东莞宇通新能源货车及冷藏车销售租赁公司将继续秉承"客户至上、质量第一"的宗旨，不断创新产品和服务，为客户提供更加优质、高效、环保的物流解决方案。同时，公司还将积极拓展国内外市场，加强与产业链上下游企业的合作与交流，共同推动物流行业的绿色发展和可持续发展。

资料来源：东莞宇通新能源货车与冷藏车：引领绿色物流新潮流.搜狐网［EB/OL］.（2024-06-19）［2024-10-18］. https://learning.sohu.com/a/787055978_423602.

项目小结

本项目主要介绍了智慧物流与智慧供应链的绿色与可持续发展；在物流向智慧物流发展过程中，如何将绿色与可持续发展理论融入智慧物流的发展过程；简要介绍了绿色物流和绿色智慧供应链的相关概念和发展理念，物流企业在智慧物流与智慧供应链的可持续发展战略与实践中具体采用了哪些措施，以及环境和社会责任在智慧物流与智慧供应链中的体现。

关键概念

绿色　可持续发展　环境　责任　实践

思考题

1. 智慧物流与智慧供应链的绿色运作模式是怎样的？
2. 智慧物流与智慧供应链绿色发展路径分别包括哪几个方面？
3. 环境和社会责任在智慧物流与智慧供应链中是如何实践的？

案例分析

践行绿色发展理念　日日顺供应链的本手、妙手与强手

为了切实助力可持续发展，日日顺供应链巧妙地将"6-GREEN计划"贯穿到设计、包装、运输仓储、循环及生态的全流程中，欲通过具体行动全面提升可持续发展的品牌形象，进而打造供应链行业绿色可持续发展生态，助力绿水青山、繁荣共生。

日日顺供应链通过智慧物流技术方案创新实施、智慧物流平台持续建设、智能仓核心设施建设、光伏系统布设、循环包装箱和电子面单等绿色技术应用，提高了物流资源匹配和调度效率，降低了物流资源投入，减少了能源消耗，助力行业转型升级。

日日顺供应链的"6-GREEN计划"包括绿色设计、绿色包装、绿色运输、绿色仓储、绿色循环、绿色生态6大板块，为10大行业、超过500个品牌定制专业服务。

绿色设计方面，日日顺供应链在产品设计阶段便融入绿色理念，如采用可降解材料、无纸化签收，在供应链的第一个环节便能够践行低碳理念。

通过优化订单管理等系统，日日顺供应链已实现司机端在App中通过扫码、拍照等方式进行商品清点与签收，并在线上自动生成回单的全程无纸化作业，对信息进行实时采集、永久保存、可视化查询，节约成本的同时，也简化了签收流程，从而提升效率。而在

用户端，待商品送货上门并安装完毕后，用户只需在App中确认服务内容并在终端设备上签字签收，即可享受完整的售后服务，实现全流程可视。

在绿色包装环节，日日顺着力于实现循环包装，减少资源浪费，在行业变革之中，日日顺供应链将绿色低碳理念延伸到交付环节。据悉，每使用1个循环包装箱，就将减少使用约10平方厘米的箱纸。

图9-1　换电重载卡车

日日顺供应链与北汽福田、五菱汽车、一汽解放等建立战略合作，在城市货运领域推广使用纯电动货车等绿色新能源车辆；2023年日日顺供应链与宁德时代旗下"骐骥换电"开展战略合作，探索在干线运输领域使用换电重载卡车（图9-1），推动公路干线运输载具电动化。

在绿色仓储部分，日日顺供应链建立智能仓储，降低能耗。其中日日顺供应链即墨仓是国内首个大件物流智能无人仓，仓内通过对AGV、堆垛机等大量智能装备以及场景物流生态云平台的应用，实现了所有环节智慧运行、匹配，进而实现24小时不间断"黑灯"作业，拣货正确率达100%，仓储能耗降低30%。

资料来源：践行绿色发展理念　日日顺供应链的本手、妙手与强手. 网易号［EB/OL］.（2023-12-12）［2024-10-18］. https://www.163.com/dy/article/ILPIMNDV0519B3D7.html.

● **结合案例分析**
日日顺供应链如何践行绿色发展理念，以及其有何意义与价值？

实训演练

1．实训目的

以"环境与社会责任在智慧物流与智慧供应链中的实践"为主题进行实训，本次实训旨在深入理解智慧物流与智慧供应链中环境与社会责任的重要性，并培养运用所学知识解决实际问题的能力。通过实训，能够分析智慧物流与智慧供应链中的环境与社会责任问题，制定并实施符合环境与社会责任的智慧物流与智慧供应链策略，评估策略实施的效果，并提出改进建议。

2．实训内容及步骤

（1）案例引入与问题分析。

选择一个具体的智慧物流与智慧供应链案例，如某电商平台的物流配送系统。

分析案例中存在的环境与社会责任问题，如高碳排放、资源浪费、劳工权益保障不足等。

(2)策略制定与实施方案设计。

针对分析出的问题,制定具体的改进策略,如引入绿色能源车辆、优化配送路线以减少碳排放,推广可循环包装以减少资源浪费等。

设计实施方案,包括技术选型、流程改造、管理优化等。

(3)模拟实施与效果评估。

利用物流模拟软件或沙盘模型,对制定的策略进行模拟实施。

观察并记录实施过程中的变化,评估策略的有效性。

根据评估结果,对策略进行调整和优化。

(4)总结与反思。

对实训过程进行总结,提炼经验教训。

反思自身在实训中的表现,明确改进方向。

3.实训要求

学生需积极参与实训活动,充分发挥团队合作精神。

实训过程中应注重数据收集与分析,确保策略制定的科学性和有效性。

实训报告应规范、完整,真实反映实训过程和成果。

参考文献

[1] 孙磊. 物流产业智慧化对物流产业绩效的影响研究[D]. 长春：东北师范大学，2023.

[2] 程丽红. 智慧物流中考虑产品存货和装备补贴的物流效率优化研究[D]. 合肥：中国科学技术大学，2022.

[3] 毛海军. 江苏物流创新典型案例[M]. 南京：东南大学出版社，2019.

[4] 王喜富. 智慧物流与感知技术[M]. 北京：电子工业出版社，2016.

[5] 张铂晨. 制造业企业绿色供应链整合及对绿色创新绩效的影响研究[D]. 长春：吉林大学，2023.

[6] 张畅. 供应链关系质量、组织韧性与制造企业竞争优势的关系研究[D]. 长春：吉林大学，2023.

[7] 朱庆华. 绿色供应链治理与价值创造[M]. 北京：机械工业出版社，2021.

[8] 魏守道. 供应链低碳技术研发策略研究[M]. 北京：新华出版社，2018.

[9] 李永飞. 供应链质量管理前沿和体系研究[M]. 北京：机械工业出版社，2016.

[10] 赵智锋，叶祥丽，施华. 供应链运作与管理[M]. 重庆：重庆大学出版社，2016.

[11] 范学谦，翟树芹. 现代物流管理[M]. 南京：南京大学出版社，2020.

[12] 钱勇生，曾俊伟. 智能交通与智慧物流[M]. 北京：化学工业出版社，2024.

[13] 宋华，于亢亢. 供应链与物流管理研究前沿报告2020[M]. 北京：中国人民大学出版社，2021.